GEORGE SAND ILLUSTRÉ PAR TONY JOHANNOT
ET MAURICE SAND

LA

DERNIÈRE ALDINI

LE POËME DE MYRZA

PRÉFACE ET NOTICE NOUVELLE

Prix : 90 centimes

PARIS
MICHEL LÉVY FRÈRES, LIBRAIRES ÉDITEURS
2 BIS, RUE VIVIENNE, ET BOULEVARD DES ITALIENS
A LA LIBRAIRIE NOUVELLE

1867

MICHEL LÉVY FRÈRES, ÉDITEURS
2 BIS, RUE VIVIENNE

NOUVELLE ÉDITION

LIBRAIRIE NOUVELLE
15, BOULEVARD DES ITALIENS

LA DERNIÈRE ALDINI

NOTICE

Les romans sont toujours plus ou moins des fantaisies, et il en est de ces fantaisies de l'imagination comme des nuages qui passent. D'où viennent les nuages et où vont-ils ?

J'ai rêvé, en me promenant à travers la forêt de Fontainebleau, tête à tête avec mon fils, à toute autre chose qu'à ce livre, que j'écrivais le soir dans une auberge, et que j'oubliais le matin, pour ne m'occuper que des fleurs et des papillons. Je pourrais raconter toutes nos courses et tous nos amusements avec exactitude, et il m'est impossible de dire pourquoi mon esprit s'en allait le soir à Venise. Je pourrais bien chercher une bonne raison ; mais il sera plus sincère d'avouer que je ne m'en souviens pas : il y a de cela quinze ou seize ans.

GEORGE SAND.

Nohant, 23 août 1853.

ALLA SIGNORA
CARLOTTA MARLIANI,
CONSULESSA DI SPAGNA.

Les mariniers de l'Adriatique ne mettent point en mer une barque neuve sans la décorer de l'image de la Madone. Que votre nom, écrit sur cette page, soit, ô ma belle et bonne amie, comme l'effigie de la céleste patronne, qui protège un frêle esquif livré aux flots capricieux.

GEORGE SAND.

PREMIÈRE PARTIE.

A cette époque-là, le signor Lélio n'était plus dans tout l'éclat de sa jeunesse ; soit qu'à force de remplir leur office généreux, ses poumons eussent pris un développement auquel avaient obéi les muscles de la poitrine, soit le grand soin que les chanteurs apportent à l'hygiène conservatrice de l'harmonieux instrument, son corps, qu'il appelait joyeusement l'*étui* de sa voix, avait acquis un assez raisonnable degré d'embonpoint. Cependant sa jambe avait conservé toute son élégance, et l'habitude gracieuse de tous ses gestes en faisaient encore ce que sous l'Empire les femmes appelaient un beau cavalier.

Mais si Lélio pouvait encore remplir, sur les planches de la Fenice et de la Scala, l'emploi de *primo uomo* sans choquer ni le goût ni la vraisemblance; si sa voix toujours admirable et son grand talent le maintenaient au premier rang des artistes italiens; si ses abondants cheveux d'un beau gris de perle, et son grand œil noir plein de feu, attiraient encore le regard des femmes, aussi bien dans les salons que sur la scène, Lélio n'en était pas moins un homme sage, plein de réserve et de gravité dans l'occasion. Ce qui nous semblait étrange, c'est qu'avec les agréments que le ciel lui avait départis, avec les succès brillants de son honorable carrière, il n'était point et n'avait jamais été un homme à bonnes fortunes. Il avait, disait-on, inspiré de grandes passions; mais, soit qu'il ne les eût point partagées, soit qu'il en eût enseveli le roman dans l'oubli d'une conscience généreuse, personne ne pouvait raconter l'issue délicate de ces épisodes mystérieux. De fait, il n'avait compromis aucune femme. Les plus opulentes et les plus illustres maisons de l'Italie et de l'Allemagne l'accueillaient avec empressement; nulle part il n'avait porté le trouble et le scandale. Partout il jouissait d'une réputation de bonté, de loyauté, de sagesse irréprochable.

Pour nous artistes, ses amis et ses compagnons, il était bien aussi le meilleur et le plus estimable des hommes. Mais cette gaieté sereine, cette grâce bienveillante qu'il portait dans le commerce du monde, ne nous cachaient pas absolument un fond de mélancolie et l'habitude d'un chagrin secret. Un soir, après souper, comme nous fumions le *serraglio* sous un treilles embaumées de Sainte-Marguerite, l'abbé Panorio nous parlait de lui-même, et nous disait les poétiques élans et les combats héroïques de son propre cœur avec une candeur respectable et touchante. Lélio, gagné par cet exemple et partageant notre effusion, pressé aussi un peu par les questions de l'abbé et les regards de Beppa, nous confessa enfin que l'art n'était pas la seule noble passion qu'il eût connue.

« *Ed io anche!* s'écria-t-il avec un soupir; et moi aussi j'ai aimé, j'ai combattu, j'ai triomphé!

— Avais-tu donc fait vœu de chasteté comme lui? dit Beppa en souriant et en touchant le bras de l'abbé du bout de son éventail noir.

— Je n'ai jamais fait aucun vœu, répondit Lélio; mais j'ai toujours été impérieusement commandé par le sentiment naturel de la justice et de la vérité. Je n'ai jamais compris qu'on pût être vraiment heureux un seul jour en risquant toute la destinée d'autrui. Je vous raconterai, si vous le voulez, deux époques de ma vie où l'amour a joué le principal rôle, et vous comprendrez qu'il a pu m'en coûter un peu d'être, je ne dis pas un héros, mais un homme.

— Voilà un début bien grave, dit Beppa, et je crains que ton récit ne ressemble à une sonate française. Il te faut une introduction musicale, attends. Est-ce là le ton qui te convient? » En même temps, elle tira de son luth quelques accords solennels, et joua les premières mesures d'un andante maestoso de Dussek.

« Ce n'est pas cela, reprit Lélio en étouffant le son des cordes avec le manche de l'éventail de Beppa. Joue-moi plutôt une de ces valses allemandes, où la Joie et la Douleur, voluptueusement embrassées, semblent tourner doucement et montrer tour à tour une face pâle baignée de larmes et un front rayonnant couronné de fleurs.

— Fort bien! dit Beppa. Pendant ce temps Cupidon joue de la pochette, et marque la mesure à faux, ni plus ni moins qu'un maître de ballet; la Joie, impatientée, frappe du pied pour exciter le fade musicien qui gêne son élan impétueux. La Douleur, exténuée de fatigue, tourne ses yeux humides vers l'impitoyable racleur pour l'engager à ralentir cette rotation obstinée, et l'auditoire, ne sachant s'il doit rire ou pleurer, prend le parti de s'endormir. »

Et Beppa se mit à jouer la ritournelle d'une valse sentimentale, ralentissant et pressant chaque mesure alternativement, conformant avec rapidité l'expression de sa charmante figure, tantôt sémillante de joie, tantôt lugubre de tristesse, à ce mode ironique, et portant dans cette raillerie musicale toute l'énergie de son patriotisme artistique.

« Vous êtes une femme bornée! lui dit Lélio en passant ses ongles sur les cordes dont la vibration expira en un cri aigre et déchirant.

— Point d'orgue germanique! s'écria la belle Vénitienne en éclatant de rire et en lui abandonnant la guitare.

— L'artiste, reprit Lélio, a pour patrie le monde entier, la grande *Bohême*, comme nous disons. *Per Dio!* faisons la guerre au despotisme autrichien, mais respectons la valse allemande! la valse de Weber, ô mes amis! la valse de Beethoven et de Schubert! Oh! écoutez, écoutez ce poëme, ce drame, cette scène de désespoir, de passion et de joie délirante! »

En parlant ainsi, l'artiste fit résonner les cordes de l'instrument, et se mit à vocaliser, de toute la puissance de sa voix et de son âme, le chant sublime du *Désir* de Beethoven; puis, s'interrompant tout à coup et jetant sur l'herbe l'instrument encore plein de vibration pathétique:

« Jamais aucun chant, dit-il, n'a remué mon âme comme celui-là. Il faut bien l'avouer, notre musique italienne ne parle qu'aux sens ou à l'imagination exaltée; celle-ci parle au cœur et aux sentiments les plus profonds et les plus exquis. J'ai été comme vous, Beppa. J'ai résisté à la puissance du génie germanique; j'ai longtemps bouché les oreilles de mon corps et celles de mon intelligence à ces mélodies du Nord, que je ne pouvais ni ne voulais comprendre. Mais les temps sont venus où l'inspiration divine n'est plus arrêtée aux frontières des États par la couleur des uniformes et la bigarrure des bannières. Il y a dans l'air je ne sais quels anges ou quels sylphes, messagers invisibles du progrès, qui nous apportent l'harmonie et la poésie de tous les points de l'horizon. Ne nous enterrons pas sous nos ruines; mais que notre génie étende ses ailes et ouvre ses bras pour épouser des génies contemporains par-dessus les cimes des Alpes.

— Écoutez, comme il extravague! s'écria Beppa en essuyant son luth déjà couvert de rosée; moi qui le prenais pour un homme raisonnable!

— Pour un homme froid et peut-être égoïste, n'est-ce pas, Beppa? reprit l'artiste en se rasseyant d'un air mélancolique. Eh bien! j'ai cru moi-même être cet homme-là; car j'ai fait des actes de raison, et j'ai sacrifié aux exigences de la société. Mais quand la musique des régiments autrichiens fait retentir, le soir, les échos de nos grandes places et nos tranquilles eaux des airs de Freyschütz et des fragments de symphonie de Beethoven, je m'aperçois que j'ai des larmes en abondance, et que mes sacrifices n'ont pas été de peu de valeur. Un sens nouveau semble se révéler à moi : la mélancolie des regrets, l'habitude de la tristesse et le besoin de la rêverie, ces éléments qui n'entrent guère dans notre organisation méridionale, pénètrent désormais en moi par tous les pores, et je vois bien clairement que notre musique reste incomplète, et l'art que je sers insuffisant à l'expression de mon âme; voilà pourquoi vous me voyez dégoûté du théâtre, blasé sur les émotions du triomphe, et peu désireux de conquérir de nouveaux applaudissements à l'aide des vieux moyens; c'est que je voudrais m'élancer dans une vie d'émotions nouvelles, et trouver dans le drame lyrique l'expression du drame de ma propre vie; mais alors je deviendrais peut-être triste et vaporeux comme un Hambourgeois, et tu me raillerais cruellement, Beppa! C'est ce qu'il ne faut pas. O mes chers amis, buvons! et vive la joyeuse Italie et Venise la belle!

Il porta son verre à ses lèvres; mais il le remit sur la table avec préoccupation, sans avoir avalé une seule goutte de vin. L'abbé lui répondit par un soupir, Beppa lui serra la main, et, après quelques instants d'un silence mélancolique, Lélio, pressé de remplir sa promesse, commença son récit en ces termes :

« Je suis, vous le savez, fils d'un pêcheur de Chioggia. Presque tous les habitants de cette rive ont le thorax bien développé et la voix forte. Ils l'auraient belle, s'il ne l'enrouaient de bonne heure à lutter sur leurs barques contre les bruits de la mer et des vents, à boire et à fumer immodérément pour conjurer le sommeil et la fatigue. C'est une belle race que nos Chioggiotes. On dit qu'un grand peintre français *Leopoldo Roberto*, est maintenant occupé à illustrer le type de leur beauté dans un tableau qu'il ne laisse voir à personne.

Quoique je sois d'une complexion assez robuste, comme vous voyez, mon père, en me comparant à mes frères, me jugea si frêle et si chétif, qu'il ne voulut m'enseigner ni à jeter le filet, ni à diriger la chaloupe et le chasse-marée. Il me montra seulement le maniement de la rame à deux mains, le *voguer* de la barquette, et il m'envoya gagner ma vie à Venise en qualité d'aide-gondolier de place. Ce fut une grande douleur et une grande humiliation pour moi que d'entrer ainsi en servage, de quitter la maison paternelle, le rivage de la mer, l'honorable et périlleuse profession de mes pères. Mais j'avais une belle voix, je savais bon nombre de fragments de l'Arioste et du Tasse. Je pouvais faire un agréable gondolier, et gagner, avec le temps et la patience, cinquante francs par mois au service des amateurs et des étrangers.

Vous ne savez pas, Zorzi, dit Lélio en s'interrompant et en se tournant vers moi, comment se développent chez nous, gens du peuple, le goût et le sentiment de la musique et de la poésie. Nous avions alors et nous avons encore (bien que cet usage menace de se perdre) nos trouvères et nos bardes, que nous appelons *cupidons*; rapsodes voyageurs, qui nous apportent des provinces centrales les notions incorrectes de la langue-mère, altérée, je ferais mieux de dire enrichie, de tout le génie des dialectes du nord et du midi. Hommes du peuple comme nous, doués à la fois de mémoire et d'imagination, ils ne se gênent nullement pour mêler leurs improvisations bizarres aux créations des poëtes. Prenant et laissant toujours sur leur passage quelque locution nouvelle, ils embellissent et leur langage et le texte de leurs auteurs d'une incroyable confusion d'idiomes. On pourrait les appeler les conservateurs de l'instabilité du langage dans les provinces frontières et sur tout le littoral. Notre ignorance accepte sans appel les décisions de cette académie ambulante; et vous avez eu souvent l'occasion d'admirer tantôt l'énergie, tantôt le grotesque de l'italien de nos poëtes, dans la bouche des chanteurs des lagunes.

C'est le dimanche à midi, sur la place publique de Chioggia, après la grand'messe, ou le soir dans les cabarets de la côte, que ces rapsodes charment, par leurs récitatifs entrecoupés de chant et de déclamation, un auditoire nombreux et passionné. Le *cupido* est ordinairement debout sur une table et joue de temps en temps une ritournelle ou un finale de sa façon sur un instrument quelconque, celui-ci sur la cornemuse calabroise, celui-là sur la vielle bergamasque, d'autres sur le violon, la flûte ou la guitare. Le peuple chioggiote, en apparence flegmatique et froid, écoute d'abord en fumant d'un air impassible et presque dédaigneux; mais aux grands coups de lance des héros de l'Arioste, à la mort des paladins, aux aventures des demoiselles délivrées et des géants pourfendus, l'auditoire s'éveille, s'anime, s'écrie et se passionne si bien, que les verres et les pipes volent en éclats, les tables et les sièges sont brisés, et souvent le cupido, prêt à devenir victime de l'enthousiasme excité par lui, est forcé de s'enfuir, tandis que les dilettanti se répandent dans la campagne à la poursuite d'un ravisseur imaginaire aux cris d'*amazza! amazza!* tue le monstre! à mort le brigand! bravo, Astolphe! courage, bon compagnon! avance! avance! tue! tue! C'est ainsi que les Chioggiotes, ivres de fumée de tabac, de vin et de poésie, remontent sur leurs barques et déclament aux flots et aux vents les fragments rompus de ces épopées délirantes.

J'étais le moins bruyant et le plus attentif de ces dilettanti. Comme j'étais fort assidu aux séances, et que j'en sortais toujours silencieux et pensif, mes parents en concluaient que j'étais un enfant docile et borné, à la fois désireux et incapable d'apprendre les *beaux-arts*. On trouvait ma voix agréable; mais, comme j'avais en moi le sentiment d'une accentuation plus pure et d'une déclamation moins forcenée que celle des *cupidons* et de leurs imitateurs, on décréta que j'étais, comme chanteur aussi bien que comme barcarole, *bon pour la ville*, retournant ainsi votre locution française à propos de choses de peu de valeur, — *bon pour la campagne*.

Je vous ai promis le récit de deux épisodes, et non celui de ma vie; je ne vous dirai donc pas le détail de toutes les souffrances par lesquelles je passai pour arriver, moyennant le régime du riz à l'eau et des coups de rame sur les épaules, à l'âge de quinze ans et à un très-médiocre talent de gondolier. Le seul plaisir que j'eusse, c'était celui d'entendre passer les sérénades; et, quand j'avais un instant de loisir, je m'échappais pour chercher et suivre les musiciens dans tous les coins de la ville. Ce plaisir était si vif que, s'il ne m'empêchait point de regretter la maison paternelle, il m'eût empêché du moins d'y retourner. Du reste, ma passion pour la musique était à l'état de goût sympathique, et non de penchant personnel; car ma voix était en pleine mue, et me semblait si désagréable, lorsque j'en faisais le timide essai, que je ne concevais pas d'autre avenir que celui de battre l'eau des lagunes, toute ma vie, au service du premier venu.

Mon maître et moi occupions souvent le *traguetto*, ou station de gondoles, sur le grand canal, au palais Aldini, vers l'image de *saint Zandegola* (contraction patoise du nom de San-Giovanni Decollato). En attendant la pratique, mon patron dormait, et j'étais chargé de guetter les passants pour leur offrir le service de nos rames. Ces heures, souvent pénibles dans les jours brûlants de l'été, étaient délicieuses pour moi au pied du palais Aldini, grâce à une magnifique voix de femme accompagnée par la harpe, dont les sons arrivaient distinctement jusqu'à moi. La fenêtre par laquelle s'échappaient ces sons divins était située au-dessus de ma tête, et le balcon avancé me servait d'abri contre la chaleur du jour. Ce petit coin était mon Éden, et je n'y repasse jamais sans que mon cœur tressaille au souvenir de ces modestes délices de mon adolescence. Une tendine de soie ombrageait alors le carré de balustrade de marbre blanc, brunie par les siècles et enlacée de liserons et de plantes pariétaires soigneusement cultivées par la belle hôtesse de cette riche demeure; car elle était belle; je l'avais entrevue quelquefois au balcon, et j'avais entendu dire aux autres gondoliers que c'était la femme la plus aimable et la plus courtisée de Venise. J'étais assez peu sensible à sa beauté, quoiqu'à Venise les gens du peuple aient des yeux pour les femmes du plus haut rang, et réciproquement, à ce qu'on assure. Pour moi, j'étais tout oreilles; et, quand je la voyais paraître, mon cœur battait de joie, parce que sa présence me donnait l'espoir de l'entendre bientôt chanter.

J'avais entendu dire aussi aux gondoliers du traguet que l'instrument dont elle s'accompagnait était une harpe; mais leurs descriptions étaient si confuses qu'il m'était impossible de me faire une idée nette de cet instrument. Ses accords me ravissaient, et c'est lui que je brûlais du désir de voir. Je m'en faisais un portrait fantastique; car on m'avait dit qu'il était tout d'or pur, plus grand que moi, et mon patron Masino en avait vu un qui était terminé par le buste d'une belle femme qu'on aurait dit prête à s'envoler, car elle avait des ailes. Je voyais donc la harpe dans mes rêves, tantôt sous la figure d'une sirène, et tantôt sous celle d'un oiseau; quelquefois je croyais voir passer une belle barque pavoisée, dont les cordages de soie rendaient des sons harmonieux. Une fois je rêvai que je trouvais une harpe au milieu des roseaux et des algues; mais au moment où j'écartais les herbes humides pour la saisir, je fus éveillé en sursaut, et ne pus jamais retrouver le souvenir distinct de sa forme.

Cette curiosité s'empara si fort de mon jeune cerveau, qu'un jour je finis par céder à une tentation maintes fois vaincue. Pendant que mon patron était au cabaret, je grimpai sur la couverture de ma gondole, et de là aux barreaux d'une fenêtre basse; puis enfin je m'accrochai à la balustrade du balcon, je l'enjambai et je me trouvai sous les rideaux de la tendine.

Je pus alors contempler l'intérieur d'un magnifique cabinet; mais le seul objet qui me frappa, ce fut la harpe muette au milieu des autres meubles qu'elle dominait fièrement. Le rayon qui pénétra dans le cabinet lorsque j'entr'ouvris le rideau vint frapper sur la dorure de l'instrument, et fit étinceler le beau cygne sculpté qui le surmontait. Je restai immobile d'admiration, ne pouvant me lasser d'en examiner les moindres détails, la structure élégante, qui me rappelait la proue des gondoles, les cordes diaphanes qui me semblèrent toutes d'or filé, les cuivres luisants et la boîte de bois satiné sur laquelle étaient peints des oiseaux, des fleurs et des papillons richement coloriés et d'un travail exquis.

Cependant, il me restait un doute, au milieu de tant de meubles superbes, dont la forme et l'usage m'étaient peu connus; ne m'étais-je pas trompé? était-ce bien la harpe que je contemplais? Je voulus m'en assurer; je pénétrai dans le cabinet, et je posai une main gauche et tremblante sur les cordes. Ô ravissement! elles me répondirent. Saisi d'un inexprimable vertige, je me mis à faire vibrer au hasard et avec une sorte de fureur toutes ces voix retentissantes, et je ne crois pas que l'orchestre le plus savant et le mieux gouverné m'ait jamais fait depuis autant de plaisir que l'effroyable confusion de sons dont je remplis l'appartement de la signora Aldini.

Mais ma joie ne fut pas de longue durée. Un valet de chambre qui rangeait les salles voisines accourut au bruit, et, furieux de voir un petit rustre en haillons s'introduire ainsi et s'abandonner à l'amour de l'art avec un si odieux déréglement, se mit en devoir de me chasser à coups de balai. Il ne me convenait guère d'être congédié de la sorte, et je me retirai prudemment vers le balon, afin de m'en aller comme j'étais venu. Mais avant que j'eusse pu l'enjamber, le valet s'élança sur moi, et je me vis dans l'alternative d'être battu ou de faire un culbute ridicule. Je pris un parti violent, ce fut d'esquiver le choc en me laissant avec dextérité, et de saisir mon adversaire par les deux jambes, tandis qu'il donnait brusquement de la poitrine contre la balustrade. L'enlever ainsi de terre et le lancer dans le canal fut l'affaire d'un instant. C'est un jeu auquel les enfants s'exercent entre eux à Chioggia. Mais je n'avais pas eu le temps d'observer que la fenêtre était à vingt pieds de l'eau et que le pauvre diable de *camerière* pouvait ne pas savoir nager.

Heureusement pour lui et pour moi, il revint aussitôt sur l'eau et s'accrocha aux barques du traguet. J'eus un instant de terreur en lui voyant faire le plongeon; mais, dès que je le vis sauvé, je songeai à me sauver moi-même : car il rugissait de fureur et allait ameuter contre moi tous les laquais du palais Aldini. J'enfilai la première porte qui s'offrit à moi, et, courant à travers les galeries, j'allais franchir l'escalier, lorsque j'entendis des voix confuses qui venaient à ma rencontre. Je remontai précipitamment et me réfugiai sous les combles du palais, où je me cachai dans un grenier parmi de vieux tableaux rongés des vers, et des débris de meubles.

Je restai là deux jours et deux nuits sans prendre aucun aliment et sans oser me frayer un passage au milieu de mes ennemis. Il y avait tant de monde et de mouvement dans cette maison qu'on n'y pouvait faire un pas sans rencontrer quelqu'un. J'entendais par la lucarne les propos des valets qui se tenaient dans la galerie de l'étage inférieur. Ils s'entretenaient de moi presque continuellement, faisaient mille commentaires sur ma disparition, et se promettaient de m'infliger une rude correction s'ils réussissaient à me rattraper. J'entendais aussi mon patron sur sa barque s'étonner de mon absence, et se réjouir à l'idée de mon retour, dans des intentions non moins bienveillantes. J'étais brave et vigoureux; mais je sentais que je serais accablé par le nombre. L'idée d'être battu par mon patron ne m'occupait guère; c'était une chance du métier d'apprenti qui n'entraînait aucune honte. Mais celle d'être châtié par des laquais soulevait en moi une telle horreur, que je préférais mourir de faim. Il ne s'en fallut pas de beaucoup que mon aventure n'eût ce dénouement. A quinze ans, on supporte mal la diète. Une vieille camériste qui vint chercher un pigeon déserteur sous les combles trouva, au lieu de son fugitif, le pauvre *barcarolino* évanoui et presque mort au pied d'une vieille toile qui représentait une sainte Cécile. Ce qu'il y eut de plus frappant pour moi dans ma détresse, c'est que la sainte avait entre les bras une harpe de forme antique que j'eus tout le loisir de contempler au milieu des angoisses de la faim, et dont la vue me devint tellement odieuse, que pendant bien longtemps, par la suite, je ne pus supporter ni l'aspect ni le son de cet instrument fatal.

La bonne duègne me secourut et intéressa la signora Aldini à mon sort. Je fus promptement rétabli des suites du jeûne, et mon persécuteur, apaisé par cette expiation, agréa l'aveu de ma faute et l'expression brusque, mais sincère, de mes regrets. Mon père, en apprenant de mon patron que j'étais perdu, était accouru. Il fronça le sourcil lorsque madame Aldini lui manifesta l'intention de me prendre à son service. C'était un homme rude, mais fier et indépendant. C'était bien assez, selon lui, que je fusse condamné par ma délicate organisation à vivre à la ville. J'étais de trop bonne famille pour être valet, et, quoique les gondoliers eussent de grandes prérogatives dans les maisons particulières, il y avait une distinction de rang bien marquée entre les gondoliers de la place et les *gondolieri di casa*. Ces derniers étaient mieux vêtus, il est vrai, et participaient au bien-être de la vie patricienne; mais ils étaient réputés laquais, et il n'y avait point de telle souillure dans ma famille. Néanmoins madame Aldini était si gracieuse et si bienveillante, que mon brave homme de père, tortillant son bonnet rouge dans ses mains avec embarras, et tirant à chaque instant, par habitude, sa pipe éteinte de sa poche, ne sut que répondre à ses douces paroles et à ses généreuses promesses. Il résolut de me laisser libre, comptant bien que je refuserais. Mais moi, quoique je fusse bien dégoûté de la harpe, je ne songeais qu'à la musique. Je ne sais quelle puissance magnétique la signora Aldini exerçait sur moi; c'était une véritable passion, mais une passion d'artiste toute platonique et toute philharmonique. De la petite chambre où l'on m'avait recueilli pour me soigner, — car j'eus, par suite de mon jeûne, deux ou trois accès de fièvre, — je l'entendais chanter, et cette fois elle s'accompagnait avec le clavecin, car elle jouait également bien de plusieurs instruments. Enivré de ses accents, je ne compris pas même les scrupules de mon père, et j'acceptai sans hésiter la place de gondolier en second au palais Aldini.

Il était de bon goût à cette époque d'être *bien monté* en barcarolles, c'est-à-dire que, de même que la gondole équivalait, à Venise, à l'*équipage* dans les autres pays, de même les gondoliers sont un objet à la fois de luxe et de nécessité comme les chevaux. Toutes les gondoles étant à peu près semblables, d'après le décret somptuaire de la république, qui les condamna indistinctement à être tendues de noir, c'était seulement par l'habit et par la tournure de leurs rameurs que les personnes opulentes pouvaient se faire remarquer dans la foule. La gondole du patricien élégant devait être conduite, à l'arrière, par un homme robuste et d'une beauté mâle, à l'avant, par un négrillon singulièrement accoutré, ou par un blondin indigène, sorte de page ou de jockey vêtu avec élégance, et placé là comme un ornement, comme la *poupée* à la proue des navires.

J'étais donc tout à fait propre à cet honorable emploi. J'étais un véritable enfant des lagunes, blond, rosé, très-fort, avec des contours un peu féminins, ayant la tête, les pieds et les mains remarquablement petits, le buste large et musculeux, le cou et les bras ronds, nerveux et blancs. Ajoutez à cela une chevelure couleur d'ambre, fine, abondante, et bouclée naturellement ; imaginez un charmant costume demi-Figaro, demi-Chérubin, et le plus souvent les jambes nues, la culotte de velours bleu de ciel attachée par une ceinture de soie écarlate, et la poitrine couverte seulement d'une chemise de batiste brodée plus blanche que la neige ; vous aurez une idée du pauvre histrion en herbe qu'on appelait alors Nello, par contraction de son nom véritable, Daniele Gemello.

Comme il est de la destinée des petits chiens d'être cajolés par les maîtres imbéciles et battus par les vlaets jaloux, le sort de mes pareils était généralement un mélange assez honteux de tolérance illimitée de la part des uns, et de haine brutale de la part des autres. Heureusement pour moi, la Providence me jeta sur un coin béni : Bianca Aldini était la bonté, l'indulgence, la charité descendues sur la terre. Veuve à vingt ans, elle passait sa vie à soulager les pauvres, à consoler les affligés. Là où il y avait une larme à essuyer, un bienfait à verser, on la voyait bientôt accourir dans sa gondole, portant sur ses genoux sa petite fille âgée de quatre ans ; miniature charmante, si frêle, si jolie, et toujours si fraîchement parée, qu'il semblait que les belles mains de sa mère fussent les seules au monde assez efilées, assez douces et assez moelleuses pour la toucher sans la froisser ou sans la briser. Madame Aldini était toujours vêtue elle-même avec un goût et une recherche que toutes les dames de Venise essayaient en vain d'égaler ; immensément riche, elle aimait le luxe, et dépensait la moitié de son revenu à satisfaire ses goûts d'artiste et ses habitudes de patricienne. L'autre moitié passait en aumônes, en services rendus, en bienfaits de toute espèce. Quoique ce fût un assez beau *denier de veuve*, comme elle l'appelait, elle s'accusait naïvement d'être une âme tiède, de ne pas faire ce qu'elle devait ; et, concevant de sa charité plus de repentir que d'orgueil, elle se promettait chaque jour de *quitter le siècle* et de s'occuper sérieusement de son salut. Vous voyez, d'après ce mélange de faiblesse féminine et de vertu chrétienne, qu'elle ne se piquait point d'être une âme forte, et que son intelligence n'était pas plus éclairée que ne le comportaient le temps et le monde où elle vivait. Avec cela, je ne sais s'il a jamais existé de femme meilleure et plus charmante. Les autres femmes, jalouses de sa beauté, de son opulence et de sa vertu, s'en vengeaient en assurant qu'elle était bornée et ignorante. Il y avait de la vérité dans cette accusation ; mais Bianca n'en était pas moins aimable. Elle avait un fond de bon sens qui l'empêchait d'être jamais ridicule, et, quant à son manque d'instruction, la naïveté modeste qui en résultait était chez elle une grâce de plus. J'ai vu autour d'elle les hommes les plus éclairés et les plus graves ne jamais se lasser de son entretien.

Vivant ainsi à l'église et au théâtre, dans la mansarde du pauvre et dans les palais, elle portait avec elle en tous lieux la consolation ou le plaisir, elle imposait à tous la reconnaissance ou la gaieté. Son humeur était égale, enjouée, et le caractère de sa beauté suffisait à répandre la sérénité autour d'elle. Elle était de moyenne taille, blanche comme le lait et fraîche comme une fleur ; tout en elle était douceur, jeunesse, aménité. De même que, dans toute sa gracieuse personne, on eût vainement cherché un angle aigu, de même son caractère n'offrit jamais la moindre aspérité, ni sa bonté la moindre lacune. A la fois active comme le dévouement évangélique et nonchalante comme la mollesse vénitienne, elle ne passait jamais plus de deux heures dans la journée au même endroit ; mais dans son palais elle était toujours couchée sur un sofa, et dehors elle était toujours étendue dans sa gondole. Elle se disait faible sur les jambes, et ne montait ou ne descendait jamais un escalier sans être soutenue par deux personnes ; dans ses appartements elle était toujours appuyée sur le bras de Salomé, une belle fille juive qui la servait et lui tenait compagnie. On disait à ce propos que madame Aldini était boiteuse par suite de la chute d'un meuble que son mari avait jeté sur elle dans un accès de colère, et qui lui avait fracturé la jambe : c'est ce que je n'ai jamais su précisément, bien que pendant plus de deux ans elle se soit appuyée sur mon bras pour sortir de son palais et pour y rentrer, tant elle mettait d'art et de soin à cacher cette infirmité.

Malgré sa bienveillance et sa douceur, Bianca ne manquait ni de discernement ni de prudence dans le choix des personnes qui l'entouraient ; il est certain que nulle part je n'ai vu autant de braves gens réunis. Si vous me trouvez un peu de bonté et assez de fierté dans l'âme, c'est au séjour que j'ai fait dans cette maison qu'il faut l'attribuer. Il était impossible de n'y pas contracter l'habitude de bien penser, de bien dire et de bien faire ; les valets étaient probes et laborieux, les amis fidèles et dévoués... les amants même... (car il faut bien l'avouer, il y eut des amants) étaient pleins d'honneur et de loyauté. J'avais là plusieurs patrons ; de tous ces pouvoirs, la *signora* était le moins impératif. Au reste, tous étaient bons ou justes. Salomé, qui était le pouvoir exécutif de la maison, maintenait l'ordre avec un peu de sévérité ; elle ne souriait guère, et le grand arc de ses sourcils se divisait rarement en deux quarts de cercle au-dessus de ses longs yeux noirs. Mais elle avait de l'équité, de la patience et un regard pénétrant qui ne méconnaissait jamais la sincérité. Mandola, premier gondolier, et mon précepteur immédiat, était un Hercule lombard, qu'à ses énormes favoris noirs et à ses formes athlétiques on eût pris pour Polyphème. Ce n'en était pas moins le paysan le plus doux, le plus calme et le plus humain qui ait jamais passé de ses montagnes à la civilisation des grandes cités. Enfin, le comte Lanfranchi, le plus bel homme de la république, que nous avions l'honneur de promener tous les soirs en gondole fermée avec madame Aldini, de dix heures à minuit, était bien le plus gracieux et le plus affable seigneur que j'aie rencontré dans ma vie.

Je n'ai jamais connu de feu monseigneur Aldini qu'un grand portrait en pied qui était à l'entrée de la galerie, dans un cadre superbe un peu détaché de la muraille, et semblant commander à une longue suite d'aïeux, tous de plus en plus noirs et vénérables, qui s'enfonçaient, par ordre chronologique, dans la profondeur sombre de cette vaste salle. Torquato Aldini était habillé dans le dernier goût du temps, avec un jabot de dentelle de Flandre et un habit du matin de gros d'été vert-pomme à brandebourgs rose vif ; il était admirablement crêpé et poudré. Mais, malgré la galanterie de ce déshabillé pastoral, je ne pouvais le regarder sans baisser les yeux ; car il y avait sur sa figure, d'un jaune brun, dans sa prunelle noire et ardente, dans sa bouche froide et dédaigneuse, dans son attitude impassible, et jusque dans le mouvement absolu de sa main longue et maigre, ornée de diamants, une expression de fierté arrogante et de rigueur inflexible que je n'avais jamais rencontrée sous le toit de ce palais. C'était un beau portrait, et le portrait d'un beau jeune homme : il était mort à vingt-cinq ans, à la suite d'un duel avec un Foscari, qui avait osé se dire de meilleure famille que lui. Il avait laissé une grande réputation de bravoure et de fermeté ; mais on disait tout bas qu'il avait rendu sa femme très-malheureuse, et les domestiques n'avaient pas l'air de le regretter. Il leur avait imprimé une telle crainte, qu'ils ne passaient jamais le soir devant cette peinture, saisissables de vérité, sans se découvrir la tête, comme ils eussent fait devant la personne de leur ancien maître.

Il fallait que la dureté de son âme eût fait beaucoup souffrir la *signora* et l'eût bien dégoûtée du mariage, car elle ne voulait point contracter de nouveaux liens, et repoussait les meilleurs partis de la république. Cependant elle avait besoin d'aimer, car elle souffrait les assiduités du comte Lanfranchi, et ne semblait lui refuser des douceurs de l'hyménée que le serment indissoluble. Au bout d'un an, le comte, désespérant de lui inspirer la confiance nécessaire pour un tel engagement, et cherchant fortune ailleurs, lui confessa qu'une riche héritière lui donnait meilleure espérance. La signora lui rendit aussitôt généreusement sa liberté ; elle parut triste et malade pendant plusieurs jours ; mais, au bout d'un mois, le prince de Montalegri vint occuper dans la gondole la place que l'ingrat Lanfranchi avait laissée vacante, et pendant un an encore, Mandola et moi promenâmes sur les lagunes ce couple bénévole, et en apparence fortuné.

J'avais un attachement très-vif pour la signora. Je ne concevais rien de plus beau et de meilleur qu'elle sur la terre. Quand elle tournait sur moi son beau regard presque maternel, quand elle m'adressait en souriant de douces paroles (les seules qui pussent sortir de ses lèvres charmantes), j'étais si fier et si content que, pour lui faire plaisir, je me serais jeté sous la carène tranchante du *Bucentaure*. Quand elle me donnait un ordre, j'avais des ailes; quand elle s'appuyait sur moi, mon cœur palpitait de joie; quand, pour faire remarquer ma belle chevelure au prince de Montalegri, elle posait doucement sa main de neige sur ma tête, je devenais rouge d'orgueil. Et pourtant je me promenais sans jalousie le prince à ses côtés; je répondais gaiement à ces quolibets pleins de bienveillance que les seigneurs de Venise aiment à échanger avec les barcarolles pour éprouver en eux l'esprit de repartie; et, malgré l'excessive liberté dont le gondolier provoqué jouit en pareil cas, jamais je n'avais senti contre le prince le plus léger mouvement d'aigreur. C'était un bon jeune homme; je lui savais gré d'avoir consolé la signora de l'abandon de M. Lanfranchi. Je n'avais pas cette sotte humilité qui s'incline devant les prérogatives du rang. En fait d'amour, nous ne les connaissions guère dans ce pays, et nous les connaissions encore moins dans ce temps-là. Il n'y avait pas une telle différence d'âge entre la signora et moi, que je ne pusse être amoureux d'elle. Le fait est que je serais embarrassé aujourd'hui de donner un nom à ce que j'éprouvais alors. C'était de l'amour peut-être, mais de l'amour pur comme mon âge; et de l'amour tranquille, parce que j'étais sans ambition et sans cupidité.

Outre ma jeunesse, mon zèle et mon caractère facile et enjoué, j'avais plu particulièrement à la signora par mon amour pour la musique: elle prenait plaisir à voir l'émotion que j'éprouvais au son de sa belle voix, et chaque fois qu'elle chantait, elle me faisait appeler. Accorte et familière, elle me faisait entrer jusque dans son cabinet, et m'autorisait à m'asseoir auprès de Salomé. Il semblait qu'elle eût aimé à voir cette farouche camériste se départir un peu avec moi de son austérité. Mais Salomé m'imposait beaucoup plus que la signora, et jamais je ne fus tenté de m'enhardir auprès d'elle.

Un jour la signora me demanda si j'avais de la voix. Je lui répondis que j'en avais eu, mais qu'elle s'était perdue. Elle voulut que j'en fisse l'essai devant elle. Je m'en défendis, elle insista, il fallut céder. J'étais fort troublé, et convaincu qu'il me serait impossible d'articuler un son; car il y avait bien un an que je ne m'en étais avisé. J'avais alors dix-sept ans. Ma voix était revenue, je ne m'en doutais pas. Je mis ma tête dans mes deux mains; je tâchai de me rappeler une strophe de la *Jérusalem*, et le hasard me fit rencontrer celle qui exprime l'amour d'Olinde pour Sophronie, et qui se termine par ce vers:

Brama assai, poco spera, nulla chiede.

Alors, rassemblant mon courage et me mettant à crier de toute ma force comme si j'eusse été en pleine mer, je fis retentir les lambris étonnés de ce lai plaintif et sonore, sur lequel nous chantons dans les lagunes les prouesses de Roland et les amours d'Herminie. Je ne me méfiais pas de l'effet que j'allais produire; comptant sur le filet enroué que j'avais fait sortir autrefois de ma poitrine, je faillis tomber à la renverse, lorsque l'instrument que je recélais en moi, à mon insu, manifesta sa puissance. Les tableaux suspendus à la muraille en frémirent, la signora sourit, et les cordes de la harpe répondirent par une longue vibration au choc de cette voix formidable.

« *Santo Dio!* s'écria Salomé en laissant tomber son ouvrage et en se bouchant les oreilles, le lion de Saint-Marc ne rugirait pas autrement! » La petite Aldini, qui jouait sur le tapis, fut si épouvantée, qu'elle se mit à pleurer et à crier.

Je ne sais ce que fit la signora. Je sais seulement qu'elle, et l'enfant, et Salomé, et la harpe, et le cabinet, tout disparut, et que je courus à toutes jambes à travers les rues, sans savoir quel démon me poussait, jusqu'à la *Quinta-Valle*; là, je me jetai dans une barque et j'arrivai à la grande prairie qu'on nomme aujourd'hui le Champ-de-Mars, et qui est encore le lieu le plus désert de la ville. A peine me vis-je seul et en liberté, que je me mis à chanter de toute la force de mes poumons. O miracle! j'avais plus d'énergie et d'étendue dans la voix qu'aucun des *cupidi* que j'avais admirés à Chioggia. Jusque-là j'avais cru manquer de puissance, et j'en avais trop. Elle me débordait, elle me brisait. Je me jetai la figure dans les longues herbes, et, en proie à un accès de joie délirante, je fondis en larmes. O les premières larmes de l'artiste! elles seules peuvent rivaliser de douceur ou d'amertume avec les premières larmes de l'amant.

Je me remis ensuite à chanter et à répéter cent fois de suite les strophes éparses dont j'avais gardé souvenance. A mesure que je chantais, le rude éclat de ma voix s'adoucissait, je sentais l'instrument devenir à chaque instant plus souple et plus docile. Je ne ressentais aucune fatigue; plus je m'exerçais, plus il me semblait que ma respiration devenait facile et de longue haleine. Alors, je me hasardai à essayer les airs d'opéra et les romances que j'entendais chanter depuis deux ans à la signora. Depuis deux ans, j'avais bien appris et bien travaillé sans m'en douter. La méthode était entrée dans ma tête par routine, par instinct, et le sentiment dans mon âme par intuition, par sympathie. J'ai beaucoup de respect pour l'étude; mais j'avoue qu'aucun chanteur n'a moins étudié que moi. J'étais doué d'une facilité et d'une mémoire merveilleuses. Il suffisait que j'eusse entendu un trait pour le rendre aussitôt avec netteté. J'en fis l'épreuve dès ce premier jour, et je parvins à chanter presque d'un bout à l'autre les morceaux les plus difficiles du répertoire de madame Aldini.

La nuit vint m'avertir de mettre un terme à mon enthousiasme. Je m'aperçus alors que j'avais manqué tout le jour à mon service, et je retournai au palais confus et repentant de ma faute. C'était la première de ce genre que j'eusse commise, et je ne craignais rien tant qu'un reproche de la signora, quelque doux qu'il dût être. Elle était en train de souper, et je me glissai timidement derrière sa chaise. Je ne la servais jamais à table; car j'étais resté fier comme un Chioggiote, et j'avais gardé toutes les franchises attachées à mon emploi privilégié. Mais, voulant réparer mon tort par un élan d'humilité, je pris des mains de Salomé l'assiette de porcelaine de Chine qu'elle allait lui présenter, et j'avançai la main avec gaucherie. Madame Aldini feignit d'abord de ne pas y faire attention, et se laissa servir ainsi pendant quelques instants; puis, tout d'un coup, rencontrant à la dérobée mon regard piteux, elle partit d'un grand éclat de rire en se renversant sur son fauteuil.

« Votre Seigneurie le gâte, dit la sévère Salomé en réprimant une imperceptible velléité de partager l'enjouement de sa maîtresse.

— Pourquoi le gronderais-je? repartit la signora. Il s'est fait peur à lui-même ce matin, et, pour se punir, il s'est enfui, le pauvret! Je parie qu'il n'a pas mangé de la journée. Allons, va souper, Nellino. Je te pardonne, à condition que tu ne chanteras plus. »

Ce sarcasme bienveillant me sembla très-amer. C'était le premier auquel je fusse sensible; car, malgré tous les éléments offerts au développement de ma vanité, c'était un sentiment que je ne connaissais pas encore. Mais l'orgueil venait de s'éveiller en moi avec la puissance, et, en raillant ma voix, on me semblait nier mon âme et attaquer ma vie.

Depuis ce jour, les leçons que me donnait à son insu la signora s'exerçant devant moi de plus en plus profitables. Tous les soirs j'allais m'exercer au Champ-de-Mars aussitôt que mon service était fini, et j'avais la conscience de mes progrès. Bientôt les leçons de la signora ne me suffirent plus. Elle chantait pour son plaisir, portant à l'étude une nonchalance superbe, et ne cherchant point à se perfectionner. J'avais un désir immodéré d'aller au théâtre; mais, pendant tout le temps qu'elle y passait, j'étais condamné à garder la gondole, Mandola jouissant du privilége d'aller au parterre, ou d'écouter dans les corridors. J'obtins enfin de lui, un jour, qu'il me laissât entrer à sa place pendant un acte d'opéra, à la Fenice. On jouait le *Mariage secret*. Je ne chercherai point à vous rendre ce que j'éprouvai : je faillis devenir fou, et, manquant à la parole que j'avais donnée à mon compagnon, je le laissai se morfondre dans la gondole, et ne songeai à sortir que quand je vis la salle vide et les lustres éteints.

Alors je sentis le besoin impérieux, irrésistible, d'aller au théâtre tous les soirs. Je n'osais point demander la permission à madame Aldini : je craignais qu'elle ne vînt encore à railler ma passion infortunée (comme elle l'appelait) pour la musique. Cependant, il fallait mourir ou aller à la Fenice. J'eus la coupable pensée de quitter le service de la signora et de gagner ma vie en qualité de *facchino* à la journée, afin d'avoir le temps et le moyen d'aller le soir au théâtre. Je calculai qu'avec les petites économies que j'avais faites au palais Aldini, et en réduisant mon vêtement et ma nourriture au plus strict nécessaire, je pourrais satisfaire ma passion. Je pensai aussi à entrer au théâtre comme machiniste, comparse ou allumeur; l'emploi le plus abject m'eût semblé doux, pourvu que je pusse entendre de la musique tous les jours. Enfin, je pris le parti d'ouvrir mon cœur au bienveillant Montalegri. On lui avait raconté mon aventure musicale. Il commença par rire; puis, comme j'insistais courageusement, il exigea pour condition que je lui fisse entendre ma voix. J'hésitai beaucoup : j'avais peur qu'il ne me désespérât par ses railleries, et quoique je n'eusse pour l'avenir aucun dessein formulé avec moi-même, je sentais que m'enlever l'espoir de savoir chanter un jour, c'était m'arracher la vie. Je me résignai pourtant : je chantai d'une voix tremblante le fragment d'un des airs que j'avais entendus une seule fois au théâtre. Mon émotion gagna le prince; je vis dans ses yeux qu'il prenait plaisir à m'entendre : je pris courage, je chantai mieux. Il leva les mains deux ou trois fois pour m'applaudir, puis il s'arrêta de peur de m'interrompre; je chantai alors tout à fait bien, et quand j'eus fini, le prince, qui était un véritable dilettante, faillit m'embrasser et me donna les plus grands éloges. Il me remmena chez la signora et présenta ma pétition, qui fut ratifiée sur-le-champ. Mais on voulut aussi me faire chanter, et jamais je ne voulus y consentir. La fierté de ma résistance étonna madame Aldini sans l'irriter. Elle pensait la vaincre plus tard; mais elle n'en vint pas à bout aisément. Plus je suivais le théâtre, plus je faisais d'exercices et de progrès, plus aussi je sentais tout ce qui me manquait encore, et plus je craignais de me faire entendre et juger avant d'être sûr de moi-même. Enfin, un soir, au Lido, comme il faisait un clair de lune superbe, et que la promenade de la signora m'avait fait manquer le théâtre et mon heure d'étude solitaire, je fus pris du besoin de chanter, et je cédai à l'inspiration. La signora et son amant m'écoutèrent en silence; et quand j'eus fini, ils ne m'adressèrent pas un mot d'approbation ni de blâme. Mandola fut le seul qui, sensible à la musique comme un vrai Lombard, s'écria à plusieurs reprises, en écoutant mon jeune ténor : *Corpo del diavolo! che buon basso!*

Je fus un peu piqué de l'indifférence ou de l'inattention de ma patronne. J'avais la conscience d'avoir assez bien chanté pour mériter un encouragement de sa bouche. Je ne comprenais pas non plus la froideur du prince d'après les éloges qu'il m'avait donnés deux mois auparavant. Plus tard je sus que ma maîtresse avait été émerveillée de mes dispositions et de mes moyens, mais qu'elle avait résolu, pour me punir de m'être tant fait prier, de paraître insensible à mon premier essai.

Je compris la leçon, et, quelques jours après, ayant été sommé par elle de chanter durant sa promenade, je m'en acquittai de bonne grâce. Elle était seule, étendue sur les coussins de la gondole, et paraissait livrée à une mélancolie qui ne lui était pas habituelle. Elle ne m'adressa pas la parole durant toute la promenade; mais en rentrant, lorsque je lui offris mon bras pour remonter le perron du palais, elle me dit ce peu de mots, qui me laissa une émotion singulière : « Nello, tu m'as fait beaucoup de bien. Je te remercie. »

Les jours suivants, je lui offris moi-même de chanter. Elle parut accepter avec reconnaissance. La chaleur était accablante et les théâtres déserts; la signora se disait malade; mais ce qui me frappa le plus, c'est que le prince, ordinairement si assidu à l'accompagner, ne venait plus avec elle qu'un soir ou deux, sur trois et même sur quatre. Je pensai que lui aussi commençait à être infidèle, et je m'en affligeai pour ma pauvre maîtresse. Je ne concevais pas son obstination à repousser le mariage; il ne me paraissait pas juste que Montalegri, si doux et si bon homme, fût victime des torts de feu Torquato Aldini. D'un autre côté, je ne concevais pas davantage qu'une femme si aimable et si belle n'eût pour amants que de lâches spéculateurs plus avides de sa fortune qu'attachés à sa personne, et dégoûtés de l'une aussitôt qu'ils désespéraient d'obtenir l'autre.

Ces idées m'occupèrent tellement pendant quelques jours, que, malgré mon respect pour ma maîtresse, je ne pus m'empêcher de faire part de mes commentaires à Mandola. « Détrompe-toi, me répondit-il; cette fois, c'est le contraire de ce qui s'est passé avec Lanfranchi. C'est la signora qui se dégoûte du prince et qui trouve chaque soir un nouveau prétexte pour l'empêcher de la suivre. Quelle en est la raison? Cela est impossible à deviner, puisque nous qui la voyons, nous savons qu'elle est seule et qu'elle n'a aucun rendez-vous. Peut-être qu'elle tourne tout à fait à la dévotion et qu'elle veut se détacher du monde. »

Le soir même, j'essayai de chanter à la signora un cantique de la Vierge; mais elle m'interrompit brusquement en me disant qu'elle n'avait pas envie de dormir, et me demanda les amours d'Armide et de Renaud. « Il s'est trompé, » dit Mandola, qui ne manquait pas de finesse, en feignant de m'excuser. Je changeai de mode, et je fus écouté très attention.

Je remarquai bientôt qu'à force de chanter en plein air au balancement de la gondole, je me fatiguais beaucoup et que ma voix était en souffrance. Je consultai un professeur de musique qui venait au palais pour apprendre les éléments à la petite Alezia Aldini, alors âgée de six ans. Il me répondit que, si je continuais à chanter dehors, je perdrais ma voix avant la fin de l'année. Cette menace m'effraya tellement, que je résolus de ne plus chanter ainsi. Mais le lendemain la signora me demanda la barcarole nationale de la *Biondina*, d'un air si mélancolique, avec un regard si doux et un visage si pâle, que je n'eus pas le courage de lui refuser le seul plaisir qu'elle parût capable de goûter depuis quelque temps.

Il était évident qu'elle maigrissait et qu'elle perdait de sa fraîcheur; elle éloignait de plus en plus le prince. Elle passait sa vie en gondole, et même elle négligeait un peu les pauvres. Elle semblait succomber à un accablement dont nous cherchions vainement la cause.

Pendant une semaine, elle parut chercher à se distraire. Elle s'entoura de monde, et le soir elle se fit suivre par plusieurs gondoles où se placèrent ses amis et des musiciens qui lui donnèrent la sérénade. Une fois elle me pria de chanter. Je déclinai ma compétence en présence de musiciens de profession et de nombreux dilettanti. Elle insista d'abord avec douceur, et puis avec un peu de dépit; je continuai de m'en défendre, et enfin elle m'ordonna d'un ton absolu de lui obéir. C'était la première fois de sa vie qu'elle s'emportait. Au lieu de comprendre que c'était la maladie qui changeait ainsi son caractère, et de faire acte de complaisance, je m'abandonnai à un mouvement d'orgueil invincible, et lui déclarai que je n'étais pas son esclave, que je m'étais engagé à conduire sa gondole et non à divertir ses convives; et, en un mot, que j'avais failli perdre ma voix pour la distraire, et que, puisqu'elle me récompensait si mal de mon dévouement, je ne chanterais plus, ni pour elle ni pour personne. Elle ne répondit rien; les amis qui l'accompagnaient, étonnés de mon audace, gardaient le silence. Au

Le cupido *est ordinairement debout sur une table.* (Page 3.)

bout de quelques instants, Salomé fit un cri et saisit le petite Alezia, qui, endormie dans les bras de sa mère, avait failli tomber à l'eau. La signora était évanouie depuis quelques minutes, et personne ne s'en était aperçu.

J'abandonnai la rame; je parlai au hasard; je m'approchai de la signora; j'étais si troublé, que j'eusse fait quelque folie si la prudente Salomé ne m'eût renvoyé impérieusement à mon poste. La signora revint à elle, on reprit à la hâte la route du palais. Mais la société était surprise et consternée, la musique allait tout de travers; et, quant à moi, j'étais si désolé et si effrayé, que mes mains tremblantes ne pouvaient plus soutenir la rame. J'avais perdu la tête, j'accrochais toutes les gondoles. Mandola me maudissait; mais, sourd à ses avertissements, je me retournais à chaque instant pour regarder madame Aldini, dont le front pâle, éclairé par la lune, semblait porter l'empreinte de la mort.

Elle passa une mauvaise nuit; le lendemain elle eut la fièvre et garda le lit. Salomé refusa de me laisser entrer. Je me glissai malgré elle dans la chambre à coucher, et je me jetai à genoux devant la signora, en fondant en larmes. Elle me tendit sa main, que je couvris de baisers,

et me dit que j'avais eu raison de lui résister. « C'est moi, ajouta-t-elle avec une bonté angélique, qui suis exigeante, fantasque et impitoyable depuis quelque temps. Il faut me le pardonner, Nello; je suis malade, et je sens que je ne peux plus gouverner mon humeur comme à l'ordinaire. J'oublie que vous n'êtes pas destiné à rester gondolier, et qu'un brillant avenir vous est réservé. Pardonnez-moi cela encore; mon amitié pour vous est si grande, que j'ai eu le désir égoïste de vous garder près de moi, et d'enfouir votre talent dans cette condition basse et obscure qui vous écrase. Vous avez défendu votre indépendance et votre dignité, vous avez bien fait. Désormais vous serez libre, vous apprendrez la musique; je n'épargnerai rien pour que votre voix se conserve et pour que votre talent se développe; vous ne me rendrez plus d'autres services que ceux qui vous seront dictés par l'affection et la reconnaissance. »

Je lui jurai que je la servirais toute ma vie, que j'aimerais mieux mourir que de la quitter; et, en vérité, j'avais pour elle un attachement si légitime et si profond, que je ne pensais pas faire un serment téméraire.

Elle fut mieux portante les jours suivants, et me força

Mais le seul objet qui me frappa ce fut la harpe. (Page 4.)

de prendre mes premières leçons de chant. Elle y assista et sembla y apporter le plus vif intérêt. Dans l'intervalle, elle me faisait étudier et répéter les principes, dont jusque-là je n'avais pas eu la moindre idée, bien que je m'y fusse conformé par instinct en m'abandonnant à mon chant naturel.

Mes progrès furent rapides ; je cessai tout service pénible. La signora prétendit que le double mouvement des rames la fatiguait, et afin que Mandola ne se plaignît pas d'être seul chargé de tout le travail, son salaire fut doublé. Quant à moi, j'étais toujours sur la gondole, mais assis à la proue, et occupé seulement à chercher dans les yeux de ma patronne ce qu'il fallait faire pour lui être agréable. Ses beaux yeux étaient bien tristes, bien voilés. Sa santé s'améliorait par instants, et puis s'altérait de nouveau. C'était là mon unique chagrin ; mais il était profond.

Elle perdait de plus en plus ses forces, et l'aide de nos bras ne lui suffisait plus pour monter les escaliers. Mandola était chargé de la porter comme un enfant, comme je portais la petite Alezia. Cette fillette devenait chaque jour plus belle ; mais le genre de sa beauté et son carac- tère en faisaient bien l'antipode de sa mère. Autant celle-ci était blanche et blonde, autant Alezia était brune. Ses cheveux tombaient déjà en deux fortes tresses d'ébène jusqu'à ses genoux ; ses petits bras ronds et veloutés ressortaient comme ceux d'une jeune Mauresque sur ses vêtements de soie, toujours blancs comme la neige ; car elle était vouée à la Vierge. Quant à son humeur, elle était étrange pour son âge. Je n'ai jamais vu d'enfant plus grave, plus méfiant, plus silencieux. Il semblait qu'elle eût hérité de l'humeur altière du seigneur Torquato. Jamais elle ne se familiarisait avec personne ; jamais elle ne tutoyait aucun de nous. Une caresse de Salomé lui semblait une offense, et c'est tout au plus si, à force de la porter, de la servir et de l'aduler, j'obtenais une fois par semaine qu'elle me laissât baiser le bout de ses petits doigts rosés, qu'elle soignait déjà comme eût fait une femme bien coquette. Elle était très-froide avec sa mère, et passait des heures entières assise auprès d'elle dans la gondole, les yeux attachés sur les flots, muette, insensible à tout en apparence, et rêveuse comme une statue. Mais si la signora lui adressait la plus légère réprimande, ou se mettait au lit avec un redoublement de fièvre, la petite entrait dans des accès de désespoir qui faisaient craindre pour sa vie ou pour sa raison.

Un jour, elle s'évanouit dans mes bras, parce que Mandola, qui portait sa mère, glissa sur une des marches du perron et tomba avec elle. La signora se blessa légèrement, et depuis cet instant ne voulut plus se fier à l'adresse du bon hercule lombard. Elle me demanda si j'aurais la force de remplir cet office. J'étais alors dans toute ma vigueur, et je lui répondis que je porterais bien quatre femmes comme elle et huit enfants comme le sien. Dès lors je la portai toujours; car, jusqu'à l'époque où je la quittai, ses forces ne revinrent pas.

Bientôt arriva le moment où la signora me sembla moins légère et l'escalier plus difficile à monter. Ce n'était pas elle qui augmentait le volume, c'était moi qui perdais mes forces au moment de l'entourer de mes bras. Je n'y comprenais rien d'abord, et puis ensuite je m'en fis de grands reproches; mais mon émotion était insurmontable. Cette taille souple et voluptueuse qui s'abandonnait à moi, cette tête charmante qui se penchait vers mon visage, ce bras d'albâtre qui entourait mon cou nu et brûlant, cette chevelure embaumée qui se mêlait à la mienne, c'en était trop pour un garçon de dix-sept ans. Il était impossible qu'elle ne sentît pas les battements précipités de mon cœur, et qu'elle ne vît pas dans mes yeux le trouble qu'elle jetait dans mes sens. « Je te fatigue, » me disait-elle quelquefois d'un air mourant. Je ne pouvais pas répondre à cette languissante ironie; ma tête s'égarait, et j'étais forcé de m'enfuir aussitôt que je l'avais déposée sur son fauteuil. Un jour, Salomé ne se trouva pas, comme de coutume, dans le cabinet pour la recevoir. J'eus quelque peine à arranger les coussins pour l'asseoir commodément. Mes bras s'enlaçaient autour d'elle; je me trouvai à ses pieds, et ma tête mourante se pencha sur ses genoux. Ses doigts étaient passés dans mes cheveux. Un frémissement subit de cette main me révéla ce que j'ignorais encore. Je n'étais pas le seul ému, je n'étais pas le seul prêt à succomber. Il n'y avait plus entre nous ni serviteur, ni patronne, ni barcarole, ni signora; il y avait un jeune homme et une jeune femme amoureux l'un de l'autre. Un éclair traversa mon âme et jaillit de mes yeux. Elle me repoussa vivement, et s'écria d'une voix étouffée : *Va-t'en!* J'obéis, mais en triomphateur. Ce n'était plus le valet qui recevait un ordre : c'était l'amant qui faisait un sacrifice.

Un désir aveugle s'empara dès lors de tout mon être. Je ne fis aucune réflexion; je ne sentis ni crainte, ni scrupule, ni doute; je n'avais qu'une idée fixe, c'était de me trouver seul avec Bianca. Mais cela était plus difficile que sa position indépendante ne devait le faire présumer. Il semblait que Salomé devinât le péril et se fût imposé la tâche d'en préserver sa maîtresse. Elle ne la quittait jamais, si ce n'est le soir, lorsque la petite Alezia voulait se coucher à l'heure où sa mère allait à la promenade. Alors Mandola était l'inévitable témoin qui nous suivait sur les lagunes. Je voyais bien, aux regards et à l'inquiétude de la signora, qu'elle ne pouvait s'empêcher de désirer un tête-à-tête avec moi; mais elle était trop faible de caractère, soit pour le provoquer, soit pour l'éviter. Je ne manquais pas de hardiesse et de résolution; mais pour rien au monde je n'eusse voulu la compromettre, et d'ailleurs, tant que je n'étais pas vainqueur dans cette situation délicate, mon rôle pouvait être souverainement ridicule et même méprisable aux yeux des autres serviteurs de la signora.

Heureusement, le candide Mandola, qui n'était pas dépourvu de pénétration, avait pour moi une amitié qui ne s'est jamais démentie. Je ne serais pas étonné, quoiqu'il ne m'ait jamais donné le droit de l'affirmer, que, sous cette rude écorce, l'amour n'eût fait quelquefois tressaillir un cœur tendre lorsqu'il portait la signora dans ses bras. C'était d'ailleurs une grande imprudence à une jeune femme de livrer, comme elle l'avait fait, le secret et presque le spectacle de ses amours à deux hommes de notre âge, et il était bien impossible que nous fussions témoins, depuis deux ans, du bonheur d'autrui, sans avoir conçu, l'un et l'autre, quelque tentation importune. Quoi qu'il en soit, j'ai peine à croire que Mandola eût deviné si bien ce qui se passait en moi, si quelque chose d'analogue ne se fût passé en lui-même. Un soir qu'il me voyait absorbé, assis à la proue de la gondole et la tête cachée dans les deux mains, en attendant que la signora nous fit avertir, il me dit seulement ces mots : *Nello! Nello!!!* mais d'un ton qui me sembla renfermer tant de sens, que je levai la tête et le regardai avec une sorte d'épouvante, comme si mon sort eût été dans ses mains. — Il étouffa une sorte de soupir en ajoutant le dicton populaire : *Sara quel che sara!*

« Que veux-tu dire? m'écriai-je en me levant et en lui saisissant le bras. — Nello! Nello!... » répéta-t-il en secouant la tête. On vint m'avertir en ce moment de monter pour transporter la signora dans la gondole; mais le regard expressif de Mandola me suivit sur le perron et me jeta dans une émotion singulière.

Ce jour même, Mandola demanda à madame Aldini la permission de s'absenter pendant une semaine pour aller voir son père malade. Bianca parut effrayée et surprise de cette demande; mais elle l'accorda aussitôt, en ajoutant : « Mais qui donc conduira ma gondole? — Nello, répondit Mandola en me regardant avec attention. — Mais il ne sait pas *voguer* [1] seul, reprit la signora... Allons, rentrez-moi, nous chercherons demain un remplaçant provisoire. Va voir ton père, et soigne-le bien; je prierai pour lui. »

Le lendemain, la signora me fit appeler et me demanda si je m'étais enquis d'un barcarolle. Je ne répondis que par un sourire audacieux. La signora devint pâle, et me dit d'une voix tremblante : « Vous y songerez demain, je ne sortirai pas aujourd'hui. »

Je compris ma faute; mais la signora avait montré plus de peur que de colère, et mon espoir accrut mon insolence. Vers le soir, je vins lui demander s'il fallait faire avancer la gondole au perron. Elle me répondit d'un ton froid : « Je vous ai dit ce matin que je ne sortirai pas. » Je ne perdis pas courage. « Le temps a changé, signora, repris-je ; le vent souffle de sirocco. Il fait beau pour vous, ce soir. » Elle tourna vers moi un regard accablant, en disant : « Je ne t'ai pas demandé le temps qu'il fait. Depuis quand me donnes-tu des conseils? » La lutte était engagée, je ne reculai point. « Depuis que vous semblez vouloir vous laisser mourir, » répondis-je avec véhémence. Elle parut céder à une force magnétique; car elle pencha sa tête languissamment sur sa main, et me dit d'une voix éteinte de faire avancer la gondole.

Je l'y transportai. Salomé voulut la suivre. Je pris sur moi de lui dire d'un ton absolu que sa maîtresse lui commandait de rester près de la signora Alezia. Je vis la signora rougir et pâlir, tandis que je prenais la rame et que je repoussais avec empressement le perron de marbre qui bientôt sembla fuir derrière nous.

Quand je me vis seulement à quelques brasses de distance du palais, il me sembla que je venais de conquérir le monde et que, les importuns écartés, ma victoire était assurée. Je ramai *con furore* jusqu'au milieu des lagunes sans me détourner, sans dire un seul mot, sans reprendre haleine. J'avais bien plutôt l'air d'un amant qui enlève sa maîtresse que d'un gondolier qui conduit sa patronne. Quand nous fûmes sans témoins, je jetai ma rame, et laissai la barque s'en aller à la dérive ; mais, là, tout mon courage m'abandonna ; il me fut impossible de parler à la signora, je n'osai même pas la regarder. Elle ne me donna aucun encouragement, et je la ramenai au palais, assez mortifié d'avoir repris le métier de barcarole sans avoir obtenu la récompense que j'espérais.

Salomé me montra de l'humeur et m'humilia plusieurs fois, en m'accusant d'avoir l'air brusque et préoccupé. Je ne pouvais dire une parole à la signora sans que la camériste me reprît, prétendant que je ne m'exprimais pas d'une manière respectueuse. La signora, qui prenait toujours ma défense, ne parut pas seulement s'apercevoir, ce soir-là, des mortifications qu'on me faisait éprouver. J'étais outré. Pour la première fois, je rougissais

[1] Ramer, *voguer*.

sérieusement de ma position, et j'eusse songé à en sortir si l'invincible aimant du désir ne m'eût retenu en servage.

Pendant plusieurs jours je souffris beaucoup. La signora me laissait impitoyablement exténuer mes forces à la faire courir sur l'eau, en plein midi, par un temps d'automne sec et brûlant, en présence de toute la ville, qui m'avait vu longtemps assis dans sa gondole, à ses pieds, presque à ses côtés, et qui me voyait maintenant, couvert de sueur, retourner de la sublime profession de barde au dur métier de rameur. Mon amour se changea en colère. J'eus deux ou trois fois la tentation coupable de lui manquer de respect en public; et puis j'eus honte de moi-même, et je retombai dans l'accablement.

Un matin, il lui prit fantaisie d'aborder au Lido. La rive était déserte, le sable étincelait au soleil; ma tête était en feu, la sueur ruisselait sur ma poitrine. Au moment où je me baissais pour soulever madame Aldini, elle passa sur mon front humide son mouchoir de soie et me regarda avec une sorte de compassion tendre.

« Poveretto! me dit-elle, tu n'es pas fait pour le métier auquel je te condamne!
— Pour vous j'irais à l'*arsenal*[1], répondis-je avec feu.
— Et tu sacrifierais, reprit-elle, ta belle voix, et le grand talent que tu peux acquérir, et la noble profession d'artiste à laquelle tu peux arriver?
— Tout! lui répondis-je en pliant les deux genoux devant elle.
— Tu mens! reprit la signora d'un air triste. Retourne à ta place, ajouta-t-elle en me montrant la proue. Je veux me reposer un peu ici. »

Je retournai à la proue, mais je laissai ouverte la porte du *camerino*. Je la voyais pâle et blonde, étendue sur les coussins noirs, enveloppée dans sa noire mantille, enfoncée et comme cachée dans le velours noir de cet habitacle mystérieux, qui semble fait pour les plaisirs furtifs et les voluptés défendues. Elle ressemblait à un beau cygne qui, pour éviter le chasseur, s'enfonce sous une sombre grotte. Je sentis ma raison m'abandonner; je me glissai sur mes genoux jusqu'auprès d'elle. Lui donner un baiser et mourir ensuite pour expier ma faute, c'était toute ma pensée. Elle avait les yeux fermés, elle faisait semblant de sommeiller; mais elle sentait le feu de mon haleine. Alors elle m'appela à voix haute comme si elle m'eût cru bien loin d'elle, et feignit de s'éveiller lentement, pour me donner le temps de m'éloigner. Elle m'ordonna de lui aller chercher à la *bottega du Lido* une eau de citron, et referma les yeux. Je mis un pied sur la rive, et ce fut tout. Je rentrai dans la gondole, je restai debout à la regarder. Elle rouvrit les yeux, et son regard semblait m'attirer par mille chaînes de fer et de diamant. Je fis un pas vers elle, elle referma les yeux de nouveau; j'en fis un second, elle les rouvrit encore, et affecta un air de surprise dédaigneuse. Je retournai vers la rive, et je revins encore dans la gondole. Ce jeu cruel dura plusieurs minutes. Elle m'attirait et me repoussait, comme l'épervier joue avec le passereau blessé à mort. La colère s'empara de moi; je poussai avec violence la porte du *camerino*, dont la glace vola en éclats. Elle jeta un cri auquel je ne daignai pas faire attention, et je m'élançai sur la rive en chantant d'une voix de tonnerre, que je croyais folâtre et dégagée :

<blockquote>
La Biondina in gondoleta
L'altra sera mi o mena;
Dai piazer la povareta
La s'à in boto adormenta.
Ela dormiva su sto braccio
Me intanto la svegliava;
E la barca che ninava
La tornava a adormenzar.
</blockquote>

Je m'assis sur une des tombes hébraïques du Lido, j'y restai longtemps, je me fis attendre à dessein. Et puis tout à coup, pensant qu'elle souffrait peut-être de la soif, et pénétré de remords, je courus chercher le rafraîchissement qu'elle m'avait demandé et le lui portai avec sollicitude. Néanmoins, j'espérais qu'elle me ferait une réprimande; j'aurais voulu être chassé, car ma condition n'était plus supportable. Elle me reçut sans colère, et, me remerciant même avec douceur, elle prit le verre que je lui présentais. Je vis alors que sa main était ensanglantée, les éclats de glace l'avaient blessée; je ne pus retenir mes larmes. Je vis que les siennes coulaient aussi; mais elle ne m'adressa pas la parole, et je n'osai pas rompre ce silence plein de tendres reproches et de timides ardeurs.

Je pris la résolution d'étouffer cet amour insensé et de m'éloigner de Venise. J'essayais de me persuader que la signora ne l'avait jamais partagé, et que je m'étais flatté d'un espoir insolent; mais à chaque instant son regard, le son de sa voix, l'expression de son geste, sa tristesse même, qui semblait augmenter et diminuer avec la mienne, tout me ramenait à une confiance délirante et à des rêves dangereux.

Le destin semblait travailler à nous ôter le peu de forces qui nous restait. Mandola ne revenait pas. J'étais un très-médiocre rameur, malgré mon zèle et mon énergie; je connaissais mal les lagunes, je les avais toujours parcourues avec tant de préoccupation! Un soir j'égarai la gondole dans les paludes qui s'étendent entre le canal Saint-George et celui des Marane. La marée montante immergeait encore ces vastes bancs d'algues et de sables; mais le flot commença à se retirer avant que j'eusse pu regagner les eaux courantes : j'apercevais déjà la pointe des plantes marines qu'une douce brise balançait au milieu de l'écume. Je fis force de rames, mais en vain. Le reflux mit à sec une plaine immense, et la barque vint échouer doucement sur un lit de verdure et de coquillages. La nuit s'étendait sur le ciel et sur les eaux; les oiseaux de mer s'abattaient par milliers autour de nous en remplissant l'air de leurs cris plaintifs. J'appelai longtemps, ma voix se perdit dans l'espace; aucune barque de pêcheur ne se trouvait amarrée autour de la palude, aucune embarcation ne s'approchait de nos rives. Il fallait se résigner à attendre du secours du hasard ou de la marée montante du lendemain. Cette dernière alternative m'inquiétait beaucoup; je craignais pour ma maîtresse la fraîcheur de la nuit, et surtout les vapeurs malsaines que les paludes exhalent au lever du jour; j'essayai en vain de tirer la gondole vers une flaque d'eau. Outre que cela n'eût servi qu'à nous faire gagner quelques pas, il eût fallu plus de six personnes pour soulever la barque engravée. Alors je résolus de traverser le marécage en m'enfonçant dans la vase, de gagner les eaux courantes et de les franchir à la nage, pour aller chercher du secours. C'était une entreprise insensée; car je ne connaissais pas la palude, et là, où les pêcheurs se dirigent habilement pour recueillir des *fruits de mer*, je me serais perdu dans les fondrières et dans les sables mouvants, au bout de quelques pas. Quand la signora vit que je résistais à sa défense et que j'allais m'aventurer, elle se leva avec vivacité, et trouvant la force de se tenir debout un instant, elle m'entoura de ses bras, et retomba en m'attirant presque sur son cœur. Alors j'oubliai tout ce qui m'inquiétait, dans un transport d'ivresse : « Oui! oui! restons ici, n'en sortons jamais; mourons-y de bonheur et d'amour, et que l'Adriatique ne s'éveille pas depuis pour nous en tirer! »

Dans le premier moment de trouble, elle faillit s'abandonner à mes transports; mais retrouvant bientôt la force dont elle s'était armée : « Eh bien! oui, me dit-elle, en me donnant un baiser sur le front; eh bien! oui, je t'aime, et il y a déjà bien longtemps. C'est parce que je t'aimais que j'ai refusé d'épouser Lanfranchi, ne pouvant me résoudre à mettre un obstacle éternel entre toi et moi. C'est parce que je t'aimais que j'ai souffert l'amour de Montalegri, craignant de succomber à ma passion pour toi et voulant la combattre; c'est parce que je t'aime que je l'ai éloigné, ne pouvant plus supporter cet amour que je ne partageais pas; c'est parce que je t'aime que je ne veux pas encore m'abandonner à ce que j'éprouve aujourd'hui; car je veux te donner des preuves

---

[1]. Aux galères.

d'amour véritable, et je dois à ta fierté, longtemps humiliée, un autre dédommagement que de vaines caresses, un autre titre que celui d'amant. »

Je ne compris rien à ce langage. Quel autre titre que celui d'amant aurais-je pu désirer, quel autre bonheur que celui de posséder une telle maîtresse? J'avais eu de sots instants d'orgueil et d'emportement, mais c'est qu'alors j'étais malheureux, c'est que je croyais n'être pas aimé. « Pourvu que je le sois, m'écriai-je, pourvu que vous me le disiez comme à présent dans le mystère de la nuit, et que chaque soir à l'écart, loin des curieux et des envieux, vous me donniez un baiser comme tout à l'heure, pourvu que vous soyez à moi en secret, dans le sein de Dieu, ne serai-je pas plus fier et plus heureux que le doge de Venise! Que me faut-il de plus que de vivre près de vous et de savoir que vous m'appartenez! Ah! que tout le monde l'ignore; je n'ai pas besoin de faire des jaloux pour être glorieux, et ce n'est pas l'opinion des autres qui fera l'orgueil et la joie de mon âme.

— Et pourtant, répondit Bianca, tu seras humilié d'être mon serviteur, désormais? — Moi! m'écriai-je, je l'étais ce matin; demain j'en serai fier. — Quoi! dit-elle, tu ne me mépriserais pas si, m'étant abandonnée à ton amour, je te laissais dans l'abjection? — Il ne peut pas y avoir d'abjection à servir qui nous aime, lui répondis-je. Si vous étiez ma femme, croyez-vous que je vous laisserais porter par un autre que moi? Pourrais-je être occupé d'autre chose que de vous soigner et de vous distraire? Salomé n'est pas humiliée de vous servir, et pourtant vous ne l'aimez pas autant que moi, n'est-ce pas, signora mia?

— Ô mon noble enfant! s'écria Bianca en pressant ma tête sur son sein avec transport, ô âme pure et désintéressée! Qu'on vienne donc dire maintenant qu'il n'y a de grands cœurs que ceux qui naissent dans les palais! Qu'on vienne donc nier la candeur et la sainteté de ces natures plébéiennes, rangées si bas par nos odieux préjugés et notre dédain stupide! Ô toi, le seul homme qui m'ait aimée pour moi-même, le seul qui n'ait aspiré ni à mon rang, ni à ma fortune, eh bien! c'est toi qui partageras l'un et l'autre, c'est toi qui me feras oublier les malheurs de mon premier hymen, et qui remplaceras par ton nom rustique le nom odieux d'Aldini que je porte avec regret! C'est toi qui commanderas à mes vassaux, et qui seras le seigneur de mes terres en même temps que le maître de ma vie. Nello, veux-tu m'épouser? »

Si la terre se fût entr'ouverte sous mes pieds, ou si la voûte des cieux se fût écroulée sur ma tête, je n'aurais pas éprouvé une commotion de surprise plus violente que celle qui me rendit muet devant une telle demande. Quand je fus un peu remis de ma stupéfaction, je ne sais ce que je répondis, ma tête se troublait, et il m'était impossible d'avoir une idée juste. Tout ce que put faire mon bon naturel fut de repousser des honneurs trop lourds pour mon âge et pour mon inexpérience. Bianca insista. « Écoute, me dit-elle, je ne suis point heureuse. Mon enjouement couvre depuis longtemps des peines profondes, et maintenant tu me vois malade et ne pouvant plus dissimuler mon ennui. Ma position dans le monde est fausse et amère; celle que je me suis faite vis-à-vis de moi-même est pire encore, et Dieu est mécontent de moi. Tu sais que je ne suis point de famille patricienne. Torquato Aldini m'épousa pour les grands biens que mon père avait amassés dans le commerce. Ce seigneur altier ne vit jamais en moi que l'instrument de sa fortune, il ne daigna jamais me traiter comme son égale; quelques-uns de ses parents l'encourageaient dans cette ridicule et cruelle attitude de maître et de seigneur qu'il avait prise avec moi dès le premier jour; les autres le blâmaient hautement de s'être mésallié pour payer ses dettes, et le traitaient froidement depuis son mariage. Après sa mort, tous refusèrent de me voir, et je me trouvai sans famille; car en entrant dans celle d'un noble, je m'étais aliéné l'estime et l'affection de la mienne propre. J'avais épousé Torquato par amour, et ceux de mes parents qui ne me regardaient pas comme insensée, me croyaient imbue d'une sotte vanité et d'une basse ambition. Voilà pourquoi, malgré ma fortune, ma jeunesse et un caractère serviable et inoffensif, tu vois que mes salons sont à peu près déserts et ma société fort restreinte. J'ai quelques excellents amis, et leur compagnie suffit à mon cœur. Mais je ne connais point l'enivrement du monde, et il ne m'a pas assez bien traitée pour que je lui fasse le sacrifice de mon bonheur. En l'épousant, je sais que je vais attirer sur moi, non plus seulement une indifférence, mais une malédiction irrévocable. Ne t'en effraie pas, tu vois que c'est de ma part un mince sacrifice.

— Mais pourquoi m'épouser? repris-je. Pourquoi braver inutilement cette malédiction, puisque je n'ai pas besoin de votre fortune pour être heureux, puisque vous n'avez pas besoin d'un engagement solennel de ma part pour être bien sûre que je vous aimerai toujours?

— Que tu sois mon mari ou mon amant, repartit Bianca, le monde ne le saura pas moins, et je n'en serai pas moins maudite et méprisée. Puisqu'il faut que d'une manière ou de l'autre mon amour me sépare entièrement du monde, je veux du moins me réconcilier avec Dieu, et trouver dans cet amour sanctifié par l'église la force de mépriser le monde à mon tour. Depuis longtemps, je vis mal, je pèche sans profit pour mon bonheur, j'expose mon salut éternel sans trouver la joie de mon âme. Maintenant je l'ai trouvée, et je veux la goûter pure et sans nuage; je veux dormir sans remords sur le sein de l'homme que j'aime; je veux pouvoir dire au monde : C'est toi qui perds et corromps les cœurs. L'amour de Nello m'a sauvée et purifiée, et j'ai un refuge contre toi; c'est Dieu qui m'a permis d'aimer Nello, et qui désormais me commande de l'aimer jusqu'à la mort. »

Bianca me parla longtemps encore de la sorte. Il y avait de la faiblesse, de l'enfantillage et de la bonté dans ces naïfs calculs de sa fierté, de son amour et de sa dévotion. Je n'étais pas moi-même un esprit fort. Il n'y avait pas longtemps que je ne m'agenouillais plus soir et matin, dans la chaloupe paternelle, devant l'image de saint Antoine peinte sur la voile, et quoique les belles dames de Venise me donnassent bien des distractions dans la basilique, je ne manquais jamais la messe, et j'avais encore au cou le scapulaire que ma mère y avait cousu en me donnant sa bénédiction le jour où je quittai Chioggia. Je me laissai donc vaincre et persuader par madame Aldini; et, sans résister ni m'engager davantage, je passai la nuit à ses pieds, soumis comme un enfant à ses scrupules religieux, enivré du seul bonheur de baiser ses mains et de respirer le parfum de son éventail. Ce fut une belle nuit, les étoiles étincelantes tremblotaient dans les petites mares d'eau que la mer avait oubliées sur la palude, la brise murmurait dans les varecs verdoyants. De temps en temps nous apercevions au loin le fanal d'une gondole glissant sur les flots, et nous ne songions plus à l'appeler à notre aide. La voix de l'Adriatique brisant de l'autre côté du Lido nous arrivait monotone et majestueuse. Nous nous livrions à mille rêves enchanteurs, nous formions mille projets délicieusement puérils. La lune se coucha lentement et s'ensevelit dans les flots assombris de l'horizon, comme une chaste vierge dans un linceul. Nous étions chastes comme elle, et elle sembla nous jeter un regard protecteur avant de se plonger dans ses eaux.

Mais bientôt le froid se fit sentir, et une nappe de brume blanche s'étendit sur le marais. Je fermai le *camerino*, j'enveloppai Bianca dans ma cape rouge. Je m'assis tout près d'elle, je l'entourai de mes bras pour la préserver, je réchauffai ses mains et ses bras de mon haleine. Un calme délicieux semblait être descendu dans son cœur depuis qu'elle m'avait presque arraché la promesse de l'épouser. Elle pencha doucement sa tête sur mon épaule. La nuit était avancée; depuis plus de six heures nous exhalions en discours tendres et passionnés l'ardeur de nos âmes. Une douce fatigue s'empara aussi de moi, et nous nous endormîmes dans les bras l'un de l'autre, aussi purs que l'aube qui commençait à blanchir l'horizon. Ce fut notre nuit de noces, notre seule nuit d'amour, nuit virginale qui ne revint jamais, et dont le souvenir ne fut jamais souillé.

Des voix rudes m'éveillèrent; je courus à l'avant de la gondole, je vis plusieurs hommes qui venaient à nous. A l'heure du départ pour la pêche, l'embarcation échouée avait été signalée par une famille de mariniers qui m'aida à la pousser jusqu'au canal des Marane, d'où je la ramenai rapidement au palais.

Que j'étais heureux en posant le pied sur la première marche! Je ne songeais pas plus au palais qu'à la fortune de Bianca; c'était elle que je portais dans mes bras, qui, désormais, était mon bien, ma vie, ma maîtresse dans le sens noble et adorable du mot! Mais là finit ma joie. Salomé parut au seuil de cette maison consternée, où personne n'avait dormi depuis la veille. Salomé était pâle, on voyait qu'elle avait pleuré; c'était peut-être la seule fois de sa vie. Elle ne se permit pas d'interroger sa maîtresse : peut-être avait-elle déjà lu sur mon front la raison qui m'avait fait trouver cette nuit si courte. Elle avait été bien longue pour tous les autres habitants du palais. Tous croyaient qu'un accident funeste était arrivé à leur chère patronne. Plusieurs avaient erré toute la nuit pour nous chercher; d'autres l'avaient passée en prières, à brûler de petites bougies devant l'image de la Vierge. Quand l'inquiétude fut apaisée et la curiosité satisfaite, je remarquai que les idées prenaient un autre cours et les physionomies une autre expression. On examinait la mienne, et les femmes surtout, avec une avidité blessante. Quant au regard de Salomé, il était si accablant que je ne pouvais le supporter. Mandola arriva de la campagne au milieu de cette confusion. Il comprit en un instant de quoi il s'agissait; et, se penchant vers mon oreille, il me supplia d'avoir de la prudence; je feignis de ne pas savoir ce qu'il voulait dire; je m'efforçai de supporter ingénument toutes les investigations des autres. Mais, au bout de quelques instants, je ne pus résister à mon inquiétude, je m'introduisis dans l'appartement de Bianca.

Je la trouvai baignée de larmes auprès du lit de sa fille. L'enfant avait été éveillée au milieu de la nuit par le bruit des allées et venues des domestiques inquiets. Elle avait écouté leurs commentaires sur l'absence prolongée de la signora, et, s'imaginant que sa mère était noyée, elle était tombée en convulsion. Elle était à peine calmée en cet instant, et Bianca s'accusait des souffrances de sa fille, comme si elle en eût été la cause involontaire. « O ma Bianca, lui dis-je, consolez-vous, réjouissez-vous au contraire de ce que votre enfant et tous les êtres qui vous entourent vous aiment avec tant de passion. Eh bien! je veux vous aimer encore plus, afin que vous soyez la plus heureuse des femmes. — Ne dis pas que les autres m'aiment, répondit la signora avec un peu d'amertume. Il semble qu'ils me fassent tout bas un crime de cet amour qu'ils ont déjà deviné. Leurs regards m'offensent, leurs discours me blessent, et je crains qu'ils n'aient laissé échapper devant ma fille quelque parole imprudente. Salomé est franchement impertinente avec moi ce matin. Il est temps que je ferme la bouche à ces indiscrets commentaires. Tu le vois, Nello, on me fait un crime de l'aimer, et on m'approuvait presque d'aimer le cupide Lanfranchi. Toutes ces âmes sont basses ou folles. Il faut que, dès aujourd'hui, je leur déclare que ce n'est point avec mon amant, mais avec mon mari que j'ai passé la nuit. C'est le seul moyen qu'ils me respectent et qu'ils ne me trahissent pas. » Je la détournai d'agir aussi vite; je lui représentai qu'elle s'en repentirait peut-être, qu'elle n'avait pas assez réfléchi, que moi-même j'avais besoin de bien songer à ses offres, et que, dans tout ceci, elle n'avait pas assez pesé les suites et la détermination en ce qui pourrait un jour concerner sa fille. J'obtins d'elle qu'elle prendrait patience et qu'elle se gouvernerait prudemment.

Il m'était impossible de porter un jugement éclairé sur ma situation. Elle était enivrante, et j'étais un enfant. Néanmoins une sorte de répugnance instinctive m'avertissait de me méfier des séductions de l'amour et de la fortune. J'étais agité, soucieux, partagé entre le désir et la terreur. Dans le sort brillant qui m'était offert, je ne voyais qu'une seule chose, la possession de la femme aimée. Toutes les richesses qui l'environnaient n'étaient pas même des accessoires à mon bonheur, c'étaient des conditions pénibles à accepter pour mon insouciance. J'étais comme les gens qui n'ont jamais souffert et qui ne conçoivent d'état meilleur ni pire que celui où ils ont vécu. J'étais libre et heureux dans le palais Aldini. Choyé de tous, autorisé à satisfaire toutes mes fantaisies, je n'avais aucune responsabilité, aucune fatigue de corps ni d'esprit. Chanter, dormir et me promener, c'était à peu près là toute ma vie, et vous savez, vous autres Vénitiens qui m'entendez, s'il en est une plus douce et mieux faite pour notre paresse et notre légèreté. Je me représentais le rôle d'époux et de maître comme quelque chose d'analogue à la surveillance exercée par Salomé sur les détails de l'intérieur, et ce rôle était loin de flatter mon ambition. Ce palais, dont j'avais la jouissance, était ma propriété dans le sens le plus agréable, celui de jouir de tout sans m'y occuper de rien. Que ma maîtresse y eût ajouté les voluptés de son amour, et j'eusse été le roi d'Italie.

Ce qui m'attristait aussi, c'était l'air sombre de Salomé et l'attitude embarrassée, mystérieuse et défiante de tous les autres serviteurs. Ils étaient nombreux, et c'étaient tous d'honnêtes gens, qui jusque-là m'avaient traité comme l'enfant de la maison. Dans ce blâme silencieux que je sentais peser sur moi, il y avait un avertissement que je ne pouvais pas, que je ne voulais pas mépriser; car, s'il partait un peu du sentiment naturel de la jalousie, il était dicté encore plus par l'intérêt affectueux qu'inspirait la signora.

Que n'eussé-je pas donné en ces instants d'angoisses pour avoir un bon conseil! Mais je ne savais à qui m'adresser, et j'étais le seul dépositaire des intentions secrètes de ma maîtresse. Elle passa la journée dans son lit avec sa fille, et le lendemain elle me fit venir pour me répéter encore tout ce qu'elle m'avait dit dans la palude. Tout le temps qu'elle me parla, il me sembla qu'elle avait raison, et qu'elle répondait victorieusement à tous mes scrupules; mais quand je me retrouvai seul, je retombai dans le malaise et dans l'irrésolution.

Je montai dans la galerie et je me jetai sur une chaise. Mes yeux distraits se promenaient sur cette longue file d'aïeux dont les portraits formaient le seul héritage que Torquato Aldini eût pu léguer à sa fille. Leurs figures enfumées, leurs barbes taillées en carré, en pointe, en losange, leurs robes de velours noir et leurs manteaux doublés d'hermine, leur donnaient un aspect imposant et sombre. Presque tous avaient été sénateurs, procurateurs ou conseillers; il y avait une foule d'oncles inquisiteurs; les moindres étaient abbés canoniques ou *capitani grandi*. — Au bout de la galerie, on voyait le ferral de la dernière galère équipée contre les Turcs par Tibério Aldini, grand-père de Torquato, alors que les puissants seigneurs de la république allaient à la guerre à leurs frais et mettaient leur gloire à servir volontairement la patrie de leurs biens et de leur personne. C'était une haute lanterne de cristal montée en cuivre doré, surmontée et soutenue par des enroulements de métal d'un goût bizarre et des ornements surchargés qui terminaient en pointe la proue du navire. Au-dessous de chaque portrait on voyait de longs bas-reliefs de chêne, retraçant les glorieux faits et gestes de ces illustres personnages. Je me mis à penser que si nous avions la guerre, et que si l'occasion m'était offerte de combattre pour mon pays, j'aurais bien autant de patriotisme et de courage que tous ces nobles aristocrates. Il ne me paraissait ni si étrange ni si méritoire de faire de grandes choses quand on avait la richesse et la puissance, et je me dis que le métier de grand seigneur ne devait pas être bien difficile. — Mais à l'époque où je me trouvais, nous n'avions plus, nous ne devions plus et nous ne pouvions plus avoir de guerre. La république n'était plus qu'un vain mot, sa force n'était qu'une ombre, et ses patriciens énervés n'avaient de grandeur que celle de leur nom. Il était d'autant plus difficile de s'élever jusqu'à eux dans leur opinion qu'il était plus aisé de les surpasser en réalité. Entrer en lutte avec leurs préjugés et leurs dédains, c'était donc une tâche indigne d'un homme, et les plébéiens avaient bien raison de mépriser ceux d'entre eux qui croyaient s'élever en recherchant la société et en copiant les ridicules des nobles.

Ces réflexions me vinrent d'abord confusément, puis elles se firent jour, et je m'aperçus que je pensais, comme je m'étais aperçu un beau matin que je pouvais chanter. Je commençai à me rendre compte de la répugnance que j'éprouvais à sortir de ma condition pour me donner en spectacle à la société comme un vaniteux et un ambitieux, et je me promis d'ensevelir dans le mystère mes amours avec Bianca.

En proie à ces réflexions, je me promenais le long de la galerie, et je regardais avec fierté cette orgueilleuse lignée à laquelle un enfant du peuple, un bacarolle de Chioggia, dédaignait de succéder. Je me sentais joyeux; je songeais à mon vieux père, et, au souvenir de la maison paternelle, longtemps oubliée et négligée, mes yeux s'humectaient de larmes. Je me trouvai au bout de la galerie, face à face avec le portrait de messer Torquato, et, pour la première fois, je le toisai hardiment de la tête aux pieds. C'était bien la noblesse titulaire incarnée. Son regard semblait repousser comme la pointe d'une épée, et sa main avait l'air de ne s'être jamais ouverte que pour commander à des inférieurs. Je pris plaisir à le braver. « Eh bien! lui disais-je en moi-même, tu aurais eu beau faire, je n'aurais jamais été ton valet. Ton air superbe ne m'eût pas intimidé, et je t'aurais regardé en face, comme je regarde cette toile. Tu n'aurais jamais eu de prise sur moi, parce que mon cœur est plus fier que le tien ne le fut jamais, parce que je dédaigne cet or devant lequel tu t'es incliné, parce que je suis plus grand que toi aux yeux de la femme que tu as possédée. Malgré tout l'orgueil de ton sang, tu as courbé le genou devant elle pour obtenir ses richesses; et, quand tu as été riche par elle, tu l'as brisée et humiliée. C'est la conduite d'un lâche, et la mienne est celle d'un véritable noble, car je ne veux de toutes les richesses de Bianca que son cœur, dont tu n'étais pas digne. Et moi, je refuse ce que tu as imploré, afin de posséder ce qui est au-dessus de toutes choses à mes yeux, l'estime de Bianca. Et je l'aurai, car elle comprendra combien mon âme est au-dessus de celle d'un patricien endetté. Je n'ai pas de patrimoine à racheter, moi! Il n'y a pas d'hypothèques sur la chaloupe de mon père; et les habits que je porte sont à moi, parce que je les ai gagnés par mon travail. Eh bien! c'est moi qui serai le bienfaiteur, et non pas l'obligé, parce que je rendrai le bonheur à une vie à ce cœur brisé par toi, parce que je saurai me faire bénir et honorer, moi valet et amant, tandis que tu as été maudit et méprisé, toi époux et seigneur. »

Un léger bruit me fit tourner la tête. Je vis derrière moi la petite Alezia, qui traversait la galerie en traînant une poupée plus grande qu'elle. J'aimais cet enfant, malgré son caractère altier, à cause de l'amour qu'elle avait pour sa mère. Je voulus l'embrasser; mais, comme si elle eût senti dans l'atmosphère la réprobation qui, dans cette maison, pesait sur moi depuis deux jours, elle recula d'un air courroucé, et, comme si elle eût eu quelque chose à craindre de moi, elle se pressa contre le portrait de son père. Je fus étonné en cet instant de la ressemblance que sa jolie petite tête brune avait déjà avec la figure hautaine de Torquato, et je m'arrêtai pour l'examiner avec un sentiment de tristesse profonde. Elle aussi semblait m'examiner attentivement. Tout d'un coup elle rompit le silence pour me dire d'un ton aigre et avec une expression d'indignation au-dessus de son âge : « Pourquoi donc avez-vous volé la bague de mon papa? »

En même temps elle allongeait son petit doigt vers moi pour désigner une belle bague en diamants montée à l'ancienne mode, que sa mère m'avait donnée quelques jours auparavant, et que j'avais eu l'enfantillage d'accepter; puis, se retournant et se dressant sur la pointe des pieds, elle posa le bout de son doigt sur celui du portrait qui était orné de la même bague exactement rendue, et je m'aperçus que l'imprudente Bianca avait fait présent à son gondolier d'un des plus précieux joyaux de famille de son époux.

Le rouge me monta au visage, et je reçus de cet enfant la leçon qui devait le plus me dégoûter des richesses mal acquises. Je souris, et lui remettant la bague : « C'est votre maman qui l'a laissée tomber de son doigt, lui dis-je, et je l'ai trouvée tout à l'heure dans la gondole.

— Je vais la lui porter, » dit la petite fille en l'arrachant plutôt qu'elle ne l'accepta de ma main. Elle sortit en courant, abandonnant sa poupée par terre. Je ramassai ce jouet, afin de m'assurer d'un petit fait que j'avais souvent observé déjà. Alezia s'amusait à percer toutes ses poupées, à l'endroit du cœur, avec de longues épingles, et quelquefois elle restait des heures entières absorbée dans le plaisir muet et profond de ce jeu étrange.

Le soir, Mandola vint me trouver dans ma chambre. Il avait l'air gauche et embarrassé. Il avait beaucoup à me dire, mais il ne trouvait pas un mot. Sa figure était si bizarre que je partis d'un éclat de rire. « Vous avez tort, Nello, me dit-il d'un air peiné; je suis votre ami; vous avez tort! » Il voulait se retirer, je courus après lui, j'essayai de le faire s'expliquer; ce fut impossible. Je voyais bien qu'il avait le cœur plein de sages réflexions et de bons conseils; mais l'expression lui manquait, et toutes ses phrases avortées se terminaient, dans son patois mêlé de toutes les langues, par cette sentence : *E molto delica, delicatissimo.*

Enfin, je réussis à comprendre que le bruit s'était répandu, dans la maison, de mon prochain mariage avec la signora. Quelques mots d'impatience qu'on lui avait entendu dire à Salomé avaient suffi pour faire naître cette opinion. La signora avait dit textuellement en parlant de moi : « Le temps n'est pas loin où vous vous servirez, au lieu de lui commander. » Je niai obstinément l'application de ces paroles, et prétendis que je n'y comprenais rien du tout. « C'est bien, me dit Mandola; c'est ainsi que tu dois répondre, même à moi qui suis ton ami. Mais j'ai des yeux, je ne te fais pas de questions; je t'en ai jamais fait, Nello; seulement je viens t'avertir qu'il faut de la prudence. Les Aldini ne cherchent qu'un prétexte pour ôter à la signora la tutelle de la signora Alezia, et la signora mourra de chagrin si on lui enlève sa fille.

— Que dis-tu? m'écriai-je; quoi! on lui enlèverait sa fille à cause de moi!

— S'il était question de mariage, certainement, reprit l'honnête barcarolle; *autrement...* comme ce sont des choses qu'on ne peut jamais prouver... — Surtout quand elles n'existent pas, repris-je vivement. — Tu parles comme il faut, répondit Mandola; continue à te tenir sur tes gardes; ne te confie à personne, pas même à moi, et si tu as un peu d'influence sur la signora, engage-la à se bien cacher, surtout de Salomé. Salomé ne la trahira jamais; mais elle a la voix trop forte, et, quand elle querelle la signora, toute la maison entend ce qu'elles se disent. Si quelqu'un des amis de la signora venait à se douter de ce qui se passe, tout irait mal; car les amis, ce n'est pas comme les domestiques : cela ne sait pas garder un secret, et pourtant on se fie à eux plus qu'à nous! »

Les conseils du candide Mandola n'étaient point à dédaigner, d'autant plus qu'ils s'accordaient parfaitement avec mon instinct. Nous conduisîmes, le lendemain soir, la signora sur le canal de la Zueca, et Mandola, comprenant que j'avais à lui parler, s'endormit complaisamment sur la poupe. J'éteignis le fanal, je me glissai dans l'habitacle, et je causai longtemps avec Bianca. Elle s'étonna de mes refus, et me dit encore tout ce qu'elle crut propre à les vaincre. Je lui parlai avec fermeté, je lui dis que jamais je ne laisserais dire de moi que j'avais aimé une femme pour ses richesses, que je tenais autant au bon renom de ma famille qu'aucun patricien de Venise, que mes parents ne me pardonneraient jamais si je donnais un pareil scandale, et que je ne voulais pas plus me brouiller avec mon honnête homme de père, que brouiller la signora avec sa fille; car Alezia était ce qu'elle devait préférer et ce qu'elle préférait sans doute à tout au monde. Ce dernier argument eut plus de puissance que tous les autres. Elle fondit en larmes, et m'exprima son admiration et sa reconnaissance avec l'enthousiasme de la passion.

A partir de ce jour, tout rentra dans le repos au palais Aldini. Ce petit monde subalterne avait eu sa crise révolutionnaire. Il eut son pacificateur, et je m'amusai en secret de mon rôle de grand citoyen avec un héroïsme enfantin. Mandola qui commençait à devenir lettré, me regardait avec étonnement m'occuper des plus rudes travaux, et, me parlant tout bas d'un air paternel, m'appelait à la dérobée son *Cincinnato* et son *Pompilio*.

J'avais pris en effet avec moi-même, et je tins courageusement la résolution de ne plus recevoir le moindre bienfait de la femme dont je voulais être l'amant. Puisque le seul moyen de la posséder en secret, c'était de rester dans sa maison sur le pied de valet, il me semblait que je pouvais rétablir l'égalité entre elle et moi en proportionnant mes services à mon salaire. Jusque-là, ce salaire avait été considérable et non proportionné à mon travail, qui, pendant quelque temps même, avait été tout à fait nul. Je résolus de réparer le temps perdu ; je me mis à tout ranger, à tout nettoyer, à faire les commissions, à porter même l'eau et le bois, à vernir et à brosser la gondole, en un mot, à faire la besogne de dix personnes, et je la fis gaiement, en fredonnant mes plus beaux airs d'opéra et mes plus belles strophes épiques. Ce qui m'amusa le plus, ce fut de prendre soin des tableaux de famille et de secouer la poussière qui obscurcissait, chaque matin, le majestueux regard de Torquato. Quand j'avais fini sa toilette, je lui ôtais respectueusement son bonnet en lui adressant ironiquement quelque parodie de mes vers héroïques.

Les prolétaires vénitiens, et les gondoliers particulièrement, ont, vous le savez, le goût des joyaux. Ils dépensent une bonne partie de ce qu'ils gagnent en bagues antiques, en camées de chemises, en épingles de cravate, en chaînes à breloques, etc. Je m'étais laissé donner beaucoup de ces hochets. Je les reportai tous à madame Aldini, et ne voulus même plus porter de boucles d'argent à mes souliers. Mais mon sacrifice le plus méritoire fut de renoncer à la musique. Je considérai que mon travail, quelque laborieux qu'il fût, ne pouvait compenser les dépenses que mon assiduité au théâtre et les leçons du professeur de chant occasionnaient à la signora. Je me déclarai enrhumé à perpétuité, et, au lieu d'aller à la Fenice avec elle, je me mis à lire dans les vestibules du théâtre. Je comprenais aussi que j'étais ignorant, et, bien que ma maîtresse ne le fût guère moins, je voulais étendre un peu mes idées et ne pas la faire rougir de mes bévues. J'étudiai la langue-mère avec ardeur, et je m'attachai à ne plus estropier misérablement les vers, comme tous les bacarolles ont coutume de le faire. Quelque chose aussi me disait, au fond du cœur, que cette étude me serait utile par la suite, et que ce que je perdais en progrès, sous le rapport du chant, je le regagnais de l'autre en réformant mon accent et ma prononciation.

Quelques jours de cette louable conduite suffirent à me rendre le calme. Jamais je n'avais été plus fort, plus gai, et, au dire de Salomé, plus beau qu'avec mes habits propres et modestes, mon air doux et mes mains brunies par le hâle. Tout le monde m'avait rendu la confiance, l'estime et les mille petits soins dont je jouissais auparavant. La belle Alezia, qui avait une grande déférence pour le jugement de sa gouvernante juive, me laissait même baiser le bout de ses tresses noires, ornées de nœuds écarlates et de perles fines.

Une seule personne restait triste et tourmentée, c'était la signora ; sa santé loin de revenir, empirait de jour en jour. A chaque instant, je surprenais ses beaux yeux bleus pleins de larmes, attachés sur moi avec un air de tendresse et de douleur inexprimable. Elle ne pouvait pas s'habituer à me voir travailler ainsi. J'aurais été son fils qu'elle ne se serait pas affligée davantage de me voir porter des fardeaux et recevoir la pluie. Sa sollicitude m'impatientait même un peu, et les efforts qu'elle faisait pour la renfermer la lui rendaient plus pénible encore.

Il s'était opéré en elle je ne sais quelle révolution imprévue. Cet amour qui avait fait jusque-là, comme elle me le disait elle-même, son tourment et sa joie, semblait ne plus faire désormais que sa consternation et sa honte. Elle n'évitait plus, comme autrefois, les occasions d'être seule avec moi ; au contraire, elle les faisait naître ; mais dès que je me mettais à ses genoux, elle éclatait en sanglots et changeait en scènes d'attendrissement les heures promises à la volupté. Je m'efforçais en vain de comprendre ce qui se passait en elle. Elle se faisait arracher des réponses vagues, toujours bonnes et tendres, mais déraisonnables, et qui me jetaient dans mille perplexités. Je ne savais comment m'y prendre pour consoler et fortifier cette âme abattue. J'étais dévoré de désirs, et il me semblait qu'une heure d'effusion et d'enthousiasme réciproque eût été plus éloquente que toutes ces paroles et toutes ces larmes ; mais je ressentais pour elle trop de respect et trop de dévouement pour ne pas lui faire le sacrifice de mes transports. Je sentais qu'il m'eût été facile de surprendre les sens de cette femme faible de corps et d'esprit ; mais je craignais trop les pleurs du lendemain, et je ne voulais devoir mon bonheur qu'à sa confiance et à son amour. Ce jour ne vint pas, et je dois dire, à la honte de la faiblesse féminine, que mes vœux eussent été comblés si j'avais eu moins de délicatesse et de désintéressement. J'avais espéré que Bianca m'encouragerait ; je vis bientôt qu'elle me craignait au contraire, et qu'à mon approche elle frémissait comme si je lui eusse apporté le crime et les remords. Je ne réussissais à la rassurer que pour la voir s'affliger davantage, et accuser la destinée comme s'il n'eût pas dépendu de sa volonté d'en tirer un meilleur parti. Puis, une secrète honte brisait cette âme timorée. La dévotion s'emparait d'elle de plus en plus ; son confesseur la gouvernait et l'épouvantait. Il lui défendait d'avoir des amants, et le qui avait su résister au confesseur, quand il s'était agi de M. Lanfranchi et de M. Montalegri, ne trouvait pas pour moi le même courage. Peu à peu je parvins à lui arracher l'aveu de toutes ses souffrances et de tous ses scrupules. Elle avait révélé à son directeur tous les détails de notre amour, et il lui avait fait un crime énorme de cette affection basse et criminelle. Il lui avait interdit de penser au mariage avec moi, encore plus peut-être que de s'abandonner à la passion ; et il l'avait tellement effrayée en la menaçant de la repousser du sein de l'Église, que son esprit doux et craintif, partagé entre le désir de me rendre heureux et la peur de se damner, était en proie à une véritable agonie.

Madame Aldini avait eu jusque-là une dévotion si facile, si tolérante, si véritablement italienne, que je ne fus pas peu surpris de la voir tourner au sérieux précisément au milieu d'une de ces crises de la passion qui semblent le plus exclure de pareilles recrudescences. Je fis de grands efforts sur ma pauvre tête inexpérimentée pour comprendre ce phénomène, et j'en vins à bout. Bianca m'aimait peut-être plus qu'elle n'avait aimé le comte et le prince ; mais elle n'avait pas l'âme assez forte ni l'esprit assez éclairé pour s'élever au-dessus de l'opinion. Elle se plaignait de la morgue des autres ; mais elle donnait à cette morgue une valeur réelle par la peur qu'elle en avait. En un mot, elle était soumise plus que personne au préjugé qu'un instant elle avait voulu braver. Elle avait espéré trouver, dans l'appui de l'Église, par le sacrement et un redoublement de ferveur catholique, la force qu'elle ne trouvait pas en elle-même, et dont pourtant elle n'avait pas eu besoin avec ses précédents amants, parce qu'ils étaient patriciens et que le monde était pour eux. Mais maintenant l'Église la menaçait, le monde allait la maudire ; combattre à la fois et le monde et l'Église était une tâche au-dessus de son énergie.

Et puis encore, peut-être son amour avait-il diminué au moment où j'en étais devenu digne ; peut-être, au lieu d'apprécier la grandeur d'âme qui m'avait fait redescendre volontairement du salon à l'office, elle avait cru voir, dans cette conduite courageuse, le manque d'élévation et le goût inné de la servitude. Elle croyait

Je vis derrière moi la petite Alezia. (Page 14.)

aussi que les menaces et les sarcasmes de ses autres valets m'avaient intimidé. Elle s'étonnait de ne me point trouver ambitieux, et cette absence d'ambition lui semblait la marque d'un esprit inerte ou craintif. Elle ne m'avoua point toutes ces choses ; mais, dès que je fus sur la voie, je les devinai. Je n'en eus point de dépit. Comment pouvait-elle comprendre mon noble orgueil et ma chatouilleuse probité, elle qui avait accepté et partagé l'amour d'un Aldini et d'un Lanfranchi?

Sans doute elle ne me trouvait plus beau depuis que je ne voulais plus porter ni dentelles ni rubans. Mes mains, endurcies à son service, ne lui semblaient plus dignes de serrer la sienne. Elle m'avait aimé barcarolle, dans l'idée et dans l'espoir de faire de moi un agréable sigisbée ; mais, du moment que je voulais rétablir entre elle et moi l'échange impartial des services, toutes ses illusions s'évanouissaient, et elle ne voyait plus en moi que le Chioggiote grossier, espèce de bœuf stupide et laborieux.

A mesure que ma raison s'éclaira de ces découvertes, l'orage de mes sens s'apaisa. Si j'avais eu affaire à une grande âme, ou seulement à un caractère énergique, c'eût été à mes yeux une tâche glorieuse que d'effacer les tristes souvenirs laissés dans ce cœur douloureux par mes prédécesseurs. Mais succéder à de tels hommes pour n'être pas compris, pour être sans doute un jour délaissé et oublié de même, c'était un bonheur que je ne pouvais plus acheter au prix d'une grande dépense de passion et de volonté. La signora Aldini était une bonne et belle femme ; mais ne pouvais-je pas trouver dans une chaumière de Chioggia la beauté et la bonté réunies sans faire couler de larmes, sans causer de remords, et surtout sans laisser de honte ?

Mon parti fut bientôt pris. Je résolus non-seulement de quitter la signora, mais le métier de valet. Tant que j'avais été amoureux de sa harpe et de sa personne, je n'avais pas eu le loisir de faire des réflexions sérieuses sur ma condition. Mais, du moment où je renonçais à d'imprudentes espérances, je voyais combien il est difficile de conserver sa dignité sauve sous la protection des grands, et je me rappelais les salutaires représentations que mon père m'avait faites autrefois et que j'avais mal écoutées.

Lorsque je lui fis pressentir mon dessein, quoiqu'elle

Le brave homme dormait. (Page 18.)

le combattit, je vis qu'elle recevait un grand allégement; le bonheur pouvait revenir habiter cette âme tendre et bienfaisante. La douce frivolité, qui faisait le fond de son caractère, reparaîtrait à la surface avec le premier amant qui saurait mettre de son côté le confesseur, les valets et le monde. Une grande passion l'eût brisée; une suite d'affections faciles et une multitude de petits dévouements devaient la faire vivre dans son élément naturel.

Je la forçai de convenir de tout ce que j'avais deviné. Elle ne s'était jamais beaucoup étudiée elle-même, et pratiquait une grande sincérité. Si l'héroïsme n'était pas en elle, du moins la prétention à l'héroïsme, et l'exigence altière qui en est la suite, n'y étaient pas non plus. Elle approuva ma résolution, mais en pleurant et en s'effrayant des regrets que j'allais lui laisser; car elle m'aimait encore, je n'en doute pas, de toute la puissance de son être.

Elle voulait s'inquiéter et s'occuper de ce que je deviendrais. Je ne le lui permis pas. La manière haute et brusque dont je l'interrompis lorsqu'elle parla d'offres de services lui ferma la bouche une fois pour toutes à cet égard. Je ne voulus même pas emporter les habits qu'elle m'avait fait faire. J'allai acheter, la veille de mon départ, un costume complet de marinier chioggiote, tout neuf, mais des plus grossiers, et je reparus ainsi devant elle pour la dernière fois.

Elle m'avait prié de venir à minuit, afin qu'elle pût me faire ses adieux sans témoins. Je lui sus gré de la tendresse familière avec laquelle elle m'embrassa. Il n'y avait peut-être pas, dans tout Venise, une seconde femme du monde assez sincère et assez sympathique pour vouloir renouveler cette assurance de son amour à un homme vêtu comme je l'étais. Des larmes coulèrent de ses yeux lorsqu'elle passa ses petites mains blanches sur la rude étoffe de ma cape bége doublée d'écarlate; puis elle sourit, et, relevant le capuchon sur ma tête, elle me regarda avec amour, et s'écria qu'elle ne m'avait jamais vu si beau, et qu'elle avait eu bien tort de me faire habiller autrement. L'effusion et la sincérité des remercîments que je lui adressai, les serments que je lui fis de lui être dévoué jusqu'à la mort et de ne jamais songer à elle que pour la bénir et la recommander à Dieu, la touchèrent beaucoup. Elle n'était pas habituée à être quittée ainsi.

« Tu as l'âme plus chevaleresque, me dit-elle, qu'aucun de ceux qui portent le titre de chevalier. »

Puis elle fut prise d'un accès d'enthousiasme : l'indépendance de mon caractère, l'insouciance avec laquelle j'allais braver la vie la plus dure au sortir du luxe et de la mollesse, le respect que j'avais conservé pour elle lorsqu'il m'était si facile d'abuser de sa faiblesse pour moi; tout, disait-elle, m'élevait au-dessus des autres hommes. Elle se jeta dans mes bras, presque à mes pieds, et me supplia encore de ne point partir et de l'épouser.

Cet élan était sincère, et, s'il ne fit point varier ma résolution, il rendit du moins la signora si belle et si attrayante pendant quelques instants, que je faillis manquer à mon héroïsme et me dédommager, dans cette dernière nuit, de tous les sacrifices faits à mon repos. Mais j'eus la force de résister et de sortir chaste d'un amour qui s'était cependant allumé par le désir des sens. Je partis baigné de ses pleurs et n'emportant, pour tout trésor et pour tout trophée, qu'une boucle de ses beaux cheveux blonds. En me retirant, je m'approchai du lit de la petite Alezia, et j'entr'ouvris doucement les rideaux pour la regarder une dernière fois. Elle s'éveilla aussitôt et ne me reconnut pas d'abord; car elle eut peur, mais à sa manière, sans crier, et en appelant sa mère d'une voix qu'elle s'efforçait de rendre ferme. « Signorina, lui dis-je, je suis l'*Orco* [1], et je viens vous demander pourquoi vous percez le cœur de vos poupées avec des épingles. »

Elle se leva sur son séant, et, me regardant d'un air malicieux, elle me répondit : « C'est pour voir si elles ont le sang bleu. »

Vous savez que *sangue blu*, dans le langage populaire de Venise, est le synonyme de noble.

« Mais elles n'ont pas de sang, repris-je, elles ne sont pas nobles!

— Elles sont plus nobles que toi, répondit-elle, elles n'ont pas de sang noir. »

Vous savez encore que le noir est la couleur des *nicoloti*, c'est-à-dire de la confrérie des bateliers.

« Mia signora, dis-je tout bas à madame Aldini en refermant le rideau de l'enfant, vous avez bien fait de ne pas répandre de l'encre sur votre écusson d'azur. Voilà une petite patricienne qui ne vous eût jamais pardonné.

— Et c'est moi, répondit-elle tristement, dont le cœur est percé, non pas d'une épingle, mais de mille épées! »

Quand je fus dans la rue, je m'arrêtai pour regarder l'angle du palais que la lune découpait depuis le comble jusque dans les profondeurs fantastiques du grand canal. Une barque vint à passer, et, en agitant l'eau, coupa et brisa le reflet de cette grande ligne pure. Il me sembla que je venais de faire un beau rêve et que je m'éveillais dans les ténèbres. Je me mis à courir de toutes mes forces sans regarder derrière moi, et ne m'arrêtai qu'au pont della Paglia, là où les barques chioggiotes attendent les passagers, tandis que les mariniers, enveloppés hiver comme été dans leurs capes, dorment étendus sur les parapets et même en travers des degrés sous les pieds des passants. Je demandai si quelqu'un de mes compatriotes voulait me conduire chez mon père. « C'est toi, *parent?* » s'écrièrent-ils avec surprise. Ce mot de *parent*, que les Vénitiens ont donné ironiquement aux Chioggiotes, et que ceux-ci ont eu le bon sens d'accepter [2], fut si doux à mon oreille, que j'embrassai le premier qui me l'adressa. On me promit un départ dans une heure, et on m'adressa quelques questions dont on n'écouta pas la réponse. Le Chioggiote ne connaît guère l'usage des lits; mais en revanche il dort la nuit en marchant, en parlant, en ramant même. On m'offrit de faire un somme sur le lit commun, c'est-à-dire sur les dalles du quai. Je m'étendis par terre, la tête appuyée sur un de ces bons compagnons, tandis qu'un autre se servait de moi pour oreiller, et ainsi à la ronde. Je dormis comme aux meilleurs jours de mon enfance, et je rêvai que ma pauvre mère (qui était morte depuis un an) m'apparaissait au seuil de ma chaumière et me félicitait de mon retour. Je m'éveillai aux cris de *Chiosa! Chiosa* [1] ! mille fois répétés, dont nos mariniers font retentir les voûtes du palais ducal et des prisons pour appeler les passagers. Il me semblait que c'était un cri de triomphe comme l'*Italiam! Italiam!* des Troyens dans l'Énéide. Je me jetai gaiement dans une barque, et, pensant à la nuit qu'avait dû passer Bianca, je me reprochai un peu mon bon sommeil. Mais je me réconciliai avec moi-même par la pensée de n'avoir pas empoisonné le repos de son lendemain.

On était en plein hiver, les nuits étaient longues; nous arrivâmes à Chioggia une heure avant le jour. Je courus à ma cabane. Mon père était déjà en mer : le plus jeune de mes frères gardait seul la maison. Il lui fallut bien du temps pour s'éveiller et me reconnaître. On voyait qu'il était habitué à dormir au bruit de la mer et des orages; car je faillis briser la porte pour me faire entendre. Enfin, il me sauta au cou, passa sa cape, et me conduisit dans une barque à une demi-lieue en mer, à l'endroit où était ancrée celle de mon père. Le brave homme, en attendant l'heure favorable pour tendre ses filets, dormait là, suivant la coutume des vieux pêcheurs, étendu sur le dos, le corps et le visage abrités d'une couverture de crin, au claquement d'une bise aiguë. Les flots moutonnaient autour de lui et le couvraient d'écume; aucun bruit humain ne se faisait entendre dans les vastes solitudes de l'Adriatique. J'écartai doucement la couverture pour le regarder. Il était l'image de la force dans son repos. Sa barbe grise, aussi mêlée que les algues à la montée des flots, son sayon couleur de vase et son bonnet de laine d'un vert limoneux lui donnaient l'aspect d'un vieux Triton endormi dans sa conque. Il ne montra pas plus de surprise en s'éveillant que s'il m'eût attendu. « Oh! oh! dit-il, je rêvais de cette pauvre femme, et elle me disait : Lève-toi, vieux, voilà notre fils Daniel qui revient. »

DEUXIÈME PARTIE.

« Il ne s'agit pas, mes amis, continua le bon Lélio, de vous raconter toutes les vicissitudes par lesquelles je passai des grèves de Chioggia aux planches des premiers théâtres de l'Italie, et du métier de pêcheur à l'emploi de *primo tenore*; ce fut l'ouvrage de quelques années, et ma réputation grandit rapidement dès que le premier pas fut fait dans la carrière. Si jusque-là les circonstances furent souvent rebelles, mon facile caractère sut en tirer le meilleur parti possible, et je puis dire que mes grands succès et mes beaux jours ne furent pas payés trop cher.

Dix ans après mon départ de Venise, j'étais à Naples, et je jouais Roméo sur le théâtre de Saint-Charles. Le roi Murat et son brillant état-major, et toutes les beautés vaniteuses ou vénales de l'Italie, étaient là. Je ne me piquais pas d'être un patriote bien éclairé; mais je ne partageais pas l'engouement de cette époque pour la domination étrangère. Je ne me retournais pas vers un passé plus avilissant encore ; je me nourrissais de ces premiers éléments du carbonarisme, qui fermentaient dès lors, sans forme et sans nom, de la Prusse à la Sicile.

Mon héroïsme était naïf et brûlant, comme le sont les religions à leur aurore. Je portais dans tout ce que je faisais, et principalement dans l'exercice de mon art, le sentiment de fierté railleuse et d'indépendance démocratique dont je m'inspirais chaque jour dans les clubs et dans les pamphlets clandestins. Les *Amis de la vérité*, les *Amis de la lumière*, les *Amis de la liberté*, telles étaient les dénominations sous lesquelles se groupaient nos sympathies libérales ; et jusque dans les rangs de l'armée française, aux côtés mêmes des chefs conquérants, nous avions des affiliés, enfants de votre grande

---

1. Le diable rouge ou le follet des lagunes.
2. La presqu'île de Chioggia fut originairement peuplée de cinq ou six familles qui ne se sont jamais alliées qu'entre elles.

1. Chioggia! Chioggia!

révolution, qui, dans le secret de leur âme, se promettaient de laver la tache du 18 brumaire.

J'aimais ce rôle de Roméo, parce que j'y pouvais exprimer des sentiments de lutte guerrière et de haine chevaleresque. Lorsque mon auditoire, à demi français, battait des mains à mes élans dramatiques, je me sentais vengé de notre abaissement national ; car c'était à leur propre malédiction ; au souhait et à la menace de leur propre mort que ces vainqueurs applaudissaient à leur insu.

Un soir, au milieu d'un de mes plus beaux moments et lorsque la salle semblait prête à crouler sous des explosions d'enthousiasme, mes regards rencontrèrent, dans une loge d'avant-scène tout à fait appuyée sur le théâtre, une figure impassible dont l'aspect me glaça subitement. Vous ne savez pas, vous autres, quelles mystérieuses influences gouvernent l'inspiration du comédien, comme l'expression de certains visages le préoccupe et stimule ou enchaîne son audace. Quant à moi du moins, je ne sais pas me défendre d'une immédiate sympathie avec mon public, soit pour m'exalter si je le trouve récalcitrant ou le dominer par la colère, soit pour me fondre avec lui dans un contact électrique et retremper ma sensibilité à l'effusion de la sienne. Mais certains regards, certaines paroles dites près de moi à la dérobée m'ont quelquefois troublé intérieurement au point qu'il m'a fallu tout l'effort de ma volonté pour en combattre l'effet.

La figure qui me frappait en cet instant était d'une beauté vraiment idéale ; c'était incontestablement la plus belle femme qu'il y eût dans toute la salle de San-Carlo. Cependant toute la salle rugissait et trépignait d'admiration, et elle seule, la reine de cette soirée, semblait m'étudier froidement et apercevoir en moi des défauts inappréciables à l'œil vulgaire. C'était la muse du théâtre, c'était la sévère Melpomène en personne, avec son ovale régulier, son noir sourcil, son large front, ses cheveux d'ébène, son grand œil brillant d'un sombre éclat sous un vaste orbite, et sa lèvre froide, dont le sourire n'adoucit jamais l'arc inflexible ; tout cela cependant avec une admirable fleur de jeunesse et des formes riches de santé, de souplesse et d'élégance.

« Quelle est donc cette belle fille brune à l'œil si froid ? demandai-je dans l'entr'acte au comte Nasi, qui m'avait pris en grande amitié, et venait tous les soirs sur le théâtre pour causer avec moi.

— C'est la fille ou la nièce de la princesse Grimani, me répondit-il. Je ne la connais pas ; car elle sort de je ne sais quel couvent, et sa mère ou sa tante est elle-même étrangère à nos contrées. Tout ce que je puis vous dire, c'est que le prince Grimani l'aime comme sa fille, qu'il la dotera bien, et que c'est un des plus beaux partis de l'Italie ; ce qui n'empêche pas que je ne me mettrai pas sur les rangs.

— Et pourquoi ?

— Parce qu'on la dit insolente et vaine, infatuée de sa naissance, et d'un caractère altier. J'aime si peu les femmes de cette trempe, que je ne veux seulement pas regarder celle-là lorsque je la rencontre. On dit qu'elle sera la reine des bals de l'hiver prochain, et que sa beauté est merveilleuse. Je n'en sais rien, je n'en veux rien savoir. Je ne puis souffrir non plus le Grimani : c'est un vrai hidalgo de comédie ; et, s'il n'avait pas une belle fortune et une jeune femme qu'on dit aimable, je ne sais qui pourrait se résoudre à l'ennui de sa conversation ou à la raideur glaciale de son hospitalité.

Pendant l'acte suivant, je regardai de temps en temps la loge d'avant-scène. Je n'étais plus préoccupé de l'idée que j'avais là des juges malveillants, puisque ces Grimani avaient l'habitude d'un maintien superbe même avec les gens qu'ils estimaient être de leur classe. Je regardai la jeune personne avec l'impartialité d'un sculpteur ou d'un peintre : elle me parut encore plus belle qu'au premier aspect. Le vieux Grimani, qui était avec elle sur le devant de la loge, avait une assez belle tête austère et froide. Ce couple guindé me parut échanger quelques monosyllabes d'heure en heure, et à la fin de l'opéra il se leva lentement et sortit sans attendre le ballet.

Le lendemain je retrouvai le vieillard et la jeune fille à la même place et dans la même attitude flegmatique ; je ne les vis pas s'émouvoir une seule fois, et le prince Grimani dormit délicieusement pendant les derniers actes. La jeune personne me parut au contraire donner toute son attention au spectacle. Ses grands yeux étaient attachés sur moi comme ceux d'un spectre, et ce regard fixe, scrutateur et profond finit par m'être si gênant, que je l'évitai avec soin. Mais, comme si un mauvais sort eût été jeté sur moi, plus j'essayais d'en détourner mes yeux, plus ils s'obstinaient à rencontrer ceux de la magicienne. Il y eut dans ce mystérieux magnétisme quelque chose de si étrangement puissant, que j'en ressentis une terreur puérile et que je craignis de ne pouvoir achever la pièce. Jamais je n'avais éprouvé rien de semblable. Il y avait des instants où je m'imaginais reconnaître cette figure de marbre, et je me sentais prêt à lui adresser amicalement la parole. D'autres fois je croyais voir en elle mon ennemi, mon mauvais génie, et j'étais tenté de lui jeter de violents reproches.

La seconda donna vint ajouter à ce malaise vraiment maladif en me disant tout bas : « Lélio, prends garde à toi, tu vas attraper la fièvre. Il y a là une femme qui te donnera la jettatura [1]. »

J'avais cru fermement à la jettatura pendant la plus longue moitié de ma vie. Je n'y croyais plus ; mais l'amour du merveilleux, qu'on ne déloge pas aisément d'une tête italienne et surtout de celle d'un enfant du peuple, m'avait jeté dans les rêveries les plus exagérées du magnétisme animal. C'était l'époque où ces belles fantaisies étaient en pleine floraison par le monde ; Hoffmann écrivait ses Contes fantastiques, et le magnétisme était le pivot mystérieux sur lequel tournaient toutes les espérances de l'illuminisme. Soit que cette faiblesse se fût emparée de moi au point de me gouverner, soit qu'elle me surprît dans un moment où j'étais disposé à la maladie, je me sentis saisi de frissons, et je faillis m'évanouir en rentrant en scène. Ce misérable accablement fit enfin place à la colère, et dans un moment où je m'approchais de l'avant-scène avec la Checchina (cette seconda donna qui m'avait signalé le mauvais œil), je lui dis, en lui désignant ma belle ennemie et de manière à n'être pas entendu par le public, ces mots parodiés d'un de nos plus belles tragédies :

Bella e stupida.

L'éclat de la colère monta au front de la signora. Elle fit un mouvement pour réveiller le prince Grimani qui dormait de toute son âme ; puis elle s'arrêta tout d'un coup, comme si elle eût changé d'avis, et resta les yeux toujours attachés sur moi, mais avec une expression de vengeance et de menace qui semblait dire : Tu t'en repentiras.

Le comte Nasi s'approcha de moi comme je quittais le théâtre après la représentation : « Lélio, me dit-il, vous êtes amoureux de la Grimani. — Suis-je donc ensorcelé, m'écriai-je, et d'où vient que je ne puis me débarrasser de cette apparition ? — Et tu n'en débarrasseras de longtemps, pauvret, me dit la Checchina d'un air demi-naïf, demi-moqueur : cette Grimani, c'est le diable. Attends, ajouta-t-elle en me prenant le bras, je me connais en fièvre, et je te gagerais... Corpo della Madona ! s'écria-t-elle en pâlissant, tu as une fièvre terrible, mon pauvre Lélio !

— On a toujours la fièvre quand on joue et quand on chante de manière à la donner aux autres, dit le comte ; venez souper avec moi, Lélio. »

Je refusai cette offre ; j'étais malade en effet. Dans la nuit, j'eus une fièvre violente, et le lendemain je ne pus me lever. La Checchina vint s'installer à mon chevet, et ne me quitta pas tout le temps que je fus malade.

La Checchina était une fille de vingt ans, grande, forte, et d'une beauté un peu virile, quoique blanche et blonde. Elle était ma sœur et ma parente, c'est-à-dire qu'elle

[1]. Le regard du mauvais œil. C'est une superstition répandue dans toute l'Italie. A Naples, on porte des talismans en corail pour s'en préserver.

était de Chioggia comme moi. Comme moi, fille d'un pêcheur, elle avait longtemps employé sa force à battre, à coups de rames, les flots de l'Adriatique. Un amour sauvage de l'indépendance lui fit chercher dans la beauté de sa voix le moyen de s'assurer une profession libre et une vie nomade. Elle avait fui la maison paternelle et s'était mise à courir le monde à pied, chantant sur les places publiques. Le hasard me l'avait fait rencontrer à Milan, dans un hôtel garni où elle chantait devant la table d'hôte. A son accent je l'avais reconnue pour une Chioggiote; je l'avais interrogée; je m'étais rappelé l'avoir vue enfant; mais je m'étais bien gardé de me faire connaître d'elle pour un *parent*, et surtout pour ce Daniele Gemello qui avait quitté le pays un peu brusquement, à la suite d'un duel malheureux. Ce duel avait coûté la vie à un pauvre diable et le repos de bien des nuits à son meurtrier.

Permettez-moi de glisser rapidement sur ce fait, et de ne pas évoquer un souvenir amer durant notre placide veillée. Il me suffira de dire à Zorzi que le duel à coups de couteau était encore en pleine vigueur à Chioggia dans ma jeunesse, et que toute la population servait de témoin. On se battait en plein jour, sur la place publique, et on vengeait une injure par l'épreuve des armes, comme aux temps de la chevalerie. Le triste succès des miennes m'exila du pays; car le podestat n'était pas tolérant à cet égard, et les lois poursuivaient avec sévérité les restes de ces vieilles coutumes féroces. Ceci vous expliquera pourquoi j'avais toujours caché l'histoire de mes premières années, et pourquoi je courais le monde sous le nom de Lélio, faisant passer en secret de l'argent à ma famille, lui écrivant avec précaution, et ne lui révélant même pas quels étaient mes moyens d'existence, de crainte qu'en correspondant avec moi, elle ne s'attirât trop ouvertement l'inimitié des familles chioggiotes que la mort de mon agresseur avait plus ou moins irritées.

Mais comme un reste d'accent vénitien trahissait mon origine, je me donnais pour natif de Palestrina, et la Checchina avait pris l'habitude de m'appeler tour à tour son *pays*, son *cousin* et son *compère*.

Grâce à mes soins et à ma protection, la Checchina acquit rapidement un assez beau talent, et, à l'époque de ma vie dont je vous fais le récit, elle venait d'être engagée honorablement dans la troupe de San-Carlo.

C'était une étrange et excellente créature que cette Checchina : elle avait singulièrement gagné depuis le moment où je l'avais ramassée pour ainsi dire sur le pavé; mais il lui restait et il lui reste encore une certaine rusticité qu'elle ne perd pas toujours à point sur la scène, et qui fait d'elle la première actrice du monde dans les rôles de Zerlina. Dès lors elle avait corrigé beaucoup de l'ampleur de ses gestes et de la brusquerie de son intonation; mais elle en conservait encore assez pour être bien près du comique dans le pathétique. Cependant, comme elle avait de l'intelligence et de l'âme, elle s'élevait à une hauteur relative, dont le public ne pouvait pas lui savoir tout le gré qu'elle méritait. Les avis étaient partagés sur son compte, et un abbé disait qu'elle frisait le sublime et le bouffon de si près qu'entre les deux il ne restait plus assez de place pour ses grands bras.

Par malheur, la Checchina avait un travers dont ne sont pas exempts, du reste, les plus grands artistes. Elle ne se plaisait qu'aux rôles qui lui étaient défavorables, et, méprisant ceux où elle pouvait déployer sa verve, sa franchise et son allégresse pétulante, elle voulait absolument produire de grands effets dans la tragédie. En véritable villageoise, elle était enivrée de la richesse du costume, et s'imaginait réellement être reine quand elle portait le diadème et le manteau. Sa grande taille bien découplée, son allure dégagée et quasi-martiale, faisaient d'elle une magnifique statue lorsqu'elle était immobile. Mais à chaque instant le geste exagéré trahissait la jeune barcarolle, et quand je voulais l'avertir en scène de se modérer, je lui disais tout bas : « *Per Dio, non vogar! non siamo qui sull' Adriatico.* »

Si la Checchina a été ma maîtresse, c'est ce qu'il vous importe peu de savoir, je présume; je puis affirmer seulement qu'elle ne l'était point à l'époque dont je vous entretiens, et que je ne devais ses soins affectueux qu'à la bonté de son cœur et à la fidélité de sa reconnaissance. Elle a toujours été pour moi une amie et une sœur dévouée, et s'exposa hardiment mainte fois à rompre avec ses amants les plus brillants, plutôt que de m'abandonner ou de me négliger quand ma santé ou mes intérêts réclamaient son zèle ou son concours.

Elle s'installa donc au pied de mon lit, et ne me quitta pas qu'elle ne m'eût guéri. Son assiduité auprès de moi contrariait bien un peu le comte Nasi, qui pourtant était mon ami sincère, et se fiait à ma parole, mais qui m'avouait à moi-même ce qu'il appelait sa misérable faiblesse. Lorsque j'exhortais la Checchina à ménager les susceptibilités involontaires de cet excellent jeune homme : « Laisse donc, me disait-elle, ne vois-tu pas qu'il faut l'habituer à respecter mon indépendance? Crois-tu que, quand je serai sa femme, je consentirai à abandonner mes amis du théâtre et à m'occuper de ce que les gens du monde penseront de moi? N'en crois rien, Lélio; je veux rester libre et n'obéir jamais qu'à la voix de mon cœur. » Elle se persuadait assez gratuitement que le comte était bien déterminé à l'épouser, à cet égard, elle avait, à un merveilleux degré, le don de se faire illusion sur la force des passions qu'elle inspirait : rien ne pouvait se comparer à sa confiance en face d'une promesse, si ce n'est sa philosophie insouciante et son détachement héroïque en face d'une déception.

Je souffris beaucoup : ma maladie faillit même prendre un caractère grave. Les médecins me trouvaient dans une disposition hypertrophique très-prononcée, et les vives douleurs que je ressentais au cœur, l'affluence du sang vers cet organe, nécessitèrent de nombreuses saignées. Le reste de cette saison fut donc perdu pour moi, et, dès que je fus convalescent, j'allai prendre du repos et respirer un air doux au pied des Apennins, vers Cafaggiolo, dans une belle villa que le comte possédait à quelques lieues de Florence. Il me promit de venir m'y rejoindre avec la Checchina, aussitôt que les représentations pour lesquelles elle était engagée lui permettraient de quitter Naples.

Quelques jours de cette charmante solitude me remirent assez bien pour qu'il me fût permis d'essayer, tantôt à cheval et tantôt à pied, d'assez longues promenades à travers les gorges étroites et les ravines pittoresques qui forment comme un premier degré aux masses imposantes de l'Apennin. Dans mes rêveries j'appelais cette région le *proscenium* de la grande montagne, et j'aimais à y chercher quelque amphithéâtre de collines ou quelque terrasse naturelle bien disposée pour m'y livrer tout seul et loin des regards à des élans de déclamation lyrique, auxquels répondaient les sonores échos ou le bruit mystérieux des eaux murmurantes fuyant sous les rochers.

Un jour je me trouvai, sans m'en apercevoir, vers la route de Florence. Elle traversait, comme un ruban éclatant de blancheur, des plaines verdoyantes doucement ondulées et semées de beaux jardins, de parcs touffus et d'élégantes villas. En cherchant à m'orienter, je m'arrêtai à la porte d'une de ces belles habitations. Cette porte se trouvait ouverte et laissait voir une allée de vieux arbres entrelacées mystérieusement. Sous cette voûte sombre et voluptueuse se promenait à pas lents une femme d'une taille élancée et d'une démarche si noble que je m'arrêtai pour la contempler et la suivre des yeux le plus longtemps possible. Comme elle s'éloignait sans paraître disposée à se retourner, il me prit une irrésistible fantaisie de voir ses traits, et j'y succombai sans trop me soucier de faire une inconvenance et de m'attirer une mortification. « Que sait-on, me disais-je, on trouve parfois dans notre deux pays des femmes si indulgentes ! » Et puis je me disais que ma figure était trop connue pour qu'il me fût possible d'être jamais pris pour un voleur. Enfin, je comptais sur cette curiosité qu'on éprouve généralement à voir de près les manières et les traits d'un artiste un peu renommé.

Je m'aventurai donc dans l'allée couverte, et, marchant à grands pas, j'allais atteindre la promeneuse lorsque je vis venir à sa rencontre un jeune homme mis à la dernière mode et d'une jolie figure fade, qui m'aperçut avant que j'eusse le temps de m'enfoncer sous le taillis. J'étais à trois pas de mon noble couple. Le jeune homme s'arrêta devant la dame, lui offrit son bras, et lui dit en me regardant d'un air aussi surpris que possible pour un homme parfaitement cravaté :

« Ma chère cousine, quel est donc cet homme qui vous suit ? »

La dame se retourna, et, à sa vue, j'éprouvai une émotion assez vive pour réveiller un instant mon mal. Mon cœur eut un tressaillement nerveux très-aigu en reconnaissant la jeune personne qui me regardait si étrangement de sa loge d'avant-scène, lors de l'invasion de ma maladie à Naples. Sa figure se colora légèrement, puis pâlit un peu. Mais aucun geste, aucune exclamation ne trahit son étonnement ou son indignation. Elle me toisa de la tête aux pieds avec un calme dédaigneux, et répondit avec une assurance inconcevable :

« Je ne le connais pas. »

Cette singulière assertion piqua ma curiosité. Il me sembla voir dans cette jeune fille un orgueil si bizarre et une dissimulation si consommée, que je me sentis entraîné tout d'un coup à risquer quelque folle aventure. Nous autres bohémiens, nous ne nous laissons pas beaucoup imposer par les usages du monde et par les lois de la convenance ; nous n'avons pas grand'peur d'être repoussés de ces théâtres particuliers où le monde à son tour pose devant nous, et où nous sentons si bien la supériorité de l'artiste ; car là, personne ne sait nous rendre les vives émotions que nous savons donner. Les salons nous ennuient et nous glacent, en retour de la chaleur et de la vie que nous y portons. J'abordai donc fièrement mes nobles hôtes, fort peu soucieux de la manière dont ils m'accueilleraient, et résolu à m'introduire dans la maison sous le premier prétexte venu.

Je saluai gravement, et me donnai pour un accordeur d'instruments qu'on avait envoyé chercher à Florence d'une maison de campagne dont j'affectai d'estropier le nom.

« Ce n'est point ici. Vous pouvez vous en aller, » me répondit sèchement la signora. Mais, en véritable fiancé, le cousin vint à mon aide.

« Chère cousine, dit-il, votre piano est tout à fait discord ; si monsieur avait le temps d'y passer une heure, nous pourrions faire de la musique ce soir. Je vous en prie ! Est-ce que vous n'y consentirez pas ? »

La jeune Grimani eut un méchant sourire sur les lèvres en répondant : « C'est comme il vous plaira, mon cousin. »

Veut-elle se divertir de moi ou de lui ? pensai-je. Peut-être de tous les deux. Je m'inclinai légèrement en signe d'assentiment. Alors le cousin, avec une politesse nonchalante, me montra une porte de glace au bout de l'avenue, qui, s'abaissant en berceau, cachait la façade de la villa.

« Voyez, Monsieur, me dit-il, au fond du grand salon de compagnie, vous trouverez un piano d'étude. Le fortépiano est là. J'aurai l'honneur de vous revoir quand vous aurez fini. » Et, s'adressant à sa cousine : « Voulez-vous, lui dit-il, que nous allions jusqu'à la pièce d'eau ? »

Je la vis encore sourire imperceptiblement, mais avec une joie concentrée de la mortification que j'éprouvais, tandis qu'elle me laissait aller d'un côté et continuait sa promenade en sens opposé, appuyée sur son gracieux et honorable cousin.

Ce n'est pas une chose bien difficile que d'accorder *à peu près* un piano, et, quoique je ne l'eusse jamais essayé, je m'en tirai assez bien ; seulement j'y mis beaucoup plus de temps qu'il n'en eût fallu à une main expérimentée, et je voyais avec un peu d'impatience le soleil s'abaisser vers la cime des arbres ; car je n'avais d'autre prétexte, pour revoir ma singulière héroïne, que de lui faire essayer le piano lorsqu'il serait d'accord. Je me hâtais donc assez maladroitement, lorsqu'au milieu du monotone carillon dont je m'étourdissais, je levai la tête et

vis la signora devant moi, à demi tournée vers la cheminée, mais m'observant dans la glace avec une malicieuse attention. Rencontrer son oblique regard et l'éviter fut l'affaire d'une seconde. Je continuai ma besogne avec le plus grand sang-froid, résolu à mon tour d'observer l'ennemi et de le voir venir.

La Grimani (je continuai à lui donner ce nom en moi-même, ne lui en connaissant pas d'autres) feignit d'arranger avec beaucoup de soin des fleurs dans les vases de la cheminée ; puis elle dérangea un fauteuil, le remit à la place d'où elle venait de l'ôter, laissa tomber son éventail, le ramassa avec un grand frôlement de robe, ouvrit une fenêtre qu'elle referma aussitôt, et, voyant que j'étais décidé à ne m'apercevoir de rien, elle prit le parti de laisser tomber un tabouret sur le bout de son joli petit pied et de faire une exclamation douloureuse. Je fus assez sot pour laisser brusquement tomber la clef à marteau sur les cordes métalliques, qui exhalèrent un gémissement lamentable. La signora frissonna, haussa les épaules, et, reprenant tout d'un coup son sang-froid, comme si nous eussions joué une scène de parodie, elle me regarda fixement en disant : « *Cosa, signore ?* »

— J'ai cru que Votre Seigneurie me parlait, » répondis-je avec la même tranquillité, et je me remis à l'ouvrage. Elle resta debout au milieu de la chambre, comme pétrifiée d'étonnement devant tant d'audace, ou comme frappée d'une incertitude subite sur mon identité avec le personnage qu'elle avait cru reconnaître. Enfin, elle s'impatienta et me demanda presque grossièrement si j'avais bientôt fini.

« Oh ! mon Dieu, non ! signora, lui répondis-je, car voici une corde cassée. » En même temps, je tournai brusquement la clef sur la cheville que je serrais, et je fis sauter la corde. « Il me semble, reprit-elle, que ce piano vous donne beaucoup de peine. — Beaucoup, repris-je, toutes les cordes cassent. » Et j'en fis sauter une seconde. « C'est comme un fait exprès, s'écria-t-elle. — Oui, en vérité, repris-je encore, c'est un fait exprès. » Le cousin entra dans cet instant, et, pour le saluer, je fis sauter une troisième corde. C'était une des dernières basses ; elle fit une détonation épouvantable. Le cousin, qui ne s'y attendait point, fit un pas en arrière, et la signora partit d'un éclat de rire. Ce rire me parut étrange. Il n'allait ni à sa figure, ni à son maintien ; il avait quelque chose d'âpre et de saccadé, qui déconcerta le cousin, si bien que j'en eus presque pitié. « Je crains bien, dit la signora lorsque la fin de cette crise nerveuse lui permit de parler, que nous ne puissions pas faire de musique ce soir. Ce pauvre vieux *cembalo* est ensorcelé, toutes les cordes cassent. C'est un fait surnaturel, je vous assure, Hector ; il suffit de les regarder pour qu'elles se tordent et se brisent avec un bruit affreux. » Puis elle recommença à rire aux éclats sans que sa figure en reçût le moindre enjouement. Le cousin se mit à rire par obéissance, et fut tout à coup interrompu par ces mots de la signora : « Mon Dieu ! mon cousin, ne riez donc pas ; vous n'en avez pas la moindre envie. »

Le cousin me parut très-habitué à être raillé et tourmenté. Mais il fut blessé sans doute que la chose se passât devant moi ; car il dit d'un ton fâché : « Et pourquoi donc, cousine, n'aurais-je pas envie de rire aussi bien que vous ? — Parce que je vous dis que cela n'est pas, répondit la signora. Mais, dites-moi donc, Hector, ajouta-t-elle sans se soucier de la bizarrerie de la transition, avez-vous été à San-Carlo cette année ? — Non, ma cousine. — En ce cas, vous n'avez pas entendu le fameux Lélio ? »

Elle prononça ces derniers mots avec emphase ; mais elle n'eut pas l'impudence de me regarder tout de suite après, et j'eus le temps de réprimer le tressaillement que me causa ce coup de pierre au beau milieu du visage.

« Je ne l'ai ni entendu, ni vu, dit le naïf cousin, mais j'en ai beaucoup ouï parler. C'est un grand artiste, à ce qu'on assure.

— Très-grand, repartit la Grimani, plus grand que vous de toute la tête. Tenez ! il est de la taille de monsieur!... Le connaissez-vous, Monsieur? ajouta-t-elle en se tournant vers moi. — Je le connais beaucoup, signora, répondis-je d'un ton acerbe ; c'est un très-beau garçon, un très-grand comédien, un admirable chanteur, un causeur très-spirituel, un aventurier hardi et facétieux, et de plus intrépide duelliste, ce qui ne gâte rien. »

La signora regarda son cousin, et me regarda ensuite d'un air insouciant comme pour me dire : « Peu m'importe. » Puis elle éclata de nouveau d'un rire inextinguible, qui n'avait rien de naturel et qui ne se communiqua ni au cousin ni à moi. Je me remis à poursuivre la dominante sur le clavier, et le signor Ettore piétina avec impatience, et fit crier ses bottes neuves sur le parquet, comme un homme fort mécontent de la conversation qui s'établissait si cavalièrement entre un ouvrier de mon espèce et sa noble fiancée.

« Ah çà ! mon cousin, n'allez pas croire ce que monsieur vous dit de Lélio, reprit brusquement la signora en interrompant son rire convulsif. Quant à la grande beauté du personnage, je ne saurais contredire : car je ne l'ai pas regardé ; et d'ailleurs, sous le fard, sous les faux cheveux et les fausses moustaches, un acteur peut toujours sembler jeune et beau. Mais quant à être un admirable chanteur et un bon comédien, je le nie. Il chante faux d'abord, et ensuite il joue détestablement. Sa déclamation est guindée, son geste vulgaire, l'expression de ses traits guindée. Quand il pleure, il grimace ; quand il menace, il hurle ; quand il est majestueux, il est ennuyeux ; et, dans ses meilleurs moments, c'est-à-dire lorsqu'il se tient coi et ne me dit mot, on peut lui appliquer le refrain de la chanson :

Brutto è quanto stupido.

Je suis fâchée de n'être pas de l'avis de monsieur ; mais je suis de l'avis du public, moi ! Ce n'est pas ma faute si Lélio n'a pas eu le moindre succès à San-Carlo, et je ne vous conseille pas, mon cousin, de faire le voyage de Naples pour le voir. »

Ayant reçu cette cinglante leçon, je faillis un instant perdre la tête et chercher querelle au cousin pour punir la signora ; mais le digne garçon ne m'en laissa pas le temps. « Voilà bien les femmes ! s'écria-t-il, et surtout voilà bien vos inconcevables caprices, ma cousine ! Il n'y a pas plus de trois jours, vous me disiez que Lélio était le plus bel acteur et le plus inimitable chanteur de toute l'Italie. Sans doute, vous me direz demain le contraire de ce que vous dites aujourd'hui, sauf à revenir après-demain... — Demain et après, et tous les jours de ma vie, cher cousin, interrompit précipitamment la signora, je dirai que vous êtes un fou et Lélio un sot. — Brava, signora, reprit le cousin à demi-voix en lui offrant son bras pour sortir du salon ; on est un fou quand on vous aime et un sot quand on vous déplaît. — Avant que Vos Seigneuries se retirent, dis-je, alors sans voir la moindre émotion, je leur ferai observer que ce piano est en trop mauvais état pour que je puisse le réparer entièrement aujourd'hui. Je suis forcé de me retirer ; mais, si Vos Seigneuries le désirent, je reviendrai demain. — Certainement, Monsieur, répondit le cousin avec une courtoisie protectrice et se retournant à demi vers moi ; vous nous obligerez si vous revenez demain. » La Grimani, l'arrêtant d'un geste brusque et vigoureux, le força de se retourner tout à fait, resta immobile appuyée sur son bras, et me toisant d'un air de défi : « Monsieur reviendra demain? dit-elle, en me toisant pour fermer le piano et prendre mon chapeau. — Je n'y manquerai certainement pas, » répondis-je en la saluant jusqu'à terre. Elle continua à tenir son cousin immobile à l'entrée de la salle, jusqu'à ce que, forcé de passer devant eux pour me retirer, je les saluai de nouveau en regardant cette fois ma Bradamante avec une assurance digne de la lutte qui s'en gageait. Une étincelle de courage jaillit de son regard. J'y lus clairement que mon audace ne lui déplaisait pas, et que la lice ne me serait pas fermée.

Aussi, je fus à mon poste le lendemain avant midi, et je trouvai l'héroïne au sien, assise au piano et frappant les touches muettes ou grinçantes avec une impassibilité admirable, comme si elle eût voulu me prouver par cette diabolique symphonie la haine et le mépris qu'elle avait pour la musique.

J'entrai avec calme et la saluai avec autant de respectueuse indifférence que si j'eusse été en effet l'accordeur de piano. Je posai trivialement mon chapeau sur une chaise, j'ôtai péniblement mes gants, imitant la gaucherie d'un homme qui n'est pas habitué à en porter. Je tirai de ma poche une boîte de sapin remplie de bobines de laiton, et je commençai à en dérouler la longueur d'une corde, le tout avec gravité et simplicité. La signora allait toujours battant d'une manière impitoyable le malheureux piano, qui ne rendait plus que des sons à faire fuir les barbares les plus endurcis. Je vis signe qu'elle se divertissait à le fausser et à le briser de plus en plus, afin de me donner de la besogne, et je trouvai dans cette espièglerie plus de coquetterie que de méchanceté ; car elle paraissait assez disposée à me tenir compagnie. Alors je lui dis du plus grand sérieux : « Votre Seigneurie trouve-t-elle que le piano commence à être d'accord ? — J'en trouve l'harmonie satisfaisante, répondit-elle en se pinçant la lèvre pour ne pas rire, et les sons qu'il rend sont extrêmement agréables. — C'est un bel instrument, repris-je. — Et en très-bon état, ajouta-t-elle. — Votre Seigneurie a un très-beau talent sur le piano. — Comme vous voyez. — Voilà une valse charmante et très-bien exécutée. — N'est-ce pas? comment ne jouerait-on pas bien sur un instrument aussi bien accordé ? Vous aimez la musique, Monsieur ? — Peu, signora ; mais celle que vous faites me va à l'âme. — En ce cas, je vais continuer. » Et elle écorcha avec un sourire féroce un des airs de *bravura* qu'elle m'avait entendu chanter avec le plus de succès au théâtre.

« Monsieur votre cousin se porte bien ? lui dis-je, lorsqu'elle eut fini. — Il est à la chasse. — Votre Seigneurie aime le gibier ? — Je l'aime démesurément. Et vous, Monsieur ? — Je l'aime sincèrement et profondément. — Lequel aimez-vous mieux, du gibier ou de la musique ? — J'aime la musique à table ; mais dans ce moment-ci j'aimerais mieux du gibier. »

Elle se leva et sonna. A l'instant même un laquais parut comme s'il eût été une pièce de mécanique obéissant au ressort de la sonnette. « Apportez ici le pâté de gibier que j'ai vu ce matin dans l'office, » dit la signora, et deux minutes après le domestique reparut avec un pâté colossal, qu'à un signe de sa maîtresse il posa majestueusement sur le piano. Un grand plateau, couvert de vaisselle et de tout l'attirail nécessaire à la réfection des êtres civilisés, vint se placer comme par enchantement à l'autre bout de l'instrument, et la signora, d'une main forte et légère, brisa le rempart de croûte appétissante et fit une large brèche à la forteresse.

« Voilà une conquête à laquelle nos seigneurs les Français n'auront point de part, » dit-elle en s'emparant d'une perdrix qu'elle mit sur une assiette du Japon, et qu'elle alla dévorer à l'autre bout de la chambre, accroupie sur un coussin de velours à glands d'or.

Je la regardais avec étonnement, ne sachant pas trop si elle était folle ou si elle voulait me mystifier. « Vous ne mangez pas ? me dit-elle sans se déranger. — Votre Seigneurie ne me l'a pas commandé, répondis-je. — Oh ! ne vous gênez pas, » dit-elle en continuant à manger à belles dents.

Ce pâté avait une si bonne mine et un si bon fumet, que j'écoutai les conseils philosophiques de la raison positive. J'attirai une autre perdrix dans une autre assiette du Japon, que je posai sur le clavier du piano et que je me mis à dévorer de mon côté avec autant de zèle que la signora.

Si ce château n'est pas celui de la Belle au bois dormant, pensai-je, et que cette maligne fée m'en soit pas le seul être animé, il est évident que nous allons voir arriver un oncle, un père, ou une tante, ou une gouvernante, ou quelque chose qui, soit censé, aux yeux des bonnes gens, servir de chaperon à cette tête indomptée. En cas d'une apparition de ce genre, je voudrais bien savoir jusqu'à quel point cette bizarre manière de déjeuner sur un piano en tête-à-tête avec la demoiselle de la maison sera trouvée séante. Peu m'importe, après tout ; il faut bien voir où ils me mèneront ces extravagances, et, s'il y a là-dessous une haine de femme, j'aurai mon tour, dussé-je l'attendre dix ans !

En même temps je regardais par-dessus le pupitre du piano ma belle hôtesse, qui mangeait d'une manière surnaturelle, et qui ne semblait nullement possédée de cette sotte manie qu'ont les demoiselles de ne manger qu'en secret, et de pincer les lèvres à table d'un air sentimental, comme si elles étaient d'une nature supérieure à la nôtre. Lord Byron n'avait pas encore mis à la mode le manque d'appétit chez le beau sexe. De sorte que ma fantasque signora s'en donnait à cœur joie, et qu'au bout de peu d'instants elle revint auprès de moi, pour tirer du pâté ébréché un filet de lièvre et une aile de faisan. Elle me regarda sans rire, et me dit d'un ton sentencieux : « Ce vent d'est donne faim. — Il me paraît que Votre Seigneurie est douée d'un bon estomac, lui dis-je. — Si on n'avait pas un bon estomac à quinze ans, répondit-elle, il faudrait y renoncer. — Quinze ans ! m'écriai-je en la regardant avec attention et en laissant tomber ma fourchette. — Quinze ans et deux mois, répondit-elle en retournant à son coussin avec son assiette de nouveau remplie ; ma mère n'en a pas encore trente-deux, et elle s'est remariée l'an dernier. N'est-ce pas singulier, dites-moi, une mère qui se marie avant sa fille ? Il est vrai que si ma petite mère chérie eût voulu attendre mon mariage, elle eût attendu longtemps. Qui donc voudrait épouser une personne, belle, à la vérité, mais *stupide* au delà de tout ce qu'on peut imaginer ? »

Il y avait tant de gaîté et de bonhomie dans l'air sérieux dont elle me plaisantait ; c'était un si joli *toustig* que cette grande fille aux yeux noirs et aux longues boucles de cheveux tombant sur un cou d'albâtre ; elle était assise sur son coussin avec une naïveté si gracieuse et en même temps si chaste, que toute ma défiance et tous mes mauvais desseins m'abandonnèrent. J'avais résolu de vider le flacon de vin afin d'endormir tout scrupule. Je repoussai le flacon, et, abandonnant mon assiette, appuyant mon coude sur le piano, je me mis à la considérer de nouveau et sous un nouvel aspect. Ce chiffre de quinze ans avait bouleversé toutes mes idées. J'ai toujours attaché beaucoup d'importance, quand j'ai voulu juger une personne, et surtout une personne du sexe féminin, à m'enquérir de son âge de la manière la plus authentique possible. L'habileté croît si rapidement chez le sexe que six mois de plus ou de moins font souvent que la candeur est fourberie ou la fourberie candeur. Jusque-là je m'étais imaginé que la Grimani avait au moins vingt ans ; car elle était si grande, si forte, si brune, et douée dans son regard, dans son maintien, dans ses moindres mouvements, d'une telle assurance, que tout le monde faisait le même anachronisme que moi à son premier abord. Mais, en la regardant mieux, je reconnus mon erreur. Ses épaules étaient larges et puissantes ; mais sa poitrine n'était pas encore développée. S'il y avait de la femme dans toute son attitude, il y avait certains airs et certaines expressions de visage qui révélaient l'enfant. Ne fût-ce que ce robuste appétit, cette absence totale de coquetterie, et l'inconvenance audacieuse du tête-à-tête qu'elle s'était réservé avec moi, il devint manifeste à mes yeux que je n'avais point affaire, comme je l'avais cru d'abord, à une femme orgueilleuse et rusée, mais à une pensionnaire espiègle, et je repoussai avec horreur la pensée d'abuser de son imprudence.

Je restais plongé dans cet examen, oubliant de répondre à la provocation significative que je venais de recevoir. Elle me regarda fixement, et cette fois je ne songeai pas à éviter son regard, mais à l'analyser. Elle avait les plus beaux yeux du monde, à fleur de tête, et très-ouverts ; leur direction était toujours nette, brusque et saisissant d'emblée l'objet de l'attention. Ce regard, très-rare chez une femme, était absolu et non effronté. C'était la révélation et l'action d'une âme courageuse, fière et franche. Il interrogeait toutes choses avec autorité, et semblait dire : « Ne me cachez rien ; car, moi, je n'ai rien à cacher à personne.

Lorsqu'elle vit que je bravais son attention, elle fut alarmée, mais non intimidée ; et, se levant tout d'un coup, elle provoqua l'explication que je voulais lui demander. « Signor Lélio, me dit-elle, si vous avez fini de déjeuner, vous allez me dire ce que vous êtes venu faire ici.

— Je vais vous obéir, signora, répondis-je en allant ramasser son assiette et son verre qu'elle avait posés sur le parquet, et en les reportant sur le piano ; seulement, je prie Votre Seigneurie de me dire si l'accordeur de piano doit, pour vous répondre, s'asseoir devant le clavier, ou si le comédien Lélio doit se tenir debout, le chapeau à la main, et prêt à se retirer, après avoir eu l'honneur de vous parler.

— Monsieur Lélio voudra bien s'asseoir sur ce fauteuil, dit-elle en me désignant un siége placé à droite de la cheminée, et moi sur celui-ci, ajouta-t-elle en s'asseyant du côté gauche, en face de moi, à dix pieds environ de distance.

— Signora, lui dis-je en m'asseyant, il faut, pour vous obéir, que je reprenne les choses d'un peu haut. Il y a environ deux mois, je jouais *Roméo et Juliette* à San-Carlo. Il y avait une loge d'avant-scène...

— Je puis aider votre mémoire, reprit la Grimani. Il y avait dans une loge d'avant-scène, à droite du théâtre, une jeune personne qui vous parut belle ; mais, en la regardant de plus près, vous trouvâtes que son visage était si dépourvu d'expression, que vous vîntes à vous écrier... en parlant à une de ces dames du théâtre, et assez haut pour que la jeune personne l'entendît...

— Au nom du ciel ! signora, interrompis-je, ne répétez pas les paroles échappées à mon délire, et sachez que je suis sujet à des irritations nerveuses qui me rendent presque fou. Dans cette disposition, tout me porte ombrage, tout me fait souffrir.

— Je ne vous demande pas pourquoi il vous plut de dire votre avis d'une façon si nette sur le compte de la demoiselle de l'avant-scène ; je vous prie seulement de me raconter le reste de l'histoire.

— Je suis obligé, pour être véridique et conséquent, d'insister sur le prologue. En proie à un premier accès de fièvre, début d'une maladie grave dont je suis à peine rétabli, je m'imaginai lire un profond dédain et une froide ironie sur le visage incomparablement beau de la demoiselle de l'avant-scène. J'en fus impatienté, puis troublé, puis bouleversé, au point que je perdis la tête, et que je me laissai aller à un mouvement brutal pour faire cesser le charme funeste qui enchaînait toutes mes facultés, et me paralysait au moment le plus énergique et le plus important de mon rôle. Il faut que Votre Seigneurie me pardonne une folie ; je crois au magnétisme, surtout les jours où je suis malade et où mon cerveau est faible comme mes jambes. Je m'imaginai que la demoiselle de l'avant-scène avait sur moi une influence pernicieuse ; et, durant la cruelle maladie qui s'empara de moi le lendemain de ma faute, je vous avouerai qu'elle m'apparut souvent dans mon délire ; mais toujours altière, toujours menaçante, et me promettant que je paierais cher le blasphème qui m'était échappé. Telle est, signora, la première partie de mon histoire.

Je préparais mon bouclier pour recevoir une bordée d'épigrammes, en manière de commentaires, sur ce récit bizarre et, quoique vrai, très-invraisemblable, il faut l'avouer. Mais la jeune Grimani, me regardant avec une douceur que je ne soupçonnais pas pouvoir s'allier avec le caractère de sa beauté, me dit, en se penchant un peu sur le bras de son fauteuil : « En effet, seigneur Lélio, votre visage atteste de vives souffrances ; et, s'il faut tout vous avouer, lorsque je vous ai reconnu hier, je me suis dit que je vous avais bien mal regardé sur la scène ; car vous me paraissiez alors plus vieux de dix ans ; et aujourd'hui je ne vous trouve pas plus âgé que vous ne m'aviez semblé au théâtre ; seulement je vous trouve l'air malade, et je suis bien affligée d'avoir été un sujet d'irritation pour vous... ».

Lorsque je vis venir à sa rencontre un jeune homme... (Page 21.)

Je rapprochai involontairement mon fauteuil ; mais aussitôt mon interlocutrice reprit son ton railleur et fantasque.

« Passons à la seconde partie de votre histoire, monsieur Lélio, me dit-elle en jouant de l'éventail, et veuillez m'apprendre comment, au lieu de la fuir, vous êtes venu jusqu'ici relancer cette personne dont la vue vous est si odieuse et si funeste.

— C'est ici que l'auteur s'embarrasse, répondis-je en reculant mon fauteuil, qui roulait très-aisément au moindre mouvement de la conversation. Dirai-je que le hasard seul m'a conduit ici? Si je le dis, Votre Seigneurie le croira-t-elle ; et si je dis que ce n'est pas le hasard, Votre Seigneurie le souffrira-t-elle ?

— Il m'importe assez peu, dit-elle, que ce soit le hasard ou l'attraction magnétique, comme vous le diriez peut-être, qui vous amène dans ce pays ; je désire seulement savoir quel est le hasard qui vous a fait devenir accordeur de pianos.

— Le hasard de l'inspiration, signora ; le premier prétexte m'était bon pour m'introduire ici.

— Mais pourquoi vous introduire ici?

— Je répondrai sincèrement si Votre Seignerie daigne me dire auparavant quel est le hasard qui l'a déterminée à m'y laisser pénétrer, bien qu'elle m'eût reconnu au premier coup d'œil.

— Le hasard de la fantaisie, seigneur Lélio. Je m'ennuyais en tête-à-tête avec mon cousin, ou avec une vieille tante dévote que je connais à peine ; et, tandis que l'un est à la chasse et l'autre à l'église, j'ai pensé que je pourrais égayer par une folie la maussade solitude où on me laisse languir. »

Mon fauteuil se rapprocha de lui-même, et j'hésitai à prendre la main de la signora. Elle me paraissait effrontée en cet instant. Il y a des jeunes filles qui naissent femmes, et qui sont corrompues avant d'avoir perdu leur innocence. Celle-ci est bien un enfant, pensais-je, mais un enfant ennuyé de l'être, et je serais un grand sot de ne pas répondre à des agaceries faites avec tant de sang-froid et de hardiesse. Ma foi, tant pis pour le cousin ! Pourquoi aime-t-il la chasse plus que sa cousine ?...

Mais la signora ne fit aucune attention à l'agitation qui s'emparait de moi, et elle ajouta : « Maintenant la farce est jouée ; nous avons mangé le gibier de mon cousin, et

Et la signora... brisa le rempart de croûte. (Page 22.)

j'ai parlé avec un acteur. Voilà ma tante et mon prétendu mystifiés. La semaine dernière, mon cousin était furieux, parce que, selon lui, je faisais votre éloge avec trop d'enthousiasme. Maintenant, quand il me parlera de vous, et quand ma tante dira que les acteurs sont tous excommuniés en France, je baisserai les yeux d'un air modeste et béat, et je rirai en moi-même de penser que je connais le seigneur Lélio, et que j'ai déjeuné avec lui, ici même, sans que personne s'en doute. Mais maintenant il vous reste, monsieur Lélio, à me dire pourquoi vous avez voulu vous introduire ici à l'aide d'un faux rôle?

— Pardon, signora... vous avez dit un mot qui me frappe beaucoup... Vous avez fait la semaine dernière mon éloge avec *enthousiasme?*

— Oh! c'était uniquement pour faire enrager mon cousin. Je ne suis point enthousiaste de ma nature. »

Lorsqu'elle me raillait, je reprenais goût à l'aventure et j'étais prêt à m'enhardir. « Puisque vous êtes si sincère envers moi, répondis-je, je ne le serai pas moins envers Votre Seigneurie. Je me suis introduit ici avec l'intention de réparer mon crime et de demander humblement pardon à la beauté divine que j'ai blasphémée. »

En même temps je me laissai glisser de mon fauteuil, et je me trouvai aux genoux de la Grimani, bien près de m'emparer de ses belles mains. Elle ne parut pas s'en émouvoir beaucoup; seulement je vis que, pour dissimuler un peu d'embarras, elle feignait d'examiner les mandarins chinois dont les robes d'or et de pourpre chatoyaient sur son éventail. « Oh! mon Dieu! Monsieur, me dit-elle sans me regarder, vous êtes bien bon de croire que vous ayez à me demander pardon. D'abord, si j'ai l'air stupide, vous n'êtes pas du tout coupable de vous en être aperçu; en second lieu, si je ne l'ai pas, il m'est absolument indifférent que vous vous le persuadiez.

— Je jure par tous les dieux, et par Apollon en particulier, que je n'ai parlé ainsi que par colère, par folie, par un autre sentiment peut-être, qui alors ne faisait que de naître et troublait déjà mon esprit. Je voyais que vous me trouviez détestable, et que vous n'aviez pour moi aucune indulgence ; pouvais-je me résigner tranquillement à perdre le seul suffrage qu'il m'eût été doux et glorieux de conquérir? Enfin, signora, je suis ici, j'ai découvert votre demeure, et, sachant à peine votre nom, je vous ai cherchée, poursuivie, atteinte, malgré la distance et les obstacles ; me voici à vos pieds. Pensez-vous que j'aurais surmonté de telles difficultés si je n'avais été tourmenté de remords, non à cause de vous qui dédaignez avec raison l'effet de vos charmes sur un pauvre histrion comme moi, mais à cause de Dieu, dont j'ai outragé et dont j'ai méconnu la plus belle œuvre ? »

Je me hasardai en parlant ainsi à prendre une de ses mains ; mais elle se leva brusquement, en disant : « Levez-vous, Monsieur, levez-vous ; voici mon cousin qui revient de la chasse. »

En effet, à peine avais-je eu le temps de courir au piano et de l'ouvrir, que le signor Ettore Grimani, en costume de chasse et le fusil à la main, entra et vint déposer aux pieds de sa cousine son carnier plein de gibier.

« Oh ! ne vous approchez pas tant de moi, lui dit la signora, vous êtes horriblement crotté, et toutes ces bêtes ensanglantées me dégoûtent. Ah ! Hector, je vous en prie, allez-vous-en, et emmenez tous ces grands vilains chiens qui sentent la vase et qui salissent le parquet. »

Force fut au cousin de se contenter de cet élan de reconnaissance et d'aller se parfumer à loisir dans sa chambre. Mais à peine était-il sorti de l'appartement qu'une sorte de duègne entra, et annonça à la signora que sa tante venait de rentrer et la priait de se rendre auprès d'elle.

« J'y vais, répondit la Grimani ; et vous, Monsieur, dit-elle en se retournant vers moi, puisque cette touche est recassée, vouillez l'emporter et la recoller solidement. Il faudra la rapporter demain et achever de replacer les cordes qui manquent. N'est-ce pas, Monsieur, on peut compter sur votre parole ? Vous serez exact ?

— Oui, signora, vous pouvez y compter, » répondis-je, et je me retirai, emportant la touche d'ivoire qui n'était pas cassée.

Je fus exact au rendez-vous. Mais ne pensez point, mes chers amis, que je fusse amoureux de cette petite personne ; c'est tout au plus si elle me plaisait. Elle était extrêmement belle ; mais je voyais sa beauté par les yeux du corps, je ne la sentais pas par ceux de l'âme ; si, par instants, je me prenais à aimer cette pétulance enfantine, bientôt après je retombais dans mes doutes et je me disais qu'elle pouvait bien m'avoir menti, elle qui mentait à son cousin et à sa gouvernante avec tant d'aplomb ; qu'elle avait peut-être bien une vingtaine d'années, comme je l'avais cru d'abord, et que peut-être aussi elle avait fait déjà plusieurs escapades pour lesquelles on l'avait séquestrée dans ce triste château, sans autre société que celle d'une vieille dévote destinée à la gourmander, et d'un excellent cousin prédestiné à endosser innocemment ses erreurs passées, présentes et futures.

Je la trouvai au salon avec ce cher cousin et trois ou quatre grands chiens de chasse, qui faillirent me dévorer. La signora, éminemment capricieuse, faisait ce jour-là à ces nobles animaux un accueil tout différent de la veille, et quoiqu'ils ne fussent guère moins crottés et moins insupportables, elle les laissait complaisamment s'étendre tour à tour ou pêle-mêle sur un vaste sofa en velours rouge à crépines d'or. De temps en temps elle s'asseyait au milieu de cette meute pour caresser les uns, pour taquiner amicalement les autres.

Il me sembla bientôt que ce retour d'amitié vers les chiens était une coquetterie tendre envers son cousin, car le blond signor Ettore en paraissait très-flatté, et je ne sais lequel il aimait le mieux, de sa cousine ou de ses chiens.

Elle était d'une vivacité étourdissante, et son humeur me semblait montée à un tel diapason, elle m'envoyait dans la glace des œillades si acérées, qu'aspirais à voir le cousin s'éloigner. Il s'éloigna en effet bientôt. La signora lui donna une commission. Il se fit un peu prier, puis il obéit à un regard impérieux, de : « *Vous ne voulez pas y aller ?* » proféré d'un ton qu'il paraissait tout à fait incapable de braver.

A peine fut-il sorti, qu'abandonnant la tablature, je me levai en cherchant dans les yeux de la signora si je devais m'approcher d'elle, ou attendre qu'elle s'approchât de moi. Elle aussi était debout et semblait vouloir deviner dans mon regard ce à quoi j'allais me décider. Mais elle m'encourageait si peu, et ses lèvres semblaient entr'ouvertes pour me donner une telle leçon (si je venais par malheur à manquer d'esprit dans cette périlleuse rencontre), que je me sentis un peu troublé intérieurement. Je ne sais comment cet échange de regards à la fois provocateurs et méfiants, ce bouillonnement de tout notre être qui nous retenait l'un et l'autre dans l'immobilité, cette alternative d'audace et de crainte qui me paralysait au moment peut-être décisif de mon aventure, tout jusqu'à la robe de velours noir de la Grimani, et le brillant soleil qui, pénétrant en rayons d'or à travers les sombres rideaux de soie de l'appartement, venait s'éteindre à nos pieds dans un clair-obscur fantastique, l'heure, l'atmosphère brûlante, et le battement comprimé de mon cœur ; tout me rappela vivement une scène de ma jeunesse assez analogue : la signora Bianca Aldini, dans l'ombre de sa gondole, enchaînant d'un regard magnétique un de mes pieds posé sur la barque et l'autre sur le rivage du Lido. Je ressentais le même trouble, la même agitation intérieure, le même désir, prêts à faire place à la même colère. Serait-ce donc, pensai-je, que je désirai celte fois la Bianca par amour-propre, ou que je désire aujourd'hui la Grimani par amour ?

Il n'y avait pas moyen de m'élancer, en chantant d'un air dégagé, dans la campagne, comme jadis j'avais bondi sur la grève du Lido, pour me venger d'une innocente coquetterie. Je n'avais pas d'autre parti à prendre que de me rasseoir, et je n'avais d'autre vengeance à exercer que de recommencer sur le piano la quinte majeure : *A-mi-la-E-si-mi.*

Il faut convenir que cette façon d'exhaler mon dépit ne pouvait pas être bien triomphante. Un imperceptible sourire voltigea au coin de la lèvre de la signora, lorsque je pliai les genoux pour me rasseoir, et il me sembla lire ces mots charmants écrits sur sa physionomie : Lélio, vous êtes un enfant. Mais, lorsque je me relevai brusquement, prêt à faire rouler le piano au fond de la chambre pour voler à ses pieds, je lus clairement dans sa noire prunelle ces mots terribles : Monsieur, vous êtes un fou.

La signora Aldini, pensai-je, avait vingt-deux ans, j'en avais quinze ou seize, et j'en ai plus de vingt-deux. Que j'aie été dominé par la Bianca, c'est tout simple ; mais que je sois joué par celle-ci, ce n'est pas dans l'ordre. Donc, il faut du sang froid. Je me rassis avec calme, en disant :

« Pardon, signora, si je regarde l'heure à la pendule ; je ne puis rester longtemps, et ce piano me paraît en assez bon état pour que je retourne à mes affaires.

— En bon état ! répondit-elle avec un mouvement d'humeur bien marqué. Vous l'avez mis en si bon état que je crains de n'en jouer de ma vie. Mais j'en suis bien fâchée ; vous avez entrepris de l'accorder : il faut, seigneur Lélio, que vous en veniez à votre honneur.

— Signora, repris-je, je ne tiens pas plus à accorder ce piano que vous ne tenez à en jouer. Si j'ai obéi à votre commandement en revenant ici, c'est afin de ne pas vous compromettre en cessant brusquement cette feinte. Mais Votre Seigneurie doit comprendre que la plaisanterie ne peut pas durer éternellement ; que le troisième jour cela commence à n'être plus divertissant pour elle, et que le quatrième cela serait un peu dangereux pour moi-même. Je ne suis ni assez riche ni assez illustre pour avoir du temps à perdre. Votre Seigneurie voudra bien permettre que je me retire dans quelques minutes, et que ce soir un véritable accordeur vienne achever ma besogne, en alléguant que son confrère est malade et l'a envoyé à sa place. Je puis, sans livrer notre petit secret et sans me faire connaître, trouver un remplaçant qui me saura gré d'une bonne pratique de plus. »

La signora ne répondit pas un mot ; mais elle devint pâle comme la mort, et de nouveau je me sentis vaincu. Le cousin rentra. Je ne pus réprimer un mouvement d'impatience. La signora s'en aperçut, et de nouveau elle triompha ; et de nouveau, voyant bien que je ne voulais pas m'en aller, elle se fit un jeu de mes secrètes agitations.

Elle redevint vermeille et sémillante. Elle fit à son cousin mille agaceries qui tenaient un milieu si juste entre la tendresse et l'ironie, que ni lui ni moi ne sûmes bientôt à quoi nous en tenir. Puis tout d'un coup, lui tournant le dos et s'approchant de moi, elle me pria, à voix basse et d'un air mystéreux, de tenir le piano à un quart de ton au-dessous du diapason, parce qu'elle avait une voix de contr'alto. Qui voulait-elle mystifier du cousin ou de moi, en me disant ce grand secret d'un air si important? Je faillis aller donner une poignée de main à Hector, tant notre figure me parut également sotte et notre position ridicule. Mais je vis que le bon jeune homme y attachait plus d'importance que moi, et il me regarda de travers d'un air si sournois et si profond, que j'eus de la peine à m'empêcher de rire. Je répondis tout bas à la Grimani et d'un air encore plus confidentiel : « Signora, j'ai prévenu vos désirs, et le piano est juste au ton de l'orchestre de San-Carlo, qu'on baissa la saison dernière à cause de mon rhume. »

La signora prit alors le bras de son cousin d'un air théâtral, et l'emmena dans le jardin avec précipitation. Comme ils restèrent à se promener devant la façade, et que je voyais leurs ombres passer et repasser sur le rideau, je me mis derrière ce rideau, et j'écoutai leur conversation.

« C'est précisément ce que je voulais vous dire, cher cousin, disait la signora. Cet homme a une figure bizarre, effrayante; il ne se doute pas de ce que c'est qu'un piano, et jamais il ne viendra à bout de l'accorder. Vous verrez ! C'est un chevalier d'industrie, n'en doutez pas. Ayons toujours l'œil sur lui, et tenez votre montre dans votre main quand il passera près de vous. Je vous jure que, pendant que je me penchais, sans me douter de rien, vers le piano, pour lui dire de le baisser, il a avancé la main pour me voler ma chaîne d'or.

— Eh ! vous raillez, ma cousine ! Il est impossible qu'un filou ait tant d'audace. Ce n'est pas du tout là ce que je veux vous dire, et vous feignez de ne pas me comprendre.

— Je feins, Hector? Vous m'accusez de feindre? Moi, feindre ! en vérité, dites-moi si vous valez la peine que je me donnerais pour inventer un mensonge?

— Cette dureté est fort inutile, ma cousine. Il paraît que je vaux du moins la peine que vous cherchiez l'occasion de m'adresser des paroles mortifiantes.

— Mais, pour Dieu, de quoi parlez-vous, mon cousin ? Et pourquoi dites-vous que cet homme...

— Je dis que cet homme n'est point un accordeur de pianos, qu'il n'accorde pas votre piano, qu'il n'a jamais accordé aucun piano. Je dis qu'il ne vous quitte pas de l'œil, qu'il épie tous vos movements, qu'il aspire toutes vos paroles. Je dis que c'est un homme qui vous aura vue quelque part, à Naples ou à Florence, au théâtre ou à la promenade, et qui est tombé amoureux de vous.

— Et qui s'est introduit ici *sous un déguisement*, pour me voir et pour me séduire peut-être, l'infâme, le scélérat ! » En prononçant ces paroles d'un ton emphatique, la signora se renversa sur un banc en riant aux éclats. Comme je vis le cousin s'approcher de la porte du salon d'un air presque furieux, je retournai à mon poste, et, m'armant du marteau d'accordage, je résolus de l'en assommer s'il essayait de m'outrager ; car j'avais déjà pressenti l'homme qui s'arrange de manière à ne pas se battre, et qui appelle ses valets quand on le brave à portée de l'antichambre. Il tombera raide mort avant de tirer le cordon de cette sonnette, pensai-je en serrant le marteau dans ma main et en jetant un rapide regard autour de moi. Mais mon aventure ne garda pas longtemps cette tournure dramatique.

Je revis au bras de son cousin, se promenant sur la terrasse, et de temps en temps s'arrêtant devant la porte de glaces entr'ouverte, pour me regarder, elle, d'un air railleur, lui, d'un air embarrassé. Je ne savais plus ce qui se passait entre eux, et la colère me montait de plus en plus à la gorge.

Une jolie soubrette se trouva tout d'un coup en tiers sur la terrasse. La signora lui parlait d'un ton animé, tantôt riant, tantôt prenant un air absolu. La soubrette semblait hésiter ; le cousin semblait supplier sa cousine de ne pas faire d'extravagance. Enfin la soubrette vint à moi d'un air confus, et me dit en rougissant jusqu'à la racine des cheveux : « Monsieur, la signora m'ordonne de vous dire, en propres termes, que vous êtes un insolent, et que vous feriez bien mieux d'accorder le piano que de la regarder comme vous faites. Pardon, Monsieur... Je crois bien que c'est une plaisanterie. — Et je le prends ainsi, répondis-je ; mais répondez à la Signora que je lui présente mon profond respect, et que je la prie de ne pas me croire assez insolent pour la regarder. Je n'y pensais pas le moins du monde ; et, s'il faut vous dire la vérité, à vous, ma belle enfant, c'est vous que je voyais au milieu de la prairie, et qui m'occupiez tellement que je ne songeais plus à continuer ma besogne.

— Moi ! Monsieur, dit la soubrette en rougissant encore plus et en inclinant sa jolie tête sur son sein avec embarras. Comment pouvais-je occuper monsieur ?

— Parce que vous êtes plus jolie cent fois que votre maîtresse, » lui dis-je en passant un bras autour d'elle et en lui donnant un baiser avant qu'elle eût le temps de se douter de ma fantaisie.

C'était une belle villageoise, une sœur de lait de la signora. Elle était brune aussi, grande et svelte, mais timide dans sa démarche, et aussi naïve, aussi douce dans son maintien que sa jeune maîtresse était résolue et rusée. Elle tomba dans un tel trouble en se voyant ainsi embrassée par surprise devant la signora, qui s'était approchée jusqu'au seuil du salon, entraînant son imbécile cousin, qu'elle s'enfuit en cachant son visage dans son tablier bleu brodé d'argent. La signora, qui ne s'attendait pas davantage à me voir prendre si philosophiquement ses impertinences, recula d'un pas, et le cousin, qui n'avait rien vu, répéta plusieurs fois de suite : « Qu'est-ce qu'il y a? Qu'est-ce que c'est? » La pauvre fillette continua de fuir sans vouloir répondre, et la signora éclata d'un rire forcé dont je feignis de ne pas m'apercevoir.

Au bout de peu d'instants, je la vis reparaître seule. Elle avait une expression de visage qui voulait être sévère, et qui était émue et troublée. « Il est heureux pour vous et pour moi, Monsieur, dit-elle d'une voix un peu altérée, que mon cousin soit crédule et simple ; car sachez qu'il est jaloux et querelleur.

— En vérité, Mademoiselle? répondis-je gravement.

— Ne raillez pas, Monsieur, reprit-elle avec dépit. On peut être aisé à tromper quand on aime ; mais on est brave quand on s'appelle Grimani.

— Je n'en doute point, Mademoiselle, répondis-je sur le même ton.

— Je vous prie donc, Monsieur, reprit-elle encore avec une véhémence involontaire, de ne plus vous montrer ici ; car toutes ces plaisanteries pourraient mal finir.

— C'est comme il vous plaira, Mademoiselle, répondis-je toujours imperturbable.

— Il me paraît cependant, Monsieur, qu'elles vous divertissent beaucoup ; car vous ne paraissez pas disposé à les terminer.

— Si je m'en amuse, signora, c'est par obéissance, comme on s'amuse en Italie sous le règne du grand Napoléon. Je voulais me retirer il y a une heure, et c'est vous qui n'avez pas voulu.

— Je ne l'ai pas voulu? Osez-vous dire que je ne l'ai pas voulu?

— Je voulais dire, signora, que vous n'y avez pas songé ; car j'attendais que vous me donnassiez un prétexte pour me retirer d'une manière tant soit peu vraisemblable au beau milieu de ma besogne, et il m'était impossible, quant à moi, de l'imaginer. Cela serait si peu naturel dans l'état où est le piano, et j'ai une si ferme volonté de ne rien faire qui puisse vous compromettre, que je reviendrai demain...

— Vous ne le ferez pas...

— J'en demande bien pardon à Votre Seigneurie, je reviendrai.

— Et pourquoi donc, Monsieur ? Et de quel droit ?
— Je reviendrai pour satisfaire la curiosité du seigneur Hector, qui est fort intrigué de savoir qui je suis, et j'y reviendrai du droit que vous m'avez donné de faire face à l'homme avec qui vous avez voulu rire de moi.
— Est-ce une menace, seigneur Lélio? dit-elle en cachant sa frayeur sous le manteau de son orgueil.
— Non, signora. Un homme qui ne veut pas reculer devant un autre homme n'est pas un homme qui menace.
— Mais mon cousin ne vous a rien dit, Monsieur; c'est contre son gré que je vous ai fait ces plaisanteries.
— Mais il est jaloux et querelleur... De plus, il est brave. Moi, je ne suis pas jaloux, signora, je n'en ai ni le droit ni la fantaisie. Mais je suis querelleur aussi, et peut-être que, moi aussi, bien que je ne m'appelle pas Grimani, je suis brave; qu'en savez-vous?
— Oh ! je n'en doute pas, Lélio ! » s'écria-t-elle avec un accent qui me fit frémir de la tête aux pieds, tant il était différent de ce que j'entendais depuis trois jours.
Je la regardai avec surprise; elle baissa les yeux d'un air à la fois modeste et fier. Je fus désarmé encore une fois. « Signora, repris-je, je ferai ce que vous voudrez, rien que ce que vous voudrez, comme vous le voudrez. »
Elle hésita un instant. « Vous ne pouvez pas revenir comme accordeur de pianos, dit-elle, vous me compromettriez; car mon cousin va certainement dire à ma tante qu'il vous soupçonne d'être un chercheur d'aventures galantes; et, si ma tante le sait, elle le dira à ma mère. Or, monsieur Lélio, sachez que je ne me soucie que d'une personne au monde, c'est de ma mère ; que je ne crains qu'une chose au monde, c'est le déplaisir de ma mère. Elle m'a pourtant bien mal élevée, vous le voyez; elle m'a horriblement gâtée... mais elle est si bonne, si douce, si tendre, si triste... Elle m'aime tant... si vous saviez!... » Une grosse larme roula sur la noire paupière de la signora; elle essaya quelques instants de la retenir, mais elle vint tomber sur sa main. Ému, pénétré et terrassé par le terrible dieu avec lequel on ne joue pas en vain, je portai mes lèvres sur cette belle main, et je dévorai cette belle larme, poison subtil qui mit le feu dans mon sein. J'entendis revenir le cousin, et, me levant précipitamment : « Adieu, signora, lui dis-je, je vous obéirai aveuglément, je le jure sur mon honneur : si monsieur votre cousin m'offense, je me laisserai insulter; je serai lâche plutôt que de vous faire verser une seconde larme... » Et, la saluant jusqu'à terre, je me retirai. Le cousin ne me parut pas aussi belliqueux qu'elle me l'avait dépeint; car il me salua le premier, lorsque je passai devant lui. Je me retirai lentement, pénétré de tristesse ; car j'aimais, et je devais ne pas revenir. En devenant sincère, mon amour devenait généreux.

Je me retournai plusieurs fois pour voir la robe de velours de la signora; mais elle avait disparu. Au moment où je franchissais la grille du parc, je l'aperçus dans une petite allée qui longeait la muraille intérieurement. Elle avait couru pour se trouver là en même temps que moi, et elle s'efforçait de prendre une démarche lente et rêveuse pour me faire croire que le hasard amenait cette rencontre; mais elle était tout essoufflée, et ses beaux bandeaux de cheveux noirs s'étaient dérangés le long des branches qu'elle avait rapidement écartées pour venir à travers le taillis. Je voulus m'approcher d'elle, elle me fit un signe comme pour m'indiquer qu'on la suivait. J'essayai de franchir la grille ; je ne pouvais pas m'y décider. Elle me fit alors un signe d'adieu accompagné d'un regard et d'un sourire ineffables. En cet instant elle fut belle comme je ne l'avais point encore vue. Je mis une main sur mon cœur, l'autre sur mon front, et je m'enfuis, heureux et amoureux déjà comme un fou. Les branches avaient frémi à quelques pas derrière la signora ; mais, là comme ailleurs, le cousin n'arrivait pas à temps : j'avais disparu.

Je trouvai chez moi une lettre de la Checchina. « Je me suis mise en route pour aller te rejoindre, me disait-elle, et me reposer sous les doux ombrages de Cafaggiolo des fatigues du théâtre. J'ai versé à San-Giovani; j'en suis quitte pour quelques contusions; mais ma voiture est brisée. Les maladroits ouvriers de ce village me demandent trois jours pour la réparer. Prends ta calèche, et viens me chercher, si tu ne veux que je périsse d'ennui dans cette auberge de muletiers, etc. » Je partis une heure après, et, au point du jour, j'arrivai à San-Giovani. « Comment se fait-il que tu sois seule? » lui dis-je en essayant de me débarrasser de ses grands bras et de ses fraternelles accolades, insupportables pour moi depuis ma maladie, à cause des parfums dont elle faisait un usage immodéré, soit qu'elle crût ainsi imiter les grandes dames, soit qu'elle aimât de passion tout ce qui flatte les sens. « Je me suis brouillée avec Nasi, me dit-elle; je l'ai planté là, et je ne veux plus entendre parler de lui ! — Ce n'est pas très-sérieux, repris-je, puisque pour le fuir tu vas t'installer chez lui. — C'est très-sérieux, au contraire; car je lui ai défendu de me suivre. — Et c'est pour lui en ôter les moyens, apparemment, que tu prends sa voiture pour te sauver, et que tu la brises en chemin ? — C'est sa faute ; il fallait bien presser les postillons; pourquoi a-t-il la mauvaise habitude de courir après moi ? J'aurais voulu le tuer en versant, et qu'il arrivât pour me voir expirer, et pour apprendre ce que c'est que de contrarier une femme comme moi. — C'est-à-dire une folle. Mais tu n'auras pas le plaisir de mourir pour te venger, puisque d'une part tu ne t'es pas fait de mal, et que de l'autre il n'a pas couru après toi. — Oh ! il aura passé ici cette nuit sans se douter que j'y suis, et tu l'auras croisé en venant. Nous allons le trouver à Cafaggiolo. — Il est assez insensé pour cela. — Si j'en étais sûre, je voudrais rester ici huit jours cachée, afin de l'inquiéter, et de lui faire croire que je suis partie pour la France, comme je l'en ai menacé. — A ton plaisir, ma belle ; je te salue et te laisse ma voiture. Quant à moi, j'ai peu de goût pour ce pays et pour cette auberge. — Si tu n'étais pas un sot, tu me vengerais, Lélio ! — Merci! je me suis offensé ; tu ne l'es pas davantage, peut-être ? — Oh ! je le suis mortellement, Lélio ! — Il aura refusé de te donner pour vingt-cinq mille francs de gants blancs, et il aura voulu te donner cinquante mille francs de diamants; quelque chose comme cela, sans doute ? — Non, non, Lélio, il a voulu se marier ! — Pourvu que ce ne soit pas avec toi, c'est une envie très-pardonnable. — Et ce qu'il y a de plus affreux, c'est qu'il s'est imaginé de me faire consentir à son mariage, et conserver mes bonnes grâces. Après une pareille insulte, crois-tu qu'il a eu l'audace de m'offrir un million, à condition que je le laisserais se marier, et que je lui resterais fidèle! — Un million! diable! voilà bien le premier million que je te vois refuser, ma pauvre Checchina. Il y aurait de quoi entretenir la famille royale avec les millions que tu as méprisés ! — Tu plaisantes toujours, Lélio. Un jour viendra où tu verras que, si j'avais voulu j'aurais pu être reine tout comme une autre. Les sœurs de Napoléon sont-elles donc plus belles que moi? Ont-elles plus de talent, plus d'esprit, plus d'énergie ! Ah ! que je m'entendrais bien à tenir un royaume ! — A peu près comme à tenir des livres en partie double dans un comptoir de commerce. Allons ! je vais te mettre ta robe de chambre à l'envers, et tu essuies les pleurs de tes beaux yeux avec un de tes bas de soie. Fais trêve pour quelques instants à tes rêves d'ambition, habille-toi, et partons. »

Tout en regagnant la villa de Cafaggiolo et en laissant ma compagne de voyage donner un libre cours à ses déclamations héroïques, à ses divagations et à ses hâbleries, j'arrivai, non sans peine, à savoir que le bon Nasi avait été fasciné dans un bal par une belle personne et l'avait demandée en mariage; qu'il était venu signifier sa résolution à Checchina; que celle-ci ayant pris le parti de s'évanouir et d'avoir des convulsions, il avait été tellement épouvanté par la violence de son désespoir, qu'il l'avait suppliée d'accepter un terme moyen et de rester sa maîtresse malgré le mariage. Alors la Checchina, le voyant faiblir, avait orgueilleusement refusé de partager le cœur et la bourse de son amant. Elle avait demandé des chevaux de poste et signé ou fait signer un engagement avec l'Opéra de Paris. Le débonnaire Nasi n'avait pu supporter l'idée de perdre une femme qu'il n'était pas sûr de ne plus adorer pour une femme que peut-être il n'adorait pas encore. Il avait demandé pardon à la cantatrice; il avait retiré sa demande et cessé ses démarches de mariage auprès de l'illustre beauté dont la Checchina ignorait le nom. Checchina s'était laissé attendrir; mais elle avait appris indirectement, le lendemain de ce grand sacrifice, que Nasi n'avait pas eu un grand mérite à le faire, puisqu'il venait entre la scène de fureur et la scène de raccommodement, d'être débouté de sa demande de mariage et dédaigné pour un heureux rival. La Checchina, outrée, était partie, laissant au comte une lettre foudroyante dans laquelle elle lui déclarait qu'elle ne le reverrait jamais; et, prenant la route de France, car tout chemin mène à Paris aussi bien qu'à Rome, elle courait attendre à Cafaggiolo que son amant la poursuivît et vînt mettre son corps en travers du chemin pour l'empêcher de pousser plus avant une vengeance dont elle commençait à s'ennuyer un peu.

Tout cela n'était pas dans le cerveau de la Checchina à l'état de calcul étroit et d'intrigue cupide. Elle aimait l'opulence, il est vrai, et ne pouvait s'en passer; mais elle avait tant de foi en sa destinée et tant d'audace dans le caractère, qu'elle risquait à chaque instant la fortune du jour pour celle du lendemain. Elle passait le Rubicon tous les matins, certaine de trouver sur l'autre rive un empire plus florissant que celui qu'elle abandonnait. Il n'y avait donc dans ces féminines rouéries rien de vil, parce qu'il n'y avait rien de craintif. Elle ne jouait pas la douleur; elle ne faisait ni fausses promesses ni feintes prières. Elle avait dans ses moments de contrariété de très-véritables attaques de nerfs. Pourquoi ses amants étaient-ils assez crédules pour prendre l'impétuosité de sa colère pour l'effet d'une douleur profonde combattue par l'orgueil? N'est-ce pas notre faute à tous quand nous sommes dupes de notre propre vanité?

D'ailleurs, quand même, pour conserver son empire, la Checchina aurait un peu joué la tragédie dans son boudoir, elle avait son excuse dans la grande sincérité de sa conduite. Je n'ai jamais rencontré de femme plus franche, plus fidèle à ses amants qui lui étaient fidèles, plus téméraire dans ses aveux lorsqu'elle était vengée, plus incapable de ressaisir sa domination au prix d'un mensonge. Il est vrai qu'elle n'aimait pas assez pour cela, et que nul homme ne lui semblait valoir la peine de se contraindre et de s'humilier à ses propres yeux par une dissimulation prolongée. J'ai souvent pensé que nous étions bien fous, nous autres, d'exiger tant de franchise quand nous apprécions si peu le mérite de la fidélité. J'ai souvent éprouvé par moi-même qu'il faut plus de passion pour soutenir un mensonge qu'il ne faut de courage pour dire la vérité. Il est si facile d'être sincère avec ce qu'on n'aime pas! il est si agréable de l'être avec ce qu'on n'aime plus!

Cette simple réflexion vous expliquera pourquoi il me fut impossible d'aimer longtemps la Checchina, et comment il me fut impossible aussi de ne pas l'estimer toujours, en dépit de ses frasques insolentes et de son ambition démesurée. Je compris vite que c'était une détestable amante et une excellente amie, et puis, il y avait une sorte de poésie dans cette énergie d'aventurière, dans ce détachement des richesses, inspiré par l'amour même des richesses; dans cette fatuité inconcevable, couronnée toujours d'un succès plus inconcevable encore. Elle se comparait sans cesse aux sœurs de Napoléon pour se préférer à elles, et à Napoléon pour s'égaler à lui. Cela était plaisant et pas trop ridicule. Dans sa sphère, elle avait autant d'audace et de bonheur que le grand conquérant. Elle n'eut jamais pour amants que des hommes jeunes, riches, beaux, et honnêtes; et je ne crois pas qu'un seul se soit jamais plaint d'elle après l'avoir quittée ou perdue; car au fond elle était grande et noble. Elle savait toujours racheter mille puérilités et mille malices par un acte décisif de force et de bonté. Enfin, pour tout dire, elle était brave au moral et au physique, et les gens de ce tempérament valent toujours quelque chose, où qu'ils soient et quoi qu'ils fassent.

« Ma pauvre enfant, lui disais-je chemin faisant, tu vas être bien attrapée si Nasi te prend au mot et te laisse partir pour la France. — Il n'y a pas de danger, disait-elle en souriant, oubliant qu'elle venait de me dire que pour rien au monde elle ne se laisserait fléchir par ses soumissions. — Mais enfin, supposons que cela arrive, que feras-tu? Tu n'as rien au monde, et tu n'as pas coutume de garder les dons des amants que tu quittes. C'est pour cela que je t'estime un peu, malgré tous tes crimes. Voyons, dis-moi, que vas-tu devenir? — J'aurai du chagrin, me répondit-elle; oui, vraiment, Lélio, j'aurai des regrets; car Nasi est un digne homme, un excellent cœur. Je parie que je pleurerai pendant... je ne sais pas combien de temps! Mais enfin on a une destinée ou on n'en a pas. Si Dieu veut que j'aille en France, c'est apparemment parce que je n'ai plus rien d'heureux à rencontrer en Italie. Si je me sépare de ce bon et tendre amant, c'est sans doute que là-bas un homme plus dévoué et plus courageux m'attend pour m'épouser, et pour prouver au monde que l'amour est au-dessus de tous les préjugés. N'en doute pas, Lélio, je serai princesse, reine peut-être. Une vieille sorcière de Malamocco me l'a prédit dans mon horoscope, lorsque je n'avais que quatre ans, et je l'ai toujours cru; preuve que cela doit être! — Preuve concluante, repris-je, argument sans réplique! Reine de Barataria, je te salue!

— Qu'est-ce que c'est que la Barataria? Est-ce que c'est le nouvel opéra de Cimarosa?

— Non, c'est le nom de l'étoile qui préside à ta destinée. »

Nous arrivâmes à Cafaggiolo et n'y trouvâmes point Nasi. « Ton étoile pâlit, la fortune t'abandonne, » dis-je à la Chioggiote. Elle se mordit les lèvres et reprit aussitôt avec un sourire : « Avant le lever du soleil, il y a toujours des brouillards sur les lagunes. Dans tous les cas, il faut prendre des forces, afin d'être préparé aux coups de la destinée. » En parlant ainsi, elle se mit à table, avala presque une daube truffée; après quoi elle dormit douze heures sans désemparer, passa trois heures à sa toilette, et pétilla d'esprit et d'absurdité jusqu'au soir. Nasi n'arriva point.

Pour moi, au milieu de la gaieté et de l'animation que cette bonne fille avait apportée dans ma solitude, j'étais préoccupé du souvenir de mon aventure à la villa Grimani, et tourmenté du désir de revoir ma belle patricienne. Mais quel moyen? Je me creusais vainement l'esprit pour en trouver un qui ne la compromît pas. En la quittant, je m'étais juré de ne faire aucune imprudence. En repassant dans ma mémoire le souvenir de ces derniers instants où elle m'avait semblé si naïve et si touchante, je sentais que je ne pouvais plus agir légèrement envers elle sans perdre ma propre estime. Je n'osais pas prendre des informations sur son entourage, encore moins sur son intérieur; je n'avais voulu être pour personne dans les environs, et maintenant j'en étais presque fâché; car j'eusse pu apprendre par hasard ce que je n'osais demander directement. Le domestique qui me servait était un Napolitain arrivé avec moi et comme moi pour la première fois dans le pays. Le jardinier était idiot et sourd. Une vieille femme de charge, qui tenait la maison depuis l'enfance de Nasi, eût pu m'instruire peut-être; mais je n'osais l'interroger, elle était curieuse et bavarde. Elle s'inquiétait beaucoup de savoir où j'allais, et, pendant les trois jours que je ne lui avais pas rapporté de gibier, ni rendu compte de mes promenades, elle était si intriguée, que je tremblais qu'elle ne vînt à découvrir mon roman. Un nom seul eût pu la mettre sur la voie. Je me gardai donc bien de le prononcer. Je ne voulais pas aller à Florence, j'y étais trop connu; je m'y serais à peine montré, que j'eusse été inondé de visites. Or, dans la disposition maladive et misanthropique qui m'avait fait chercher la retraite de Cafaggiolo, j'avais caché mon nom et mon état tant aux gens des environs qu'aux serviteurs de la maison même. Je devais garder plus que jamais mon incognito; car je présumais que le comte allait arriver, et que ses velléités de mariage pourraient bien lui faire désirer d'ensevelir dans le mystère la présence de la Checchina dans sa maison.

Deux jours s'écoulèrent ainsi sans que Nasi revînt, lui

qui eût pu m'éclairer, et sans que j'ossasse faire un pas dehors. La Checchina fut prise de vives douleurs et d'un gros rhume par suite des mésaventures de son voyage. Peut-être, ne sachant quelle figure faire vis-à-vis de moi, ne voulant pas avoir l'air d'attendre son infidèle après avoir juré qu'elle ne l'attendrait pas, n'était-elle pas fâchée d'avoir un prétexte pour rester à Cafaggiolo.

Un matin, ne pouvant y tenir, car cette signorina de quinze ans me trottait par la tête avec ses petites mains blanches et ses grands yeux noirs, je pris mon carnier, j'appelai mon chien, et je partis pour la chasse, n'oubliant que mon fusil. Je rôdai vainement autour de la villa Grimani ; je n'aperçus pas un être vivant, je n'entendis pas un bruit humain. Toutes les grilles du parc étaient fermées, et je remarquai que dans la grande allée, d'où l'on apercevait le bas de la façade, on avait abattu de gros arbres, dont le branchage touffu intercepta it complétement la vue. Était-ce à dessein qu'on avait dressé ces barricades? Était-ce une vengeance du cousin? Était-ce une précaution de la tante? Était-ce une malice de mon héroïne elle-même? Si je le croyais! me disais-je. Mais je ne le croyais pas. J'aimais bien mieux supposer qu'elle gémissait de mon absence et de sa captivité, et je faisais pour sa délivrance mille projets plus ridicules les uns que les autres.

En rentrant à Cafaggiolo, je trouvai dans la chambre de la Checchina une belle villageoise que je reconnus aussitôt pour la sœur de lait de la Grimani. « Voilà, me dit la Checchina, qui l'avait fait fait asseoir sans façon sur le pied de son lit, une belle enfant qui ne veut parler qu'à toi, Lélio. Je l'ai prise sous ma protection, parce que la vieille Cattina voulait la renvoyer insolemment. Moi, j'ai bien vu à son petit air modeste que c'est une honnête fille, et je ne lui ai pas fait de questions indiscrètes. N'est-ce pas, ma pauvre brunette? Allons, ne soyez pas honteuse, et passez dans le salon avec M. Lélio. Je ne suis pas curieuse, allez ; j'ai autre chose à faire qu'à tourmenter mes amis.

— Venez, ma chère enfant, dis-je à la soubrette, et ne craignez rien; vous n'avez affaire ici qu'à d'honnêtes gens. »

La pauvre fille restait debout, éperdue, et triste à faire pitié. Bien qu'elle eût eu le courage de cacher jusque-là le motif de sa visite, elle tirait de sa poche et montrait à demi, dans son trouble, un billet qu'elle y renfonçait de nouveau, partagée entre le soin de son honneur et celui de l'honneur de sa maîtresse. « Oh ! mon Dieu! dit-elle enfin d'une voix tremblante, si madame allait croire que je viens ici dans de mauvaises intentions!... — Moi, je ne crois rien du tout, ma pauvrette, s'écria la bonne Checchina en ouvrant un livre et en lisant à travers un lorgnon, bien qu'elle eût une vue excellente, car elle croyait qu'il était de bon air d'avoir les yeux faibles. — C'est que madame a l'air si bon, et m'a reçue avec tant de confiance, reprit la jeune fille. — Votre air inspire cette confiance à tout le monde, repartit la cantatrice, et si je suis bonne avec vous, c'est que vous le méritez. Allez, allez, je ne suis pas indiscrète, contez vos affaires à M. Lélio, cela ne me fâchera pas le moins du monde. Allons, Lélio, emmène-la donc! Pauvre petite ! elle se croit perdue. Va, mon enfant, les comédiens sont d'aussi braves gens que les autres, sois-en sûre. »

La jeune fille fit une profonde révérence et me suivit dans le salon. Son cœur battait à briser le lacet de son corsage de velours vert, et ses joues étaient écarlates comme sa jupe. Elle se hâta de tirer la lettre de sa poche, et, en me la remettant, elle recula de trois pas, tant elle craignait que je ne fusse aussi insolent avec elle que la première fois. Je la rassurai par le calme de mon maintien, et lui demandai si elle avait quelque chose de plus à me dire. « Il faut que j'attende la réponse, me dit-elle d'un air d'angoisse. — Eh bien, lui dis-je, allez l'attendre dans l'appartement de madame. » Et je la reconduisis auprès de la Checchina. « Cette brave fille, lui dis-je, veut entrer au service d'une dame de Florence que je connais particulièrement, et elle vient me demander une lettre de recommandation. Pendant que je vais l'écrire, voulez-vous permettre qu'elle reste près de vous? — Oui, oui, certes! » dit la Checchina en lui faisant signe de s'asseoir, et en lui souriant d'un air de protection amicale. Cette douceur et cette simplicité de manières envers les gens de son ancienne condition étaient au nombre des belles qualités de la Chioggiote. En même temps qu'elle minaudait les allures de la grande dame, elle conservait la bonté brusque et naïve de la batelière. Ses manières, souvent ridicules, étaient toujours bienveillantes; et, si elle aimait à trôner dans un lit de satin garni de dentelles devant cette pauvre villageoise, elle n'en avait pas moins dans le cœur et sur les lèvres de tendres encouragements pour son humilité.

La lettre de la signora était conçue en ces termes :

« Trois jours sans revenir ! Ou vous n'avez guère d'esprit, ou vous n'avez guère d'envie de me revoir. Est-ce donc à moi de trouver le moyen de continuer nos amicales relations? Si vous ne l'avez pas cherché, vous êtes un sot; si vous ne l'avez pas trouvé, vous êtes ce que vous m'accusez d'être. La preuve que je ne suis *ne superba, ne stupida*, c'est que je vous donne un rendez-vous. Demain matin dimanche, je serai à la messe de huit heures à Florence, à *Santa-Maria del Sasso*. Ma tante est malade ; Lila, ma sœur de lait, doit seule m'accompagner. Si le domestique et le cocher vous remarquent ou vous interrogent, donnez-leur de l'argent, ce sont des coquins. Adieu, à demain. »

Répondre, promettre, jurer, remercier, et remettre à la belle Lila le plus ampoulé des billets d'amour, ce fut l'affaire de peu d'instants. Mais quand je voulus glisser une pièce d'or dans la main de la messagère, j'en fus empêché par un regard plein de tristesse et de dignité. Elle avait cédé par dévouement à la fantaisie de sa maîtresse ; mais il était évident que sa conscience lui reprochait cet acte de faiblesse, et que lui en offrir le paiement, c'eût été la châtier et l'humilier cruellement. Je me reprochais beaucoup en cet instant le baiser que j'avais osé lui dérober pour railler sa maîtresse, et j'essayai de réparer ma faute en la reconduisant jusqu'au bout du jardin avec autant de respect et de courtoisie que j'en eusse témoigné à une grande dame.

Je fus très-agité tout le reste du jour. La Checchina s'aperçut de ma préoccupation. « Voyons, Lélio, me dit-elle à la fin du souper que nous prenions tête à tête sur une jolie petite terrasse ombragée de pampres et de jasmins ; je vois que tu es tourmenté : pourquoi ne m'ouvres-tu pas ton cœur? Ai-je jamais trahi un secret? Ne suis-je pas digne de ta confiance? Ai-je mérité qu'elle me fût retirée? — Non, ma bonne Checchina, lui répondis-je, je rends justice à la discrétion (et il est certain que la Checchina eût gardé, comme Porcia, les confidences de Brutus); mais, ajoutai-je, si tous mes secrets t'appartiennent, il en est d'autres... — Je sais ce que tu vas me dire, dit-elle avec vivacité. Il en est d'autres qui ne sont pas à toi seul et dont tu n'as pas le droit de disposer ; mais si, malgré toi, je les devine, dois-tu pousser le scrupule jusqu'à nier inutilement ce que je sais aussi bien que toi? Allons, ami, j'ai fort bien compris la visite de cette belle fille ; j'ai vu sa main dans sa poche, et, avant qu'elle m'eût dit bonjour, je savais qu'elle apportait une lettre. A l'air timide et chagrin de cette pauvre Iris (la Checchina aimait beaucoup les comparaisons mythologiques depuis qu'elle épelait l'*Aminta di Tasso* et l'*Adone del Guarini*), j'ai bien compris qu'il y avait là une véritable histoire de roman, une grande dame craignant le monde ou une petite fille risquant son établissement futur avec quelque honnête bourgeois. Ce qu'il y a de certain, c'est que tu as fait une de ces conquêtes dont vous autres hommes êtes si fiers, parce qu'elles passent pour difficiles et demandent beaucoup de cachotteries. Tu vois que j'ai deviné? » Je répondis par un sourire. « Je ne t'en demande pas davantage, reprit-elle ; je sais que tu ne dois trahir ni le nom, ni la condition de la personne ; d'ailleurs, cela ne m'intéresse pas. Mais je puis te demander si tu es enchanté ou désespéré, et tu dois me dire si je puis te servir à quelque chose.

— Si j'ai besoin de toi, je te le dirai, répondis-je ; et, quant à te faire savoir si je suis enchanté ou désespéré, je puis t'assurer que je ne suis encore ni l'un ni l'autre.

— Eh bien ! eh bien ! prends garde à l'un comme à l'autre ; car, dans les deux cas, il n'y aurait pas lieu à de si grandes émotions.

— Et qu'en sais-tu?

— Mon cher Lélio, reprit-elle d'un ton sentencieux, supposons que tu sois enchanté. Qu'est-ce qu'une femme facile de plus ou de moins dans la vie d'un homme de théâtre : le théâtre, où les femmes sont si belles, si étincelantes d'esprit? Vas-tu donc t'enivrer d'une bonne fortune du grand monde? Vanité! vanité! Les femmes du monde sont aussi inférieures à nous sous tous les rapports que la vanité est inférieure à la gloire.

— Voilà qui est modeste, je t'en félicite, répondis-je ; mais ne pourrait-on pas retourner l'aphorisme, et dire que c'est la vanité, et non l'amour, qui attire les hommes du monde aux pieds des femmes de théâtre?

— Oh ! quelle différence ! s'écria la Checchina. Une belle et grande actrice est un être privilégié de la nature et relevé par le prestige de l'art ; livrée aux regards des hommes dans tout l'éclat de sa beauté, de son talent et de sa célébrité, n'est-il pas naturel qu'elle excite l'admiration et qu'elle allume les désirs ? Pourquoi donc, vous autres, qui subjuguez la plupart d'entre nous avant les grands seigneurs ; vous, qui nous épousez quand nous avons l'humeur sédentaire, et qui prélevez vos droits sur nous quand nous avons l'âme ardente ; vous qui laissez jouer à d'autres le rôle d'amants magnifiques, et qui toujours êtes l'amant préféré, ou tout au moins l'ami du cœur ; pourquoi tourneriez-vous vos pensées vers ces patriciennes qui vous sourient du bout des lèvres, et vous applaudissent du bout des doigts? Ah ! Lélio ! Lélio ! je crains qu'ici ton bon sens ne soit fourvoyé dans quelque sotte aventure. A ta place, plutôt que d'être flatté des œillades de quelque marquise sur le retour, je ferais attention à une belle choriste, à la Torquata ou à la Gargani, par exemple... Eh oui! eh oui! s'écria-t-elle en s'animant à mesure que je souriais ; ces filles-là sont plus hardies en apparence, et je soutiens qu'elles sont moins corrompues en réalité que les Cidalises de salon. Tu ne serais pas forcé de jouer auprès d'elles une longue comédie de sentiment, ou de livrer une misérable guerre de bel esprit... Mais voilà comme vous êtes ! L'écusson d'un carrosse, la livrée d'un laquais, c'en est assez pour embellir à vos yeux le premier laideron titré qui laisse tomber sur vous un regard de protection...

— Ma chère amie, repris-je, tout cela est fort sensé ; mais il ne manque à ton raisonnement que d'être appuyé sur un fait vrai. Pour mon honneur, il y aurait bien pu, je pense, supposer que la laideur et la vieillesse ne sont pas de rigueur chez une patricienne éprise d'un artiste. Il s'en est trouvé de jeunes et belles qui ont eu des yeux, et puisque tu me forces à te dire des choses ridicules dans un langage ridicule, pour te fermer la bouche, apprends que l'objet de *ma flamme* a quinze ans, et qu'elle est belle comme la *déesse Cypris*, dont tu apprends par cœur les prouesses en bouts rimés.

— Lélio ! s'écria la Checchina en éclatant de rire, tu es le fat le plus insupportable que j'aie jamais rencontré.

— Si je suis fat, belle princesse, m'écriai-je, il y a un peu de votre faute, à ce qu'on prétend.

— Eh bien ! dit-elle, si tu ne mens pas, si ta maîtresse est digne par sa beauté des folies que tu vas faire pour elle, prends bien garde à une chose, c'est qu'avant huit jours tu seras désespéré.

— Mais qu'avez-vous donc aujourd'hui, signora Checchina, pour me dire des choses si désobligeantes ?

— Lélio, ne rions plus, dit-elle en posant sa main sur la mienne avec amitié. Je te connais mieux que tu ne te connais toi-même. Tu es sérieusement amoureux, et tu vas souffrir...

— Allons ! allons, Checca, sur tes vieux jours tu te retireras à Malamocco, et tu y diras la bonne ou la mauvaise aventure aux bateliers des lagunes ; en attendant, laisse-moi, belle sorcière, affronter la mienne sans lâches pressentiments.

— Non ! non ! Je ne me tairai pas que je n'aie tiré ton horoscope. S'il s'agissait d'une femme faite pour toi, je ne voudrais pas t'inquiéter ; mais une noble, une femme du monde, marquise ou bourgeoise, il m'importe, je leur en veux ! Quand je vois cet imbécile de Nasi me négliger pour une créature qui ne me va pas, je parie, au genou, je me dis que tous les hommes sont vains et sots. Ainsi, je te prédis que tu ne seras point aimé, parce qu'une femme du monde ne peut pas aimer un comédien ; et, si par hasard tu es aimé, tu n'en seras que plus misérable ; car tu seras humilié.

— Humilié ! Checchina, qu'est-ce que vous dites donc là?

— A quoi connaît-on l'amour, Lélio ? au plaisir qu'on donne ou à celui qu'on éprouve?...

— Pardieu ! à l'un et à l'autre ! Où veux-tu en venir ?

— N'en est-il pas du dévouement comme du plaisir ? Ne faut-il pas qu'il soit réciproque ?

— Sans doute ; après ?

— Quel dévouement espères-tu rencontrer chez ta maîtresse ? quelques nuits de plaisir ? Tu sembles embarrassé de répondre.

— Je le suis, en effet ; je t'ai dit qu'elle avait quinze ans, et je suis un honnête homme.

— Espères-tu l'épouser ?

— Epouser, moi ! une fille riche et de grande maison ! Dieu m'en préserve ! Ah çà ! tu crois donc que je suis dévoré comme toi de la matrimoniomanie ?

— Mais je suppose, moi, que tu aies envie de l'épouser ; tu crois qu'elle y consentira? tu en es sûr?

— Mais je te répète que pour le monde je ne veux épouser personne.

— Si c'est parce que tu serais mal venu à en avoir la prétention, ton rôle est triste, mon bon Lélio !

— *Corpo di Bacco !* tu m'ennuies, Checchina !

— C'est bien mon intention, cher ami de mon âme. Or donc, tu ne songes point à épouser, parce que ce serait une impertinente fantaisie de ta part, et que tu es un homme d'esprit. Tu ne songes point à séduire, parce que ce serait un crime, et que tu es un homme de cœur. Dis-moi, est-ce que ce sera bien amusant, ton roman?

— Mais, créature épaisse et positive que tu es, tu n'entends rien au sentiment. Si je veux faire une pastorale, qui m'en empêchera ?

— Une pastorale, c'est joli en musique. En amour, ce doit être bien fade.

— Mais ce n'est ni criminel ni humiliant.

— Et pourquoi es-tu si agité ? Pourquoi es-tu triste, Lélio ?

— Tu rêves, Checchina ; je suis tranquille et joyeux comme de coutume. Laissons toutes ces paroles ; je ne te recommande rien que le silence sur le peu que je t'ai dit, j'ai confiance en toi. Pour te rassurer sur ma situation d'esprit, sache seulement une chose : je suis plus fier de ma profession de comédien que jamais gentilhomme ne le fut de son marquisat. Il n'est au pouvoir de personne de m'en faire rougir. Je ne serai jamais assez fat, quoi que tu en dises, pour désirer des dévouements extraordinaires, et si un peu d'amour réchauffe mon cœur en cet instant, la joie modeste d'en inspirer un peu me suffit. Je ne nie pas les nombreuses supériorités des femmes de théâtre sur les femmes du monde. Il y a plus de beauté, de grâce, d'esprit et de feu dans les coulisses que partout ailleurs, je le sais. Il n'y a pas plus de pudeur, de désintéressement, de chasteté et de fidélité chez les grandes dames que partout ailleurs, je le sais encore. Mais la jeunesse et la beauté sont partout des idoles qui nous font plier le genou ; et quant au préjugé, c'est déjà beaucoup pour une femme élevée sous des lois tyranniques d'avoir en secret un pauvre regard et un pauvre battement de cœur pour un homme que ses préjugés mêmes lui défendent de considérer comme un être de son espèce. Ce pauvre regard, ce pauvre *palpito*, ce serait bien peu pour le vaste désir d'une grande passion ; mais je te l'ai dit, cousine, je n'en suis pas là.

Et trois ou quatre grands chiens de chasse... (Page 26.)

— Et qui te dit que tu n'y viendras pas?
— Alors il sera temps de me prêcher.
— Il sera trop tard, tu souffriras!
— Ah! Cassandra, laisse-moi vivre! »

Le lendemain, à sept heures du matin, j'errais lentement dans l'ombre des piliers de Santa-Maria. Ce rendez-vous était bien la plus grande imprudence que pût commettre ma jeune signora; car ma figure était aussi connue de la plupart des habitants de Florence que la grande route aux pieds de leurs chevaux. Je pris donc les plus minutieuses précautions pour entrer dans la ville à la lueur incertaine de l'aube, et je me tins caché sous les chapelles, la figure plongée dans mon manteau, me glissant en silence et n'éveillant point, par le moindre frôlement, les fidèles en prières parmi lesquels je cherchais à découvrir la dame de mes pensées. Je n'attendis pas longtemps : la belle Lila m'apparut au détour d'un pilier; elle me montra du regard un confessionnal vide dont la niche mystérieuse pouvait abriter deux personnes. Il y avait, dans le beau regard prompt et intelligent de cette jeune fille, quelque chose de triste qui m'alla au cœur; je m'agenouillai dans le confessional, et, peu d'instants après, une ombre noire se glissa près de moi et vint s'agenouiller à mes côtés. Lila se courba sur une chaise entre nous et les regards du public, qui, heureusement, était absorbé en cet instant par le commencement de la messe, et se prosternait bruyamment au son de la clochette de l'*introït*.

La signora était enveloppée d'un grand voile noir, et ses mains le retinrent croisé sur son visage pendant quelques instants. Elle ne me parlait point, elle courbait sa belle tête, comme si elle fût venue à l'église pour prier; mais, malgré tous ses efforts pour me paraître calme, je vis que son sein était oppressé, et qu'au milieu de son audace elle était frappée d'épouvante. Je n'osais la rassurer par des paroles tendres; car je la savais prompte à la repartie ironique, et je ne prévoyais pas quel ton elle prendrait avec moi en cette circonstance délicate. Je comprenais seulement que plus elle s'exposait avec moi, plus je devais me montrer respectueux et soumis. Avec un caractère comme le sien, l'impudence eût été promptement repoussée par le mépris. Enfin, je vis qu'il fallait le premier rompre le silence, et je la remerciai assez gauchement de la faveur de cette entrevue. Ma timidité

Voyons, Lélio, me dit-elle après souper... (Page 30.)

sembla lui rendre le courage. Elle souleva doucement le coin de son voile, appuya son bras avec plus d'aisance sur le bois du confessionnal, et me dit d'un ton demi-railleur, demi-attendri :
« De quoi me remerciez-vous, s'il vous plaît ?
— D'avoir compté sur ma soumission, Madame, répondis-je ; de n'avoir pas douté de l'empressement avec lequel je viendrais recevoir vos ordres.
— Ainsi, reprit-elle en raillant tout à fait, votre présence ici est un acte de pure soumission ?
— Je n'oserais pas me permettre de rien penser sur ma situation présente, sinon que je suis votre esclave, et qu'ayant une volonté souveraine à me manifester, vous m'avez commandé de venir m'agenouiller ici.
— Vous êtes un homme parfaitement élevé, » répondit-elle en dépliant lentement son éventail devant son visage et en remontant sa mitaine noire sur son bras arrondi, avec autant d'aisance que si elle eût parlé à son cousin.
Elle continua sur ce ton, et, en très-peu d'instants, je fus obsédé et presque attristé de son babil fantastique et mutin. « A quoi bon, me disais-je, tant d'audace pour si peu d'amour ! Un rendez-vous dans une église, à la vue de toute une population, le danger d'être découverte, maudite et reniée de sa famille et de toute sa caste, le tout pour échanger avec moi des quolibets, comme elle ferait avec une de ses amies en grande loge au théâtre ! Se plaît-elle donc aux aventures pour le seul amour du péril ? Si elle s'expose ainsi sans m'aimer, que fera-t-elle pour l'homme qu'elle aimera ? Et puis combien de fois déjà et pour qui ne s'est-elle pas exposée de la sorte ? Si elle ne l'a pas fait encore, c'est le temps et l'occasion qui lui ont manqué. Elle est si jeune ! Mais quelle énorme série d'aventures galantes ne recèle pas cet avenir dangereux, et combien d'hommes en abuseront, et combien de souillures terniront cette fleur charmante avide de s'épanouir au vent des passions ! »
Elle s'aperçut de ma préoccupation, et me dit d'un ton brusque :
« Vous avez l'air de vous ennuyer ? »
J'allais répondre, lorsqu'un petit bruit nous fit tourner la tête par un mouvement spontané. Derrière nous s'ouvrit la coulisse de bois qui ferme la lucarne grillée par laquelle le prêtre reçoit les confessions, et une tête jaune et ridée, au regard pénétrant et sévère, nous apparut

comme un mauvais rêve. Je me détournai précipitamment avant que ce tiers malencontreux eût le temps d'examiner mes traits. Mais je n'osai m'éloigner, de peur d'attirer l'attention des personnes environnantes. J'entendis donc ces paroles adressées à l'oreille de ma complice :

« Signora, la personne qui est auprès de vous n'est point venue dans la maison du Seigneur pour entendre les saints offices. J'ai vu dans toute son attitude et dans les distractions qu'elle vous donne que l'église est profanée par un entretien illicite. Ordonnez à cette personne de se retirer, ou je me verrai forcé d'avertir madame votre tante du peu de ferveur que vous portez à l'audition de la sainte messe, et de la complaisance avec laquelle vous ouvrez l'oreille aux fades propos des jeunes gens qui se glissent près de vous. »

La lucarne se referma aussitôt, et nous demeurâmes quelques instants immobiles, craignant de nous trahir par un mouvement. Alors Lila, s'approchant tout près de nous, dit à voix basse à sa maîtresse :

« Mon Dieu, retirons-nous, signora ! M. l'abbé Cignola, qui rôdait dans l'église depuis un quart d'heure, vient d'entrer dans le confessionnal et d'en ressortir presque aussitôt après vous avoir regardée sans doute par la lucarne. Je crains bien qu'il ne vous ait reconnue, ou qu'il n'ait entendu ce que vous disiez.

— Je le crois bien, car il m'a parlé, répondit la signora, dont le noir sourcil s'était froncé durant le discours de l'abbé avec une expression de bravade. Mais peu m'importe.

— Je dois me retirer, signora, dis-je en me levant ; en restant une minute de plus, j'achèverais de vous perdre. Puisque vous connaissez ma demeure, vous me ferez savoir vos volontés...

— Restez, me dit-elle en me retenant avec force. Si vous vous éloignez, je perds le seul moyen de me disculper. N'aie pas peur, Lila. Ne dis pas un mot, je te le défends. Mon cousin, dit-elle en élevant un peu la voix, donnez-moi le bras et allons-nous-en.

— Y songez-vous, signora ? Tout Florence me connaît. Jamais vous ne pourrez me faire passer pour votre cousin.

— Mais tout Florence ne me connaît pas, répondit-elle en passant son bras sous le mien et en me forçant à marcher avec elle. D'ailleurs, je suis hermétiquement voilée, et vous n'avez qu'à enfoncer votre chapeau. Allons, ayez donc mal aux dents ! Mettez votre mouchoir sur votre visage. Hé vite ! voici des gens qui me connaissent et qui me regardent. Ayez de l'assurance et doublez le pas. »

En parlant ainsi, et en marchant avec vivacité, elle gagna la porte de l'église, appuyée sur mon bras. J'allais prendre congé d'elle et m'enfoncer dans la foule qui s'écoulait avec nous, car la messe venait de finir, lorsque l'abbé Cignola nous apparut de nouveau, debout sur le portique et feignant de s'entretenir avec un des bedeaux. Son oblique regard nous salua attentivement. « N'est-ce pas, Hector, » dit la signora en passant près de lui et en penchant sa tête entre le visage de l'abbé et le mien. Lila tremblait de tous ses membres ; la signora aussi ; mais son émotion redoublait son courage. Une voiture aux armoiries et à la livrée des Grimani s'avançait à grand bruit, et le peuple, qui a toujours coutume de regarder avidement l'étalage du luxe, se pressait sous les roues et sous les pieds des chevaux. D'ailleurs, l'équipage de la vieille Grimani en particulier attirait toujours une nuée de mendiants ; car la piteuse dame avait coutume de répandre des aumônes sur son passage. Un grand laquais fut forcé de les repousser pour ouvrir la portière, et j'avançais toujours, conduisant la signora, et toujours suivi du regard inquisitorial de l'abbé Cignola. « Montez avec moi, » me dit la signora d'un ton absolu et avec un serrement de main énergique en s'élançant sur le marchepied. J'hésitais ; il me semblait que ce dernier coup d'audace allait consommer sa perte. « Montez donc, » me dit-elle avec une sorte de fureur ; et dès que je fus assis près d'elle, elle leva elle-même la glace, donnant à peine à Lila le temps de s'asseoir vis-à-vis de nous, et au domestique celui de fermer la portière. Et déjà nous roulions avec la rapidité de l'éclair à travers les rues de Florence.

« N'aie pas peur, ma bonne Lila, dit la signora en passant un de ses bras au cou de sa sœur de lait, et en lui donnant un gros baiser sur la joue ; tout cela s'arrangera. L'abbé Cignola n'a pas encore vu mon cousin, et il est impossible qu'il ait assez bien vu le seigneur Lélio aujourd'hui pour s'apercevoir plus tard de la supercherie.

— Oh ! signora, l'abbé Cignola est un homme qu'on ne trompe pas.

— Eh ! que m'importe ton abbé Cignola ? Je te dis que je fais croire à ma tante tout ce que je veux.

— Et le seigneur Hector dira bien qu'il ne vous a pas accompagnée à la messe, dis-je à mon tour.

— Oh ! pour celui-là, je vous réponds qu'il dira tout ce que je voudrai ; au besoin, je lui persuaderai à lui-même qu'il était à la messe tandis qu'il se figurait être à la chasse.

— Mais les domestiques, signora ? Le valet de pied a regardé M. Lélio avec un air singulier, et tout d'un coup il a reculé de surprise, comme s'il eût reconnu l'accordeur de pianos.

— Eh bien ! tu leur diras que j'ai rencontré cet *homme-là* dans l'église, et que je lui ai dit bonjour ; qu'il m'a dit avoir une course à faire dans nos environs, et que, comme je suis très-bonne, j'ai voulu lui épargner la peine d'y aller à pied. Nous allons le déposer devant la première maison de campagne que nous trouverons sur la route. Et tu ajouteras que je suis bien étourdie, que ma tante a bien sujet de gronder ; mais que je suis une excellente personne, quoique un peu folle, et que c'est bien affligeant de me voir toujours réprimandée. Comme ils m'aiment et que je leur ferai à chacun un petit cadeau, ils ne diront rien du tout. En voilà bien assez ; n'avez-vous pas autre chose à me dire tous deux que des condoléances sur un fait accompli ? Seigneur Lélio, comment trouvez-vous cette triste ville de Florence ? Tous ces vieux palais noirs ferrés jusqu'aux dents n'ont-ils pas l'air de prisons ? »

J'essayai de soutenir la conversation d'un air dégagé ; mais je n'étais rien moins que content. Je ne me sentais aucun goût pour des aventures où tout le risque était pour la femme et tout le tort de mon côté. Il me semblait que j'étais lestement traité, puisqu'on s'exposait pour moi à des dangers et à des malheurs qu'on ne me permettait pas de combattre ou de conjurer.

Je retombai malgré moi dans un silence pénible. La signora, ayant fait de vains efforts pour le vaincre, se tut aussi. La figure de Lila restait consternée. Nous étions sortis de la ville ; deux fois je fis remarquer que le lieu me semblait favorable pour arrêter le cocher et me déposer sur la route. Deux fois la signora s'y opposa d'un ton impérieux, disant que c'était trop près de la ville, et qu'on courait encore risque de rencontrer quelque figure de connaissance.

Depuis un quart d'heure nous ne disions plus un mot ; cette situation devenait horriblement désagréable. J'étais mécontent de la signora, qui m'avait engagé sans mon consentement dans une aventure où je ne pouvais marcher à ma guise. J'étais encore plus mécontent de moi-même pour m'être laissé entraîner à des enfantillages dont toute la honte devait retomber sur moi ; car, aux yeux des hommes les moins scrupuleux, corrompre ou compromettre une fille de quinze ans doit toujours être considéré comme une lâche et mauvaise action. J'allais décidément arrêter le cocher pour descendre, lorsqu'en me retournant vers mes compagnes de voyage je vis le visage de la signora inondé de larmes silencieuses. Je fis une exclamation de surprise, et, par un mouvement irrésistible, je pris sa main ; mais elle me la retira brusquement, et, se jetant au cou de Lila qui pleurait aussi, elle cacha, en sanglotant, sa tête dans le sein de sa fidèle soubrette.

« Au nom du ciel ! qu'avez-vous à pleurer d'une manière si déchirante, ma chère signora ? m'écriai-je en me laissant glisser presque à ses genoux. Si vous ne voulez pas me voir partir désespéré, dites-moi si cette malheureuse aventure est la cause de vos larmes, et si je puis détourner de vous les malheurs que vous redoutez. »

Elle releva sa tête penchée sur l'épaule de Lila, et me regardant avec une sorte d'indignation :

« Vous me croyez donc bien lâche! me dit-elle.

— Je ne crois rien, répondis-je, rien que ce que vous me direz. Mais vous vous détournez de moi et vous pleurez; comment puis-je savoir ce qui se passe dans votre âme? Ah! si je vous ai offensée ou si je vous ai déplu, si je suis la cause involontaire de votre chagrin, comment pourrais-je jamais me le pardonner?

— Ah! vous croyez que j'ai peur? répéta-t-elle avec une sorte d'amertume tendre. Vous me voyez pleurer, et vous dites : C'est une petite fille qui craint d'être grondée! »

Elle se mit à pleurer à chaudes larmes en cachant son visage dans son mouchoir. Je m'efforçais de la consoler, je la suppliais de me répondre, de me regarder, de s'expliquer; et, dans cet instant de trouble et d'attendrissement, je fus entraîné par un mouvement si paternel et si amical, que le hasard amena sur mes lèvres, au milieu des doux noms de la suppliais le lui donnais, le nom d'un enfant qui m'avait été bien cher. Ce nom, j'avais gardé depuis longues années l'habitude de le donner involontairement à tous les beaux enfants que j'avais occasion de caresser.

« Ma chère signorina, lui dis-je, ma bonne Alezia... » Je m'arrêtai, craignant de l'avoir offensée en lui donnant par mégarde un nom qui n'était pas le sien. Mais elle n'en parut pas offensée; elle me regarda avec une peu de surprise et me laissa prendre sa main que je couvris de baisers.

Cependant la voiture avançait rapide comme le vent, et avant que j'eusse pu obtenir l'explication que je demandais ardemment, Lila nous avertit qu'elle apercevait la villa Grimani, et qu'il fallait absolument nous séparer.

« Eh quoi! vais-je vous quitter ainsi? m'écriai-je, et combien de temps vais-je me consumer dans cette affreuse inquiétude?

— Eh bien! me dit-elle, venez ce soir dans le parc, le mur n'est pas bien haut. Je serai dans la petite allée qui longe le mur, auprès d'une statue que vous trouverez aisément en partant de la grille et en marchant toujours à droite. A une heure de la nuit! »

Je baisai de nouveau les mains de la signora.

— Oh! signora, signora! dit Lila d'un ton de reproche doux et triste.

— Lila, ne me contrarie pas, dit la signora avec véhémence; tu sais ce que je t'ai dit ce matin. »

Lila parut consternée.

« Qu'a donc dit la signora? demandai-je à la jeune fille.

— Elle veut se tuer, répondit Lila en sanglotant.

— Vous tuer, signora! m'écriai-je. Vous si belle, si gaie, si heureuse, si aimée!

— Si aimée, Lélio! répondit-elle d'un air désespéré, et de qui donc suis-je aimée? de ma pauvre mère seulement et de cette bonne Lila.

— Et du pauvre artiste qui n'ose pas vous le dire, repris-je, et qui pourtant donnerait sa vie pour vous faire aimer la vôtre.

— Vous mentez! dit-elle avec force; vous ne m'aimez pas! »

Je saisis convulsivement son bras et je la regardai stupéfait. En ce moment la voiture s'arrêta brusquement. Lila venait de tirer le cordon. Je m'élançai à terre, et j'essayai, en saluant, de reprendre l'humble attitude de l'accordeur de pianos. Mais ces deux jeunes filles, qui avaient les yeux rouges, n'échappèrent point à l'œil clairvoyant du valet de pied. Il me regarda avec une attention très-grande, et, quand la voiture s'éloigna, il se retourna plusieurs fois pour me suivre des yeux. Je crus bien me rappeler confusément ses traits; mais je n'avais pas osé le regarder en face, et je ne pensais guère à chercher où j'avais rencontré cette grosse face pâle et barbue.

— Lélio, Lélio! me dit la Checchina en soupant, vous êtes bien joyeux aujourd'hui. Prenez garde de pleurer demain, mon enfant. »

A minuit, j'avais escaladé le mur du parc; mais à peine avais-je fait quelques pas dans l'allée qu'une main saisit mon manteau. A tout événement, je m'étais muni de ce que dans mon village nous appelions un petit couteau de nuit; j'allais en faire briller la lame, lorsque je reconnus la belle Lila.

« Un mot bien vite, seigneur Lélio, me dit-elle à voix basse; ne dites pas que vous êtes marié.

— Qu'est-ce à dire, mon aimable enfant? Je ne le suis pas.

— Cela ne me regarde pas, reprit Lila; mais je vous en supplie, ne parlez pas de cette dame qui demeure avec vous.

— Tu es donc dans mes intérêts, ma bonne Lila?

— Oh! non, Monsieur, certainement, non! Je fais tout ce que je peux pour empêcher la signora de commettre toutes ces imprudences. Mais elle ne m'écoute pas, et si je lui disais ce qui peut et ce qui doit l'éloigner pour toujours de vous... je ne sais ce qui en arriverait!

— Que veux-tu dire? Explique-toi.

— Hélas! vous avez vu aujourd'hui combien elle est exaltée. C'est un caractère si singulier! Quand on la chagrine, elle est capable de tout. Il y a un mois, lorsqu'on l'a séparée de sa mère pour l'enfermer ici, elle a parlé de prendre du poison. Chaque fois que sa tante, qui est bien grondeuse, de la vérité, l'impatiente, elle a des attaques de nerfs qui tournent presque à la folie; et hier soir, comme je me hasardais à lui dire que peut-être vous aimiez quelqu'un, elle s'est élancée vers la fenêtre de sa chambre, en criant comme une folle : « Ah! si je le croyais!... » Je me suis jetée sur elle, je l'ai délacée, j'ai fermé ses fenêtres, je ne l'ai pas quittée de la nuit, et toute la nuit elle a pleuré, ou bien elle s'endormait pour se réveiller en sursaut et courait dans la chambre comme une insensée. Ah! monsieur Lélio, elle me donne bien du chagrin, je l'aime tant! car, malgré ses emportements et ses bizarreries, elle est si bonne, si aimante, si généreuse! Ne l'exaspérez pas, je vous en supplie; vous êtes un honnête homme, j'en suis sûre, je le sais; et puis à Naples tout le monde le disait, et la signora écoutait avec passion toutes les bonnes actions qu'on racontait de vous. Vous ne la tromperez donc pas, et puisque vous aimez cette belle dame que j'ai vue chez vous...

— Et qui te prouve que je l'aime, Lila? C'est ma sœur.

— Oh! monsieur Lélio, vous me trompez! car j'ai demandé à cette dame si vous étiez son frère, et elle m'a dit que non. Vous penserez que cela ne me regarde pas, et que je suis bien curieuse. Non, je ne suis pas curieuse, seigneur Lélio; mais je vous conjure d'avoir de l'amitié pour ma pauvre maîtresse, de l'amitié comme un frère en a pour sa sœur, comme un père pour sa fille. Songez donc! c'est une enfant qui sort du couvent et qui n'a pas l'idée du mal qu'on peut dire d'elle. Elle dit qu'elle s'en moque; mais je sais bien, moi, comment elle prend les choses quand elles arrivent. Parlez-lui bien doucement, faites-lui comprendre que vous ne pouvez la voir en cachette; mais promettez-lui d'aller la voir chez sa mère quand nous retournerons à Naples; car sa mère est si bonne, et elle aime tant sa fille, que, pour lui faire plaisir, je suis sûre qu'elle vous inviterait à venir chez elle. Peut-être qu'ainsi la folie de mademoiselle s'apaisera peu à peu. Avec des amusements, des distractions, on lui fait souvent changer d'idée. Je lui ai parlé du beau chat angora que j'ai vu dans votre salon et qui vous caressait pendant que vous lisiez sa lettre, si bien que vous lui avez donné un grand coup de pied pour le renvoyer. Ma maîtresse n'aime pas du tout les chiens; mais, en revanche, elle a l'amour des chats. Il lui a pris une si grande envie d'avoir le vôtre, que vous devriez lui en faire cadeau; je suis sûre que cela l'occuperait et l'égaierait pendant quelques jours.

— S'il ne faut que mon chat, répondis-je, pour consoler ta maîtresse de mon absence, le mal n'est pas bien grand, et le remède est facile. Sois bien sûre, Lila, que je me conduirai avec ta maîtresse comme un père et un ami. Aie confiance en moi; mais laisse-moi la rejoindre, car elle m'attend peut-être.

— Oh! monsieur Lélio, encore un mot. Si vous voulez que mademoiselle vous écoute, n'allez pas lui dire que les gens du peuple valent les gens de qualité. Elle est entichée de sa noblesse... Que cela ne vous donne pas mau-

vaise opinion d'elle, c'est une maladie de famille ; ils sont tous comme cela dans la maison Grimani. Mais cela n'empêche pas ma jeune maîtresse d'être bonne et charitable. C'est seulement une idée qu'elle a dans la tête, et qui la fait entrer dans de grandes colères quand on la contrarie. Figurez-vous qu'elle a déjà refusé je ne sais combien de beaux jeunes gens bien riches, parce qu'elle dit qu'ils ne sont pas assez bien nés pour elle. Enfin, monsieur Lélio, dites d'abord comme elle à tout propos, et bientôt vous lui persuaderez tout ce que vous voudrez. Ah ! si vous pouviez la décider à épouser un jeune comte qui l'a demandée en mariage dernièrement !...
— Le comte Hector, son cousin ?
— Oh ! non ! celui-là est un sot, et il ennuie tout le monde ; jusqu'à ses chiens qui bâillent dès qu'ils l'aperçoivent. »

Tout en écoutant le babil de Lila, que mes manières paternelles avaient complètement mise à l'aise, je l'entraînais vers le lieu du rendez-vous. Ce n'est pas que je ne l'écoutasse avec beaucoup d'intérêt ; tous ces détails, puérils en apparence, étaient fort importants à mes yeux ; car ils me conduisaient par induction à la connaissance de l'énigmatique personnage à qui j'avais affaire. Il faut avouer aussi qu'ils refroidissaient beaucoup mon ardeur, et que je commençais à trouver bien ridicule d'être le héros d'une passion en concurrence avec le premier jouet venu, avec mon chat Soliman, et qui sait ? peut-être avec le cousin Hector lui-même au premier jour. Les conseils de Lila étaient donc précisément ceux que je me donnais à moi-même et que j'avais le plus envie de suivre.

Nous trouvâmes la signora assise au pied de la colonne et toute vêtue de blanc, costume assez peu d'accord avec le mystère d'un rendez-vous en plein air, mais par cela même très-conforme à la logique de son caractère. En me voyant approcher, elle demeura tellement immobile, qu'on l'eût prise pour une statue placée aux pieds de la nymphe de marbre blanc.

Elle ne répondit pas à mes premières paroles. Le coude appuyé sur son genou et le menton dans sa main, elle était si rêveuse, si noblement posée, si belle, drapée dans son voile blanc au clair de la lune, que je l'eusse crue livrée à une contemplation sublime, sans l'amour du chat et celui du blason qui me revenaient en mémoire.

Comme elle me semblait décidée à ne pas faire attention à moi, j'essayai de prendre une de ses mains ; mais elle me la retira avec un dédain superbe en me disant d'un ton plus majestueux que Louis XIV :

« J'ai attendu ! »

Je ne pus m'empêcher de rire en entendant cette citation solennelle ; mais ma gaieté ne fit qu'augmenter son sérieux.

« A votre aise ! me dit-elle. Riez bien : l'heure et le lieu sont admirablement choisis pour cela ! »

Elle prononça ces mots avec un dépit amer, et je vis bien qu'elle était réellement fâchée. Alors, redevenant grave tout d'un coup, je lui demandai pardon de ma faute involontaire, et lui dis que pour rien au monde je ne voudrais lui causer un instant de chagrin. Elle me regarda d'un air indécis, comme si elle n'eût pas osé me croire. Mais je me mis à lui parler avec une effusion si sincère de mon dévouement et de mon affection, qu'elle ne tarda pas à se laisser persuader.

« Tant mieux ! tant mieux ! me dit-elle ; car, si vous ne m'aimiez pas, vous seriez bien ingrat, et je serais bien malheureuse. »

Et, comme je restais moi-même étonné de ces paroles :
« Ô Lélio ! s'écria-t-elle, ô Lélio ! je vous aime depuis le soir où je vous vis à Naples pour la première fois, jouant Roméo, où je vous regardais de cet air froid et dédaigneux qui vous épouvantait si fort. Ah ! vous étiez bien éloquent dans vos chants et bien passionné ce soir-là. La lune vous éclairait comme à présent, mais moins belle, et Juliette était vêtue de blanc, comme moi. Et pourtant vous ne me dites rien, Lélio ! »

Cette étrange fille exerçait sur moi une fascination perpétuelle qui m'entraînait toujours et partout au gré de sa mobile fantaisie. Tant qu'elle était loin de moi, ma pensée échappait à son empire, et j'analysais librement ses actions et ses paroles ; mais une fois près d'elle, j'arrivais à mon insu à n'avoir bientôt plus d'autre volonté que la sienne. Cet élan de tendresse réveilla mon ardeur assoupie. Tous mes beaux projets de sagesse s'en allèrent en fumée, et je ne trouvai plus sur mes lèvres que des paroles d'amour. A chaque instant, il est vrai, je me sentais saisi de remords ; mais j'avais beau faire, tous mes conseils paternels finissaient en paroles amoureuses. Une fatalité bizarre, ou plutôt cette lâcheté du cœur humain qui vous fait toujours céder à l'entraînement des délices présentes, me poussait toujours à dire le contraire de ce que me dictait ma conscience. Je me donnais à moi-même les meilleures raisons du monde pour me prouver que je n'avais pas tort : c'eût été une cruauté inutile de parler à cette enfant un langage qui eût déchiré son cœur ; il serait toujours temps de l'éclairer sur la vérité, et mille autres choses pareilles. Une circonstance qui semblait devoir diminuer le péril contribuait encore à l'augmenter : c'était la présence de Lila. Si elle n'eût pas été là, mon honnêteté naturelle m'eût fait veiller sur moi avec d'autant plus de soin que tout m'eût été possible dans un moment d'emportement, et je n'eusse probablement pas avancé d'un pas de peur d'aller trop loin. Mais, sûr de n'avoir rien à craindre de mes sens, je m'inquiétai bien moins de la liberté de mes paroles. Aussi ne fus-je pas longtemps sans arriver au ton de la passion la plus ardente, quoique la plus pure ; et, poussé par un mouvement irrésistible, je saisis une mèche des cheveux flottants de la jeune fille, et la baisai à deux reprises.

Je sentis alors qu'il était temps de m'en aller, et je m'éloignai rapidement de la signora en lui disant : « A demain. »

Pendant toute cette scène, j'avais peu à peu oublié le passé, et je n'avais pas un seul instant songé à l'avenir. La voix de Lila, qui me reconduisait, me tira de mon extase.

« O monsieur Lélio ! me dit-elle, vous ne m'avez pas tenu parole. Vous n'avez été ce soir ni le père ni l'ami de ma maîtresse.

— C'est vrai, lui répondis-je assez tristement ; c'est vrai, j'ai eu tort. Mais sois tranquille, mon enfant ; demain je réparerai tout. »

Le lendemain vint et fut pareil, et l'autre lendemain encore. Seulement je me sentis chaque jour plus fortement épris ; et ce qui n'était au premier rendez-vous qu'une velléité d'amour était déjà devenu au troisième une véritable passion. L'air désolé de Lila me l'eût fait voir si je ne m'en fusse moi-même aperçu le premier. Tout le long du chemin je rêvais à l'avenir de cet amour, et je rentrais à la maison triste et pâle. Checca ne fut pas longtemps à voir de quoi il s'agissait.

« Povero, me dit-elle, je t'avais bien dit que tu pleurerais bientôt. »

Et, comme je levais la tête pour nier : « Si tu n'as déjà pleuré, ajouta-t-elle, tu vas pleurer ; et il y a de quoi. Ta position est triste et, je pis est, absurde. Tu aimes une jeune fille que la fierté te défend de chercher à épouser, et que ta délicatesse t'empêche de séduire. Tu ne veux pas lui demander sa main, d'abord parce que tu sais qu'en te l'accordant elle te ferait un immense sacrifice et s'exposerait pour toi à mille souffrances (tu es trop généreux pour vouloir d'un bonheur qui coûterait si cher), ensuite parce que tu craindrais même d'être refusé, et tu es trop orgueilleux pour t'exposer au dédain. Tu ne veux pas non plus prendre ce que tu es résolu à ne pas demander, et tu aimerais mieux, j'en suis sûre, aller te faire moine que d'abuser de l'ignorance d'une fille qui se confie à toi. Il faut pourtant se décider à quelque chose, mon pauvre camarade, si tu ne veux pas que la fin du monde te trouve soupirant pour les étoiles et envoyant des baisers aux nuages. Que les chiens aboient après la lune ; nous autres artistes, nous devons vivre à tout prix et toujours. Prends donc un parti.

— Tu as raison, lui répondis-je gravement. » Et j'allai me coucher.

La nuit suivante, je retournai au rendez-vous. Je trouvai la signora exaltée et joyeuse, ainsi que la veille ; mais je restai quelque temps sombre et taciturne. Elle me plaisanta d'abord sur ma mine de carbonaro et me demanda en riant si je songeais à détrôner le pape, ou à reconstruire l'empire romain. Puis, voyant que je ne répondais pas, elle me regarda fixement ; et, me prenant la main : « Vous êtes triste, Lélio. Qu'avez-vous? »

Je lui ouvris alors mon cœur, et lui dis que la passion que je nourrissais pour elle était un malheur pour moi.

« Un malheur! et pourquoi?

— Je vais vous le dire, signora. Vous êtes l'héritière d'une noble et illustre famille. Vous avez été nourrie dans le respect de vos aïeux et dans la pensée qu'on ne vaut que par l'ancienneté et l'éclat de sa race. Je suis un pauvre diable sans passé, un homme de rien, qui me suis fait moi-même le peu que je suis. Pourtant, je crois qu'un homme en vaut un autre, et ne m'estime l'inférieur de personne. Or, il est évident que vous ne m'épouseriez pas. Tout vous le défendrait, vos idées, vos habitudes, votre position. Vous qui avez refusé des patriciens, parce qu'ils n'étaient pas d'assez bonne maison, vous pourriez ou voudriez moins que toute autre vous abaisser jusqu'à un misérable comédien comme moi. De princesse à histrion il y a loin, signora. Je ne puis donc pas être votre mari. Que me reste-t-il? La perspective d'un amour partagé, mais malheureux, s'il n'était jamais satisfait, ou l'espoir d'être plus ou moins longtemps votre amant. Je ne puis accepter ni l'un ni l'autre, signora. Vivre en face l'un de l'autre, pleins d'une passion toujours ardente et jamais assouvie, s'aimer avec crainte et réserve, et se défier de soi-même autant que de l'objet aimé, c'est se soumettre volontairement à une souffrance insupportable, parce qu'elle n'a ni sens, ni espoir, ni but. Quant à vous posséder comme amant, quand je le pourrais, je ne le voudrais pas. Trop d'inquiétudes assiégeraient mon bonheur pour qu'il pût être complet. D'un côté, j'aurais toujours peur de vous compromettre; je ne dormirais pas avec la crainte de devenir pour vous la cause d'un grand chagrin ou d'une ruine complète; le jour je passerais des heures à rechercher tous les accidents qui pourraient amener votre malheur et par conséquent le mien, et la nuit je perdrais le temps de nos rendez-vous à trembler au bruit d'une feuille emportée par le vent, ou au cri d'un oiseau de nuit. Que sais-je? tout me serait un épouvantail. Et pourquoi jeter ainsi ma vie en proie à mille vains fantômes? pour un amour dont je ne pourrais jamais prévoir la durée, et qui ne compenserait pas les incertitudes de la journée par la sécurité du lendemain ; car tôt ou tard, il faut bien le dire, signora, vous vous marieriez. Et ce serait avec un autre, ce serait avec un homme noble et riche comme vous. Cela vous coûterait, je le sais ; je sais que votre âme est généreuse et sincère ; vous éprouveriez un vif désir de me rester fidèle, et votre cœur se révolterait à la pensée de prononcer un mot qui dût tuer, sinon ma vie, au moins tout mon bonheur. Mais les continuelles obsessions de votre famille, l'obligation même de veiller à votre réputation, tout vous pousserait malgré vous à prendre ce parti. Vous lutteriez longtemps peut-être et fortement ; mais vous souffririez d'autant plus. Votre affection pour moi serait toujours douce et tendre, mais moins expansive : et moi, qui verrais vos chagrins, et qui ne suis pas homme à accepter de longs et pénibles sacrifices sans les rendre, je vous forcerais moi-même, en m'éloignant, à ce mariage devenu nécessaire, aimant mieux vouer ma destinée tout entière à la douleur que de changer la vôtre par une lâcheté. Voilà, signora, ce que j'avais à vous dire, et vous devez comprendre maintenant pourquoi je crains que cet amour ne soit un malheur pour moi. »

Elle m'avait écouté dans le calme le plus parfait et le plus grand silence. Quand j'eus fini de parler, elle ne changea rien à son attitude. Seulement, comme je l'observais attentivement, je crus remarquer sur son visage l'expression d'une profonde incertitude. Je me dis alors que je ne m'étais pas trompé, que cette jeune fille était faible et vaine comme toutes les autres; qu'elle avait seulement la bonne foi de le reconnaître dès qu'on le lui disait, et qu'elle aurait probablement celle de me l'avouer de même. Je lui gardai donc mon estime ; mais je sentis mon enthousiasme s'évanouir en un instant. Je me félicitais de ma clairvoyance et de ma résolution, quand je vis la signora se lever brusquement et s'éloigner de moi sans rien dire. Je n'étais pas préparé à ce coup, et je fus saisi d'une surprise douloureuse.

« Quoi ! sans un seul mot! m'écriai-je. Me quitter, et pour jamais peut-être, sans m'adresser une parole de regret ou de consolation !

— Adieu ! me dit-elle en se retournant. De regret, je n'en puis avoir ; et de consolation, c'est moi qui en ai besoin. Vous ne m'avez pas comprise; vous ne m'aimez pas.

— Moi !

— Et qui me comprendra, ajouta-t-elle en s'arrêtant, si vous ne me comprenez pas? Et qui m'aimera, si vous ne m'aimez pas? »

Elle secoua tristement la tête, puis croisa les bras sur sa poitrine en fixant les yeux à terre. Elle était à la fois si belle et si désolée, que j'eus une folle envie de me précipiter à ses pieds, et qu'une crainte vague de l'irriter m'en empêcha au même instant. Je restai immobile et silencieux, les regards attachés sur elle, attendant avec anxiété ce qu'elle allait faire ou dire. Au bout de quelques secondes, elle vint à moi lentement et d'un air recueilli, et, s'appuyant en face de moi contre le piédestal de la statue, elle me dit :

« Ainsi, vous m'avez crue lâche et vaniteuse ; vous avez cru que je pourrais donner mon amour à un homme et accepter le sien, sans lui donner en même temps toute ma vie. Vous avez pensé que je resterais près de vous tant que le vent serait propice, et que je m'éloignerais dès qu'il deviendrait contraire. Comment cela se fait-il? Cependant vous êtes ferme et loyal, et vous ne commencez, j'en suis sûre, une action sérieuse que quand vous êtes résolu à la continuer jusqu'au bout. Pourquoi donc ne voulez-vous pas que je puisse faire ce que vous faites, et n'avez-vous pas de moi la bonne opinion que j'ai de vous ? Ou vous méprisez bien les femmes, ou vous vous êtes laissé bien tromper par mon étourderie. Je suis souvent folle, je le sais ; mais c'est peut-être un peu la faute de mon âge, et cela ne m'empêche pas d'être ferme et loyale. Du jour où j'ai senti que je vous aimais, Lélio, j'ai été résolue à vous épouser. Cela vous étonne. Vous vous rappelez non-seulement les pensées que j'ai dû avoir dans ma position, mais encore mes actions et mes paroles passées. Vous songez à tous ces patriciens que j'ai refusé d'épouser, parce qu'ils n'étaient pas assez nobles. Hélas! mon pauvre ami, je suis esclave de mon public, comme vous vous plaignez quelquefois de l'être du vôtre, et je suis obligée de jouer devant lui mon rôle jusqu'à ce que je trouve l'occasion de m'échapper de la scène. Mais, sous mon masque, j'ai gardé une âme libre, et, depuis que je possède ma raison, je suis résolue à ne me marier que selon mon cœur. Cependant, pour éloigner tous ces fades et impertinents patriciens dont vous me parlez, il me fallait un prétexte ; j'en cherchai un dans les préjugés mêmes qui étaient communs à mes prétendants et à ma famille, et, blessant à la fois l'orgueil des uns et flattant celui des autres, je me prévalus de l'antiquité de ma race pour refuser la main d'hommes qui, tout nobles qu'ils étaient, ne se trouvaient pas encore, disais-je, assez nobles pour moi. Je réussis de la sorte à écarter tous ces importuns sans mécontenter ma famille ; car elle avait beau traiter mes refus de caprices d'enfant, et faire de ces poursuivants rebutés les excuses sur l'exagération de mon orgueil, elle n'en était pas moins, au fond, enchantée de ma fierté. Pendant un certain temps, je gagnai à cette conduite une plus grande liberté. Mais enfin le prince Grimani, mon beau-père, me dit qu'il était temps de prendre un parti, et me présenta son neveu, le comte Ettore, comme l'époux qu'il me destinait. Ce nouveau fiancé me déplut comme les autres, plus encore peut-être ; car l'excès de sa noblesse m'amena bientôt à le mépriser complètement ; ce que voyant le prince, et pensant que ma mère, qui est excellente et m'aime de toute son âme, pourrait bien m'aider dans ma résistance contre lui, il résolut de m'éloigner d'elle, pour me contraindre plus aisément à l'obéissance. Il m'envoya ici vivre en tête-à-tête avec sa sœur et son neveu. Il espère que, forcée de choisir entre l'ennui et mon cousin Ettore, je finirai par me décider pour celui-ci ; mais il se trompe bien. Le comte Ettore est, en tout point, indigne de moi, et j'aimerais mieux mourir que de l'épouser. Je ne le leur avais pas encore dit, parce que je n'aimais personne, et que, fléau pour fléau, j'aimais autant celui-là qu'un autre. Mais maintenant je vous aime, Lélio ; je dirai à Ettore que je ne veux pas de lui ; nous partirons ensemble, nous irons trouver ma mère, nous lui dirons que nous nous aimons, et que nous voulons nous marier, elle nous donnera son consentement, et vous m'épouserez. Voulez-vous ? »

Dès ses premières paroles, j'avais écouté la signora avec un profond étonnement, qui ne cessa pas même lorsqu'elle eut fini. Cette noblesse de cœur, cette hardiesse de pensée, cette force d'esprit, cette audace virile, mêlée à tant de sensibilité féminine ; tout cela, réuni dans une fille si jeune, élevée au milieu de l'aristocratie la plus insolente, me cause une vive admiration, et je ne sortis de ma surprise que pour passer à l'enthousiasme. Je fus sur le point de céder à mes transports, et de me jeter à ses genoux pour lui dire que j'étais heureux et fier d'être aimé d'une femme comme elle ; que je brûlais pour elle de la plus ardente passion, que je serais joyeux de donner ma vie pour elle, et que j'étais prêt à faire tout ce qu'elle voudrait. Mais la réflexion m'arrêta à temps, et je songeai à tous les inconvénients, à tous les dangers de la démarche qu'elle voulait tenter. Il était très-probable qu'elle serait refusée et sévèrement réprimandée ; et quelle serait alors sa position, après s'être échappée de chez sa tante, pour faire publiquement avec moi un voyage de quatre-vingts lieues ? Au lieu donc de m'abandonner aux mouvements tumultueux de mon cœur, je m'efforçai de redevenir calme, et au bout de quelques secondes de silence, je dis tranquillement à la signora : « Mais votre famille ?

— Il n'y a au monde qu'une seule personne à qui je reconnaisse des droits sur moi, et dont je craigne d'encourir la colère, c'est ma mère, et je vous l'ai dit, ma mère est bonne comme un ange, et m'aime par-dessus tout. Son cœur consentira.

— O chère enfant ! m'écriai-je alors en lui prenant les mains, que je serrai contre ma poitrine ; Dieu sait si ce que vous voulez faire n'est pas le but de tous mes désirs ! C'est contre moi-même que je lutte quand je cherche à vous arrêter. Chaque objection que je vous fais est un espoir de bonheur que je m'enlève, et mon cœur souffre cruellement de tous les doutes de ma mère. Mais c'est de vous, mon cher ange bien-aimé, c'est de votre avenir, de votre réputation, de votre bonheur qu'il s'agit pour moi avant toute chose. J'aimerais mieux renoncer à vous que de vous voir souffrir à cause de moi. Ne vous alarmez donc pas de tous mes scrupules, n'y voyez pas l'indice du calme ou de l'indifférence, mais bien la preuve d'une tendresse sans bornes. Vous me dites que votre mère consentira, parce que vous la savez bonne. Mais vous êtes bien jeune, mon enfant ; malgré votre force d'esprit, vous ne savez pas quelles bizarres alliances se font souvent entre les sentiments les plus opposés. Je crois tout ce que vous me dites de votre mère ; mais savez-vous si son orgueil ne luttera pas contre son amour pour vous ? Elle croira peut-être, en empêchant votre union avec un comédien, remplir un devoir sacré.

— Peut-être, me répondit-elle, avez-vous raison à moitié. Ce n'est pas que je craigne l'orgueil de ma mère. Quoiqu'elle ait épousé deux princes, elle est de naissance bourgeoise, et n'a pas assez oublié son origine pour me faire un crime d'aimer un roturier. Mais l'influence du prince Grimani, une certaine faiblesse qui la fait céder presque toujours à l'opinion de ceux qui l'entourent, peut-être, en mettant les choses au pis, le besoin de se faire pardonner dans le monde où elle vit maintenant la médiocrité de sa naissance, l'empêcheraient de consentir facilement à notre mariage. Il n'y a alors qu'une chose à faire : c'est de nous marier d'abord, et de le lui déclarer ensuite. Quand notre union sera consacrée par l'Église, ma mère ne pourra pas se tourner contre moi. Elle souffrira peut-être un peu, moins de ma désobéissance, dont sa nouvelle famille la rendra pourtant responsable, que de ce qu'elle prendra pour un manque de confiance ; mais elle s'apaisera bien vite, soyez-en sûr, et, par amour pour moi, vous tendra les bras comme à son fils.

— Merci de vos offres généreuses, chère signora ; mais j'ai mon honneur à garder, aussi bien que le plus fier patricien. Si je vous épousais sans le consentement de vos parents, après vous avoir enlevée, on ne manquerait pas de m'accuser des projets les plus bas et les plus lâches. Et votre mère ! si, après notre mariage, elle vous refusait son pardon, ce serait sur moi qu'elle ferait tomber toute son indignation.

— Ainsi, pour m'épouser, reprit la signora, vous voudriez avoir le consentement de ma mère ?

— Oui, signora.

— Et si vous étiez sûr de l'obtenir, vous n'hésiteriez plus ?

— Hélas ! pourquoi me tenter ? Que puis-je vous répondre, étant certain du contraire ?

— Alors.... »

Elle s'arrêta tout d'un coup incertaine, et pencha sa tête sur son sein. Quand elle la releva, elle était un peu pâle, et deux larmes brillaient dans ses yeux. J'allais lui en demander la cause ; mais elle ne m'en laissa pas le temps.

« Lila, dit-elle d'un ton impérieux, éloigne-toi. »

La suivante obéit à regret, et alla se placer assez loin de nous pour ne pas nous entendre, mais encore assez près pour nous voir. Sa maîtresse attendit qu'elle se fût éloignée pour rompre le silence. Alors elle me prit gravement la main, et commença :

« Je vais vous dire une chose que je n'ai jamais dite à personne, et que je m'étais bien promis de ne jamais dire. Il s'agit de ma mère, objet de toute ma vénération et de tout mon amour. Jugez de ce qu'il m'en coûte pour réveiller un souvenir qui pourrait, devant d'autres yeux que les miens, ternir sa pureté et sa bonne renommée ! Mais je sais que vous êtes bon, et que je puis vous parler comme je parlerais à Dieu, sans craindre de vous voir supposer le mal. »

Elle se tut un instant pour rassembler ses souvenirs, et reprit :

« Je me rappelle que dans mon enfance j'étais très-fière de ma noblesse. C'étaient, je crois, les flatteries obséquieuses des gens de notre maison qui m'avaient inspiré de si bonne heure ce sentiment, et m'avaient portée à mépriser tout ce qui n'était pas noble comme moi. Parmi tous les serviteurs de ma mère, un seul ne ressemblait point aux autres, et avait su garder dans son humble position toute la dignité qui sied à un homme. Aussi me paraissait-il insolent, et peu le me fallait que je ne le haïsse. Toujours est-il que je le craignais, surtout depuis un jour que je l'avais vu me regarder d'un air très-sérieux pendant que je piquais au cœur avec une grande épingle noire mes plus belles poupées.

« Une nuit, je fus réveillée dans la chambre de ma mère, où mon petit lit se trouvait placé, par la voix d'un homme. Cette voix parlait à ma mère avec une gravité presque sévère, et celle-ci lui répondait d'un ton douloureusement timide et comme suppliant. Étonnée, je crus d'abord que c'était le confesseur de maman, et, comme il semblait la gronder, selon sa coutume, je me mis à écouter de toutes mes oreilles, sans faire aucun bruit ni laisser soupçonner que je ne dormisse plus. On ne se méfiait pas de moi. On parlait librement. Mais quel entretien inouï ! Ma mère disait : *Si tu m'aimais, tu m'épouserais*, et l'homme refusait de l'épouser ! Puis ma mère pleurait, et l'homme aussi ; et j'entendais... ah ! Lélio ! il faut dire, pour que j'aie bien de l'estime pour vous, puisque je vous raconte cela, j'entendais le bruit de leurs baisers. Il me semblait connaître cette voix d'homme ; mais je ne pouvais en croire le témoignage de mes oreilles. J'avais bien envie de regarder ; mais je n'osais pas faire un mouvement, parce que je sentais que je faisais une chose honteuse en écoutant ; et comme j'avais déjà quelques sentiments élevés, je faisais même des efforts pour ne pas entendre. Mais j'entendais malgré moi. Enfin, l'homme dit à ma mère : *Adieu, je te quitte pour toujours, ne me refuse pas une tresse de tes beaux cheveux blonds.* Et ma mère répondit : *Coupe-la toi-même.*

« Le soin que ma mère prenait de mes cheveux m'avait habituée à considérer la chevelure d'une femme comme une chose très-précieuse ; et lorsque je l'entendis donner une partie de la sienne, je fus prise d'un sentiment de jalousie et de chagrin, comme si elle se fût dépouillée d'un bien qu'elle ne devait sacrifier qu'à moi. Je me mis à pleurer silencieusement ; mais, entendant qu'on s'approchait de mon lit, j'essuyai bien vite mes yeux et feignis de dormir. Alors on entr'ouvrit mes rideaux, et je vis un homme habillé de rouge que je ne reconnus pas d'abord, parce que je ne l'avais pas encore vu sous ce costume : j'eus peur de lui ; mais il me parla, et je le reconnus bien vite ; c'était... Lélio ! vous oublierez cette histoire, n'est-ce pas ?

— Eh bien ! signora ?... m'écriai-je en serrant convulsivement sa main.

— C'était Nello, notre gondolier... Eh bien ! Lélio, qu'avez-vous ? Vous frémissez, votre main tremble... O ciel ! vous blâmez beaucoup ma mère !...

— Non, signora, non, répondis-je d'une voix éteinte ; je vous écoute avec attention. La scène se passait à Venise ?

— Vous l'avais-je dit ?

— Je crois que oui ; et c'était au palais Aldini, sans doute ?

— Sans doute, puisque je vous dis que c'était dans la chambre de ma mère... Mais pourquoi cette émotion, Lélio ?

— O mon Dieu ! ô mon Dieu ! vous vous appelez Alezia Aldini ?

— Eh bien ! à quoi songez-vous ? dit-elle avec un peu d'impatience. On dirait que vous apprenez mon nom pour la première fois.

— Pardon, signora, votre nom de famille... Je vous avais toujours entendu appeler Grimani à Naples.

— Par des gens qui nous connaissaient peu, sans doute. Je suis la dernière des Aldini, une des plus anciennes familles de la république, orgueilleuse et ruinée. Mais ma mère est riche, et le prince Grimani, qui trouve ma naissance et ma fortune dignes de son neveu, tantôt me traite avec sévérité, tantôt me cajole pour me décider à l'épouser. Dans ses bons jours, il m'appelle sa chère fille ; et quand les étrangers lui demandent si je suis sa fille en effet, il répond, faisant allusion à son projet favori : « Sans doute, puisqu'elle sera comtesse Grimani. » Voilà pourquoi à Naples, où j'ai passé un mois, et d'où l'on ne me connaît guère, et dans ce pays-ci que j'habite depuis six semaines, où je ne vois ni ne connais personne, on me donne toujours un nom qui n'est pas le mien...

— Signora ! repris-je en faisant effort sur moi-même pour rompre le silence pénible où j'étais tombé, daignerez-vous m'expliquer quel rapport peut avoir cette histoire avec notre amour, et comment, à l'aide du secret que vous possédez, vous pourriez arracher à votre mère un consentement qui lui répugnerait ?

— Que dites-vous là, Lélio ? Me supposez-vous capable d'un si odieux calcul ? Si vous vouliez m'écouter, au lieu de passer vos mains sur votre front d'un air égaré... Mon ami, mon cher Lélio, je vous supplie, quel nouveau scrupule est donc entré dans votre âme depuis un instant ?

— Chère signora, je vous supplie de continuer.

— Eh bien ! sachez que cette aventure n'est jamais sortie de ma mémoire, qu'elle a causé tous les chagrins et toutes les joies de ma vie. Je compris que je ne devais jamais interroger ma mère sur ce sujet, ni en parler à personne. Vous êtes le premier, Lélio, sans en excepter ma bonne gouvernante Salomé, et ma sœur de lait, à qui je dis tout, qui ait reçu cette confidence. Mon orgueil souffrit de la faute de ma mère, qui semblait rejaillir sur moi. Cependant je continuai d'adorer ma mère. Je l'aimai peut-être d'autant plus que je la sentais plus faible, plus exposée au secret anathème de mes parents du côté paternel. Mais ma haine pour le peuple s'accrut de toute mon affection pour elle.

« Je vécus dans ces sentiments jusqu'à l'âge de quatorze ans, et ma mère ne parut pas s'en occuper. Au fond de l'âme, elle souffrait de mon dédain pour les classes inférieures, et un jour elle se décida à m'adresser de timides reproches. Je ne lui répondis rien, ce qui dut l'étonner ; car j'avais l'habitude de discuter obstinément avec tout le monde et à propos de tout. Mais je sentais qu'il y avait une montagne entre ma mère et moi, et que nous ne pouvions raisonner avec désintéressement de part ni d'autre. Voyant que j'écoutais ses reproches avec une soumission miraculeuse, elle m'attira sur ses genoux, et me caressant avec une ineffable tendresse, elle me parla de mon père dans les termes les plus convenables ; mais elle m'apprit beaucoup de choses que je ne savais pas. J'avais toujours gardé pour ce père que j'avais à peine connu une sorte d'enthousiasme assez peu fondé. Quand j'appris qu'il n'avait épousé ma pauvre mère que pour sa fortune, et qu'après l'avoir épousée, il l'avait méprisée pour son obscure naissance et son éducation bourgeoise, je ne fis en moi une réaction, et peu s'en fallut que je ne le haïsse autant que je l'avais chéri. Ma mère ajouta bien des choses qui me parurent très-étranges et qui me frappèrent beaucoup, sur le malheur de faire un mariage de pure convenance, et je crus comprendre que déjà elle n'était pas beaucoup plus heureuse avec son nouveau mari qu'elle ne l'avait été avec celui dont elle me parlait.

« Cet entretien me fit une profonde impression, et je commençai à réfléchir sur cette nécessité de faire du mariage une affaire, et sur l'humiliation d'être recherchée à cause d'un nom ou à cause d'une dot. Je résolus de ne pas me marier, et quelque temps après, causant encore avec ma mère, je lui déclarai ma résolution, persuadée qu'elle l'approuverait. Elle en sourit et me dit que le temps n'était pas éloigné où mon cœur aurait besoin d'une autre affection que la sienne. Je lui assurai le contraire ; mais peu à peu je sentis que j'avais parlé témérairement : car un insupportable ennui me gagnait à mesure que nous quittions notre vie douce et retirée de Venise, pour les voyages et pour la société brillante des autres villes. Puis, comme j'étais très-grande et très-avancée pour mon âge, à peine étais-je sortie de l'enfance que me parlait déjà de choix et d'établissement, et chaque jour j'entendais discuter les avantages et les inconvénients d'un nouveau parti. Je ne sentais pas encore l'amour s'éveiller en moi ; mais je sentais la répugnance et l'effroi qu'inspirent aux femmes bien nées les hommes sans cœur et sans esprit. J'étais difficile. J'avais vécu avec une si bonne mère, ayant été idolâtrée par elle, quel homme ne m'eût-il pas fallu rencontrer pour ne pas regretter amèrement son joug aimable et sa tendre protection ! Ma fierté, déjà si irritable par elle-même, s'irrita chaque jour davantage à l'aspect de ces hommes si vains, si nuls et si guindés, qui osaient prétendre à moi. Je tenais à la naissance, parce que jusque-là je m'étais imaginé que les races illustres étaient supérieures aux autres en courage, en mérite, en politesse, en libéralité. Je passais des heures au fond de la galerie de portraits du palais Aldini. Là tous mes aïeux m'apparaissaient dans leur gloire, ayant tous leurs grands faits d'armes ou leurs pieuses actions consignés sur des bas-reliefs de chêne. Celui-ci avait racheté trois cents esclaves à des corsaires barbaresques pour leur donner la vraie religion et la liberté ; celui-là avait sacrifié tous ses biens pour le salut de la patrie dans une guerre ; un troisième avait versé pour elle tout son sang au champ d'honneur. Mon admiration pour eux était donc légitime, et je ne sentais pas trop sang couler moins chaud et moins généreux dans mes veines. Mais combien les descendants des autres patriciens me parurent dégénérés ! Ils n'avaient plus de leur race une insupportable insuffisance et des prétentions révoltantes. Je me demandais où était la noblesse ; je ne la trouvais plus que sur les écussons, aux portes des palais. Je résolus de me faire religieuse, et je priai ma mère avec tant d'instances de me laisser entrer

Lorsque l'abbé Cignola nous apparut... (Page 34.)

au couvent, qu'elle y consentit. Elle versa beaucoup de larmes en m'y laissant; le prince Grimani donnait les mains à mon caprice; car depuis qu'il avait déterré, dans je ne sais quel coin de la Lombardie, une espèce de neveu qui pouvait devenir riche à mes dépens et porter avec éclat, grâce à ma dot, l'impérissable nom des Grimani, il ne songeait qu'à me rendre obéissante, et il se flattait que la dévotion allait assouplir mon caractère. Quelle ardente piété, quelle soif du martyre il eût fallu avoir pour accepter Hector! On me retira du couvent, il y a trois mois; le fait est que j'y périssais d'ennui, et que la discipline inflexible que j'avais à subir était au-dessus de mes forces. D'ailleurs, je fus si heureuse de retourner chez ma mère, et elle de me reprendre! Cependant six semaines de couvent avaient bien changé mes idées. J'avais compris Jésus, que je n'avais prié jusqu'alors que du bout des lèvres. Dans mes heures de solitude, à l'église, dans l'enthousiasme de la prière, j'avais compris que le fils de Marie était l'ami des pauvres laborieux, et qu'il avait méprisé avec raison les grandeurs de ce monde. Enfin que vous dirai-je? en même temps que j'ouvrais mon cœur à de nouvelles sympathies, ce que dans mon enfance j'appelais intérieurement la honte de ma mère se présenta à moi sous d'autres couleurs, et je n'y pensai plus qu'avec attendrissement. Puis, que se passait-il en moi? je l'ignore; mais je me disais : « Si je venais à faire comme maman; si je me prenais d'amour pour un homme d'une autre condition que la mienne, tout le monde me jetterait la pierre, excepté elle. Elle me prendrait dans ses bras, et cachant ma rougeur dans son sein, elle me dirait : « Obéis à ton cœur, afin d'être plus heureuse que je ne l'ai été en brisant le mien. » Vous êtes ému, Lélio! O mon Dieu! c'est une larme qui vient de tomber sur ma main. Vous êtes vaincu, mon ami! Vous voyez que je ne suis ni folle, ni méchante; à présent, vous direz oui, et vous viendrez me chercher demain. Jurez-le! »

Je voulus parler; mais je ne pus trouver un mot, j'avais le frisson. Je me sentais défaillir. Les yeux fixés sur moi, elle m'attendait avec anxiété ma réponse. Pour moi, j'étais anéanti. Aux premières paroles de ce récit, j'avais été frappé de son étrange ressemblance avec ma propre histoire, mais quand elle en vint aux circonstances qu'il m'était impossible de méconnaître, je restai con-

Elle était si rêveuse. (Page 36.)

fondu et ébloui, comme si la foudre eût passé devant mes yeux. Mille pensées contraires et toutes sinistres s'emparèrent de ma tête. Je vis s'agiter devant moi, pareilles à des fantômes, les images du crime et du désespoir. Emu du souvenir de ce qui avait été, effrayé de l'idée de ce qui eût pu être, je me voyais à la fois l'amant de la mère et le mari de la fille. Alezia, cette enfant que j'avais vue au berceau, était là, devant moi, me parlant en même temps de son amour et de celui de sa mère.

Un monde de souvenirs se déroulait devant moi, et la petite Alezia s'y présentait comme l'objet d'une tendresse déjà craintive et douloureuse. Je me rappelais son orgueil, sa haine pour moi, et les paroles qu'elle m'avait dites un jour lorsqu'elle avait vu la bague de son père à mon doigt. Qui sait, pensai-je, si ses préjugés sont à jamais abjurés? Peut-être que, si en cet instant elle apprenait que je suis Nello, son ancien valet, elle rougirait de m'aimer.

« Signora, lui dis-je, vous aimiez autrefois, dites-vous, à percer le cœur de vos poupées avec une grande épingle. Pourquoi faisiez-vous cela?

— Que vous importe, me dit-elle, et pourquoi êtes-vous frappé de cette minutie?

— C'est que mon cœur souffre, et que vos épingles me reviennent naturellement à la mémoire.

— Je veux bien vous le dire pour vous montrer que ce n'était pas un mouvement de férocité, répondit-elle. J'entendais dire souvent, quand on parlait d'une lâcheté : « C'est n'avoir pas de sang dans le cœur; » et je prenais comme réelle cette expression figurée. Ainsi, quand je grondais mes poupées, je leur disais : « Vous êtes des lâches, et je m'en vais voir si vous avez du sang dans le cœur. »

— Vous méprisez bien les lâches, n'est-ce pas, signora? » lui dis-je, me demandant quelle opinion elle aurait un jour de moi si je cédais en cet instant à sa passion romanesque. Je retombai dans une pénible rêverie.

« Qu'avez-vous donc? » me dit Alezia.

Sa voix me rappela à moi. Je la regardai avec des yeux humides. Elle pleurait aussi, mais à cause de mon hésitation. Je le compris tout d'abord; et lui serrant paternellement les mains :

« O mon enfant! lui dis-je, ne m'accusez pas! Ne doutez pas de mon pauvre cœur. Je souffre tant, si vous saviez! »

Et je m'éloignai à grands pas, comme si en m'éloignant d'elle j'eusse pu fuir mon malheur. Rentré chez moi, je devins plus calme. Je repassai dans ma tête toute cette bizarre suite d'événements ; je m'en expliquai à moi-même tous les détails, et fis disparaître ainsi à mes propres yeux l'espèce de mystère qui m'avait d'abord glacé d'une terreur superstitieuse. Tout cela était étrange, mais naturel, jusqu'à ce nom de baptême, ce nom d'Alezia que j'avais toujours voulu savoir et que je n'avais jamais osé demander.

Je ne sais si un autre à ma place aurait pu conserver de l'amour pour la jeune Aldini. A la rigueur, je l'aurais pu sans crime ; car vous vous rappelez que j'étais resté l'amant chaste et soumis de sa mère. Mais ma conscience se soulevait à la pensée de cet inceste intellectuel. J'aimais la Grimani avec son prénom inconnu, je l'aimais de tout mon cœur et de tous mes sens ; mais Alezia, mais la signorina Aldini, la fille de Bianca, en vérité, je ne l'aimais pas ainsi, car il me semblait que j'étais son père. Le souvenir des grâces et des qualités charmantes de Bianca était resté frais et pur dans ma vie, il m'avait suivi partout comme une providence. Il m'avait rendu bon envers les femmes et vaillant envers moi-même. Si j'avais rencontré depuis beaucoup de beautés égoïstes et fausses, du moins cette certitude m'était restée qu'il en existe de généreuses et de naïves. Bianca ne m'avait fait aucun sacrifice, parce que je ne l'avais pas voulu ; mais si j'eusse accepté son abnégation, si j'eusse cédé à son entraînement, elle m'eût tout immolé, amis, famille, fortune, honneur, religion, et peut-être même sa fille ! Quelle dette sacrée n'avais-je pas contractée envers elle ! Étais-je pleinement acquitté par mes refus, par mon départ ? Non ; car elle était femme, c'est-à-dire faible, asservie, en butte à des arrêts implacables et aux insultes plus amères encore de l'ironie. Elle eût affronté tout cela, elle si craintive, si douce, si enfant à mille égards. Elle eût fait une chose sublime ; et moi, en acceptant, j'eusse fait une lâcheté. Je n'avais donc accompli qu'un devoir envers moi-même, et elle s'était exposée pour moi au martyre. Pauvre Bianca, mon premier, mon seul amour peut-être ! comme elle était restée belle dans mon souvenir ! « Mon Dieu, me disais-je, pourquoi ai-je peur qu'elle soit vieillie et flétrie ? Ne dois-je pas être indifférent à cela ? L'aimerais-je encore ? non, sans doute ; mais, laide ou belle, pourrais-je aujourd'hui la revoir sans danger ? » Et à cette pensée mon cœur battit si fort que je compris combien il m'était impossible d'être l'époux ou l'amant de sa fille.

Et puis, me prévaloir du passé (ne fût-ce que par une muette adhésion aux volontés d'Alezia) pour obtenir la fille de Bianca, c'eût été une action déshonorante. Faible comme je connaissais Bianca, je savais qu'elle se croirait engagée à nous donner son consentement ; mais je savais aussi que son vieux mari, sa famille et son confesseur surtout l'accableraient de chagrin. Elle avait pu se remarier et faire un second mariage de convenance. Elle était donc au fond femme du monde, esclave des préjugés, et son amour pour moi n'était qu'un sublime épisode, dont le souvenir peut-être faisait sa honte et son désespoir, tandis qu'il faisait ma gloire et ma joie. « Non, pauvre Bianca ! pensais-je, non, je ne suis pas quitte envers toi. Tu as bien assez souffert, assez tremblé peut-être, à l'idée qu'un valet colportait de maison en maison le secret de ta faiblesse. Il est temps que tu dormes en paix, que tu ne rougisses plus des seuls jours heureux de ta jeunesse, et qu'apprenant l'éternel silence, l'éternel dévouement, l'éternel amour de Nello, tu puisses te dire, pauvre femme, qu'au milieu de la vie enchaînée ou déçue tu as une fois connu l'amour et que tu l'as inspiré. »

Je marchais avec agitation dans ma chambre ; le jour commençait à poindre. C'est, dans la vie des hommes qui dorment peu, une heure décisive qui met fin aux incertitudes nourries dans les ténèbres, et qui change les projets en résolutions. J'eus un élan de joie enthousiaste et de légitime orgueil en songeant que Lélio le comédien n'était pas tombé au-dessous de Nello le gondolier. Quelquefois, dans mes idées de démocratie romanesque, je m'étais pris à rougir d'avoir abandonné le toit de joncs marins où j'aurais pu perpétuer une race forte, laborieuse et frugale ; je m'étais fait un crime d'avoir dédaigné l'humble profession de mes pères pour rechercher les amères jouissances du luxe, la vaine fumée de la gloire, les faux biens et les puérils travaux de l'art. Mais en accomplissant, sous les oripeaux de l'histrion, les mêmes actes de désintéressement et de fierté que j'avais accomplis sous la bure du batelier, j'ennoblissais deux fois ma vie, et deux fois j'élevais mon âme au-dessus de toutes les fausses grandeurs sociales. Ma conscience, ma dignité, me semblaient être la conscience et la dignité du peuple : en m'avilissant, j'eusse avili le peuple. « Carbonari ! carbonari ! m'écriai-je, je serai digne d'être l'un de vous. » Le culte de la délivrance est une foi nouvelle ; le libéralisme est une religion qui doit ennoblir ses adeptes, et faire, comme autrefois le jeune christianisme, de l'esclave un homme libre, de l'homme libre un saint ou un martyr.

J'écrivis la lettre suivante à la princesse Grimani :

« Madame,

« Un grand danger a menacé la signorina ; pourquoi vous, tendre et courageuse mère, avez-vous consenti à l'éloigner de vous ? N'est-elle pas dans l'âge où tout peut décider de la vie d'une femme, un instant, un regard, un soupir ? N'est-ce pas maintenant que vous devez veiller sur elle à toute heure, la nuit comme le jour, épier ses moindres soucis, compter les battements de son cœur ? Vous, Madame, qui êtes si douce et pleine de condescendance pour les petites choses, mais qui, pour les grandes, savez trouver dans le foyer de votre cœur tant d'énergie et de résolution, voici le moment où vous devez montrer le courage de la lionne qui ne se laisse point arracher ses petits. Venez, Madame, venez ; reprenez votre fille, et qu'elle ne vous quitte plus. Pourquoi la laissez-vous dans des mains étrangères, livrée à une direction malhabile qui l'irrite et la pousserait à de grands écarts, si elle n'était votre fille, si le germe de vertu et de dignité déposé par vous dans son sein pouvait devenir le jouet du premier vent qui passe ! Ouvrez les yeux ; voyez que l'on contrarie les inclinations de votre enfant dans des choses légitimes et sacrées, et qu'ainsi l'on s'expose à la voir résister aux sages conseils et se faire une habitude d'indépendance que l'on ne pourra plus vaincre. Ne souffrez pas qu'on lui impose un mari qu'elle déteste, et craignez que cette aversion ne la porte à faire un choix précipité, plus funeste encore. Assurez sa liberté. Qu'elle ne soit enchaînée que par la sollicitude de votre amour éclairé, de crainte que, se méfiant de votre énergie protectrice, elle ne cherche dans sa fantaisie un dangereux appui. Au nom du ciel, venez !

« Et si vous voulez savoir, Madame, de quel droit je vous adresse cet appel, apprenez que j'ai vu votre fille sans savoir son nom, que j'ai failli devenir amoureux d'elle ; que je l'ai suivie, observée, cherchée, et qu'elle n'était pas si bien gardée que je n'eusse pu lui parler et employer (en vain sans doute) tous les artifices par lesquels on séduit une femme ordinaire. Grâce au ciel ! votre fille n'a pas même été exposée à mes téméraires prétentions. J'ai appris à temps qu'elle avait pour mère la personne que je vénère et que je respecte le plus au monde, et dès cet instant les abords de sa demeure sont devenus sacrés pour moi. Si je ne m'éloigne pas à l'instant même, c'est afin d'être prêt à répondre à vos plus sévères interrogatoires, si, vous méfiant de mon honneur, vous m'ordonnez de paraître devant vous et de vous rendre compte de ma conduite.

« Agréez, Madame, les humbles respects de votre esclave dévoué, Nello. »

Je cachetai cette lettre, songeant au moyen de la faire parvenir à son adresse avec le plus de célérité possible, sans qu'elle tombât en des mains étrangères. Je n'osais la porter moi-même, dans la crainte qu'Alezia irritée ne fît quelque acte de folie ou de désespoir en apprenant mon départ. D'ailleurs il était bien vrai que je voulais pouvoir m'ouvrir complétement à sa mère au moment où elle recevrait ma confidence tout entière; car je prévoyais bien qu'Alezia ne lui cacherait aucun détail de ce petit roman, dont je n'avais pas le droit de me faire l'historien exact sans son ordre. Je craignais d'ailleurs que l'énergie de cette jeune fille effrayant la faiblesse de sa mère du tableau de sa passion, celle-ci ne vînt à lui donner un consentement que je ne voulais pas ratifier. L'une et l'autre avaient besoin du secours de ma volonté calme et inébranlable, et c'était peut-être lorsqu'elles seraient en présence l'une de l'autre que j'aurais besoin d'une force qui manquerait à toutes deux.

J'en étais là lorsqu'on frappa à ma porte, et un homme s'approcha dans une attitude respectueuse. Comme il avait eu soin d'ôter sa livrée, je ne le reconnus pas d'abord pour le domestique qui m'avait tant regardé le jour de l'aventure de l'église; mais comme nous avions maintenant le loisir de nous examiner l'un l'autre, nous jetâmes spontanément un cri de surprise.

« C'est bien vous! me dit-il; je ne me trompais pas, vous êtes bien Nello?

— Mandola, mon vieil ami! » m'écriai-je, et je lui ouvris mes deux bras. Il hésita un instant, puis il s'y jeta avec effusion en pleurant de joie.

« Je vous avais bien reconnu; mais j'ai voulu m'en assurer, et, au premier moment dont je puis disposer, me voilà. Comment se fait-il qu'on vous appelle dans ce pays le seigneur Lélio, à moins que vous ne soyez ce chanteur fameux dont on parlait tant à Naples, et que je n'ai jamais été voir? car, voyez-vous, je m'endors toujours au théâtre, et, quant à la musique, je n'ai jamais pu y rien comprendre... Aussi la signora ne me force jamais de monter à sa loge avant la fin du spectacle.

— La signora! oh! parle-moi de la signora, mon vieux camarade.

— Moi, je parlais de la signora Alezia; car, pour la signora Bianca, elle ne va plus au théâtre. Elle a pris un confesseur piémontais, et elle est dans la plus haute dévotion depuis son second mariage. Pauvre bonne signora! je crains bien que ce mari-là ne la dédommage pas de l'autre. Ah! Nello, Nello, pourquoi n'as-tu pas?...

— Tais-toi, Mandola; pas un mot là-dessus. Il est des souvenirs qui ne doivent pas plus revenir sur nos lèvres que les morts ne doivent revenir à la vie. Dis-moi seulement où est ta maîtresse en ce moment, et le moyen de lui faire parvenir une lettre en secret et sur-le-champ.

— Est-ce que c'est quelque chose d'important pour vous?

— C'est quelque chose de plus important pour elle.

— En ce cas, donnez-la-moi; je prends la poste à franc étrier, et je vais la lui remettre à Bologne, où elle est maintenant. Ne le saviez-vous pas?

— Nullement. Oh! tant mieux! Tu peux être auprès d'elle ce soir?

— Oui, par Bacchus! Pauvre maîtresse, qu'elle sera étonnée de recevoir de vos nouvelles! car, vois-tu, Nello, voyez-vous, signor...

— Appelle-moi Nello quand nous sommes seuls, et Lélio devant le monde, tant que l'affaire de Chioggia ne sera pas assoupie tout à fait.

— Oh! je sais. Pauvre Massatone! Mais cela commence à s'arranger.

— Que me disais-tu de la signora Bianca? C'est là ce qui m'importe.

— Je disais qu'elle deviendra bien rouge et bien pâle quand je lui remettrai une lettre en lui disant tout bas : « C'est de Nello! Madame sait bien, Nello! celui qui chantait si bien... » Alors elle me dira d'un ton sérieux, car elle n'est plus gaie comme autrefois, la pauvre signora : « C'est bien, Mandola, allez-vous-en à l'office. » Et puis elle me rappellera pour me dire d'un ton doux, car elle est toujours bonne : « Mon pauvre Mandola, vous devez être bien fatigué?... Salomé, donnez-lui du meilleur vin! »

— Et Salomé! m'écriai-je; est-elle mariée aussi?

— Oh! celle-là ne se mariera jamais. C'est toujours la même fille, pas plus vieille, pas plus jeune; ne souriant jamais, ne versant jamais une larme, adorant toujours madame, et lui résistant toujours; chérissant mademoiselle, et la grondant sans cesse; bonne au fond, mais point aimable... La signora Alezia vous a-t-elle reconnu?

— Nullement.

— Je le crois; j'ai eu bien de la peine moi-même à vous reconnaître. On change tant! Vous étiez si petit, si fluet!

— Mais pas trop, ce me semble?

— Et moi, continua Mandola avec une tristesse comique, j'étais si leste, si dégagé, si alerte, si joyeux! Ah! comme on vieillit! »

Je me pris à rire en voyant combien l'on s'abuse sur les grâces de sa jeunesse quand on avance en âge. Mandola était à peu près le même Hercule lombard que j'avais connu; il marchait toujours de côté comme une barque qui louvoie, et l'habitude de ramer en équilibre à la poupe de la gondole lui avait fait contracter celle de ne jamais se tenir sur ses deux jambes à la fois. On eût dit qu'il se méfiait toujours de l'aplomb du sol, et qu'il attendait le flot pour varier son attitude. J'eus bien de la peine à abréger notre entretien; il y prenait grand plaisir, et moi j'éprouvais un bonheur douloureux à entendre parler de cet intérieur de famille où mon âme s'était ouverte à la poésie, à l'art, à l'amour et à l'honneur. Je ne pouvais me défendre d'une secrète joie pleine d'attendrissement et de reconnaissance en entendant le brave Lombard me raconter les longs regrets de Bianca après mon départ, sa santé longtemps altérée, ses larmes cachées, sa langueur, son dégoût de la vie. Puis elle s'était ranimée. Un nouvel amour avait effleuré son cœur. Un homme fort séduisant, mais assez mal famé, espèce d'aventurier de haut lieu, l'avait recherchée en mariage; elle avait failli croire en lui. Eclairée à temps, elle avait frémi des dangers auxquels l'isolement exposait son repos et sa dignité; elle avait frémi surtout pour sa fille, et s'était rejetée dans la dévotion.

« Mais son mariage avec le prince Grimani? dis-je à Mandola.

— Oh! c'est l'ouvrage du confesseur, répondit-il.

— Allons, il y a une fatalité, et l'on n'y échappe pas. Pars, Mandola; voici l'argent, voici la lettre. Ne perds pas un instant, et ne retourne pas à la villa Grimani sans m'avoir parlé; car j'ai des recommandations importantes à te faire. » Il partit.

Je me jetai sur mon lit, et je commençais à m'endormir lorsque j'entendis les pas rapides d'un cheval dans l'allée du jardin sur laquelle donnait ma fenêtre. Je me demandai si ce n'était pas Mandola qui revenait, ayant oublié une partie de ses instructions. Je vainquis donc la fatigue, et me mis à la croisée. Mais, au lieu de Mandola, je vis une femme en amazone et la tête couverte d'une épaisse mantille de crêpe noir qui tombait sur ses épaules et voilait toute sa taille aussi bien que son visage. Elle montait un superbe cheval tout fumant de sueur; et, sautant à terre avant que son domestique eût trouvé le temps de lui donner la main, elle parla à voix très-basse à la vieille Cattina, que la curiosité bien plus que le zèle avait fait accourir à sa rencontre. Je frissonnai en songeant qui ce pouvait, qui ce devait être; et, maudissant l'imprudence de cette démarche, je me rhabillai à la hâte. Quand je fus prêt, Cattina ne venant point m'avertir, je m'élançai précipitamment dans l'escalier, craignant que la téméraire visiteuse ne restât sous le péristyle exposée à quelque regard indiscret. Mais je rencontrai sur les dernières marches Cattina, qui retournait à son travail après avoir introduit l'inconnue dans la maison.

« Où est cette dame? lui demandai-je vivement.

— Cette dame! répondit la vieille, quelle dame, mon béni seigneur Lélio?

— Quelle ruse veux-tu essayer là, vieille folle? N'ai-je pas vu entrer une dame en noir, et n'a-t-elle pas demandé à me parler?

— Non, sur la foi du baptême, monsieur Lélio. Cette

dame a demandé la signora Checchina, et sans vous nommer. Elle m'a mis ce demi-sequin dans la main pour m'engager à cacher sa présence *aux autres habitants de la maison.* C'est ainsi qu'elle a dit.

— Est-ce que tu l'as vue, Cattina, cette dame?

— J'ai vu sa robe et son voile, et une grande mèche de cheveux noirs qui s'était détachée, et qui tombait sur une petite main superbe.... et deux grands yeux qui brillaient sous la dentelle comme deux lampes derrière un rideau.

— Et où l'as-tu fait entrer?

— Dans le petit salon de la signora Checchina, pendant que la signora s'habille pour la recevoir.

— C'est bien, Cattina; sois discrète, puisqu'on te l'a commandé. »

Je restai incertain si c'était Alezia qui venait se confier à la Checchina. Je devais l'empêcher sur-le-champ, et à tout prix, de rester dans cette maison, où chaque instant pouvait contribuer à la perte de sa réputation; mais si ce n'était point elle, de quel droit irais-je interroger une personne qui sans doute avait quelque grave intérêt à se cacher de la sorte? De ma fenêtre je n'avais pu juger la taille de cette femme voilée qui tout à coup s'était trouvée placée de manière à ce que je ne visse que le sommet de sa tête. J'avais examiné le domestique pendant qu'il emmenait les chevaux à l'écart dans un massif d'arbres que sa maîtresse lui avait désigné d'un geste. Je n'avais jamais vu ce visage; mais ce n'était pas une raison pour qu'il n'appartînt pas à la maison Grimani, dont, certes, je n'avais pas vu tous les serviteurs. Mais je répugnais à l'interroger et à tenter de le corrompre. Je résolus d'aller trouver la Checchina; je savais le temps qu'il lui fallait pour faire la plus simple toilette; elle ne devait pas encore être en présence de la visiteuse, et je pouvais entrer dans sa chambre sans traverser le salon d'attente. Je connaissais le mystérieux passage par lequel l'appartement de Nasi communiquait avec celui de ses maîtresses, cette villa de Cafaggiolo étant une véritable *petite maison* dans le goût français du XVIIIe siècle.

Je trouvai en effet la Checchina à demi vêtue, se frottant les yeux et s'apprêtant avec une nonchalance seigneuriale à cette matinale audience.

« Qu'est-ce à dire? s'écria-t-elle en me voyant entrer par son alcôve.

— Vite, un mot, Checchina, lui dis-je à l'oreille. Renvoie ta femme de chambre.

— Dépêche-toi, me dit-elle quand nous fûmes seuls, car il y a là quelqu'un qui m'attend.

— Je le sais, et c'est de cela que je viens te parler. Connais-tu cette femme qui te demande un entretien?

— Qu'en sais-je? elle n'a pas voulu dire son nom à ma femme de chambre, et là-dessus je lui ai fait répondre que je ne recevais pas, surtout à sept heures du matin, les personnes que je ne connais point; mais elle ne s'est pas rebutée, et elle a supplié Térésa avec tant d'instance (il est même probable qu'elle lui a donné de l'argent pour la mettre dans ses intérêts), que celle-ci est venue me tourmenter, et j'ai cédé; mais non sans un grand déplaisir de sortir si tôt du lit, car j'ai lu les amours d'Angélique et de Médor fort avant dans la nuit.

— Écoute, Checchina, je crois que cette femme est... celle que tu sais.

— Oh! crois-tu? En ce cas, va la trouver; je comprends pourquoi elle me fait demander, et pourquoi tu entres par le passage secret. Allons, je serai discrète, et charmée surtout de me rendormir tandis que tu seras le plus heureux des hommes.

— Non, ma bonne Francesca, tu te trompes. Si je m'étais ménagé un rendez-vous sous tes auspices, sois sûre que je t'en aurais demandé la permission. D'ailleurs je n'en suis pas à ce point, et mon roman touche à sa fin, qui est la plus froide et la plus morale de toutes les fins. Mais cette jeune personne se perd si tu ne viens pas à son secours. N'accueille aucun des projets romanesques qu'elle vient sans doute te confier; fais-la partir sur-le-champ, qu'elle retourne chez ses parents à l'instant même. Si par hasard elle demande à me parler en ta présence, dis-lui que je suis absent et que je ne rentrerai pas de la journée.

— Quoi! Lélio! tu n'es pas plus passionné que cela, et on fait pour toi des extravagances! Peste! Voyez ce que c'est que d'être fat, on réussit toujours! Mais si tu te trompais, *cugino*; si par hasard cette belle aventurière, au lieu d'être ta Dulcinée, était une de ces pauvres filles dont tout pays fourmille, qui veulent entrer au théâtre pour fuir des parents cruels? Écoute, j'ai une inspiration. Entrons ensemble dans le petit salon; en faisant avancer le paravent devant la porte, au moment où nous entrerons tu peux te glisser un même temps que moi dans la chambre, te tenir caché, tout entendre et tout voir. Si cette femme est ta maîtresse, il est important que tu saches bien et vite ce dont il s'agit: car ce qu'elle me dira, je te le répéterais mot à mot, il sera donc plus tôt fait de l'entendre. »

J'hésitais, et pourtant j'avais bien envie de suivre ce mauvais conseil.

« Mais si c'est une autre femme, objectai-je, si elle a un secret à te confier?

— Avons-nous des secrets l'un pour l'autre? dit Checchina, et as-tu moins d'estime que moi pour toi-même? Allons, pas de sot scrupule, viens. »

Elle appela Térésa, lui dit deux mots à l'oreille, et quand le paravent fut arrangé, elle la renvoya et m'entraîna avec elle dans le salon. Je ne fus pas caché deux minutes sans trouver au paravent protecteur une brisure par laquelle je pouvais voir la dame mystérieuse. Elle n'avait pas encore relevé son voile; mais déjà je reconnaissais la taille élégante et les belles mains d'Alezia Aldini.

La pauvre enfant tremblait de tous ses membres; je la plaignais et la blâmais, car le boudoir où nous nous trouvions n'était pas décoré dans un goût très-chaste, et les bronzes antiques, les statuettes de marbre qui l'ornaient, quoique d'un choix exquis sous le rapport de l'art, n'étaient rien moins que faits pour attirer les regards d'une jeune fille ou d'une femme timide. Et en pensant que c'était Alezia Aldini qui avait osé pénétrer dans ce temple païen, j'étais malgré moi, par un reste d'amour peut-être, plus blessé que reconnaissant de sa démarche.

La Checchina, tout en se hâtant, n'avait pourtant pas négligé le soin si cher aux femmes d'éblouir par l'éclat de la toilette les personnes de leur sexe. Elle avait jeté sur ses épaules une robe de chambre de cachemire des Indes, objet d'un grand luxe à cette époque; elle avait roulé ses cheveux dénoués sous un réseau de bandelettes d'or et de pourpre; car l'antique était alors à la mode; et sur ses jambes nues, qui étaient fortes et belles comme celles d'une statue de Diane, elle avait glissé une sorte de brodequin de peau de tigre, qui dissimulait ingénieusement la vulgaire nécessité des pantoufles. Elle avait chargé ses doigts de diamants et de camées, et tenait son éventail étincelant comme un sceptre de théâtre, tandis que l'inconnue, pour se donner une contenance, tourmentait gauchement le sien, qui était simplement de satin noir. Celle-ci était visiblement consternée de la beauté de Checca, beauté un peu virile, mais incontestable. Avec sa robe turque, sa chaussure mi-nue et sa coiffure grecque, elle devait assez ressembler à ces femmes de satrapes qui se couvraient sans discernement des riches dépouilles des nations étrangères.

Elle salua son hôtesse d'un air de protection un peu impertinent; puis, s'étendant avec nonchalance sur une ottomane, elle prit l'attitude la plus grecque qu'elle put imaginer. Tout cet étalage fit son effet: la jeune fille resta interdite et n'osa rompre le silence.

« Eh bien! Madame ou Mademoiselle, dit la Checca en dépliant lentement son éventail, car j'ignore absolument à qui j'ai le plaisir de parler... je suis à vos ordres. »

Alors l'inconnue, d'une voix claire et un peu âpre, avec un accent anglais très-prononcé, répondit en ces termes:

« Pardonnez-moi, Madame, d'être venue vous déranger si matin, et recevez mes remerciements pour la bonté que vous avez de m'accueillir. Je me nomme *Barbara Tempest*, et suis fille d'un lord établi depuis peu à Florence. Mes parents me font apprendre la musique, et j'ai déjà quelque talent; mais j'avais une très-excellente institutrice qui est partie pour Milan, et mes parents veulent me donner pour maître de chant cet insipide Tosani, qui me dégoûtera à jamais de l'art avec sa vieille méthode et ses cadences ridicules. J'ai ouï dire que le signor Lélio (que j'ai entendu chanter plusieurs fois à Naples) allait venir dans ce pays, et qu'il avait loué pour la saison cette maison, dont je connais le propriétaire. J'ai un désir irrésistible de recevoir des leçons de ce chanteur célèbre, et j'en ai fait la demande à mes parents, qui me l'ont accordée; mais ils en ont parlé à plusieurs personnes, et il leur a été dit que le signor Lélio était d'un caractère très-fier et un peu bizarre, qu'en outre il était affilié à ce qu'on appelle, je crois, la charbonnerie, c'est-à-dire qu'il a fait serment d'exterminer tous les riches et tous les nobles, et qu'en attendant il les déteste. Il ne laisse échapper, a-t-on dit à mon père, aucune occasion de leur témoigner son aversion, et, quand par hasard il consent à leur rendre quelque service, soit dans leurs soirées ou à donner des leçons dans leurs familles, c'est après s'être fait prier dans les termes les plus humbles. Si on lui prouve, par des instances très-grandes, combien on estime son talent et sa personne, il cède et redevient fort aimable; mais si on le traite comme un artiste ordinaire, il refuse sèchement et n'épargne pas les moqueries. Voilà, Madame, ce qu'on a dit à mes parents, et voilà ce qu'ils redoutent; car ils tirent un peu vanité de leur nom et de leur position dans le monde. Quant à moi, je n'ai aucun préjugé, et j'ai une admiration si vive pour le talent, que rien ne me coûterait pour obtenir de M. Lélio la faveur d'être son élève.

« Je me suis dit bien souvent que si j'étais à même de lui parler, certainement il ferait droit à ma requête. Mais, outre que je n'aurai peut-être pas l'occasion de le rencontrer, il ne serait pas convenable qu'une jeune personne s'adressât ainsi à un jeune homme. Je pensais à cela précisément ce matin en me promenant à cheval. Vous savez, Madame, que dans mon pays les demoiselles sortent seules, et vont à la promenade accompagnées de leur domestique. Je sors donc de grand matin afin d'éviter la chaleur du jour, qui nous paraît bien terrible à nous autres gens du Nord. Comme je passais devant cette jolie maison, j'ai demandé à un paysan à qui elle appartenait. Quand j'ai su qu'elle était à M. le comte Nasi, qui est l'ami de ma famille, sachant précisément qu'il l'avait louée à M. Lélio, j'ai demandé si ce dernier était arrivé. « Pas encore, m'a-t-on répondu; mais sa femme est venue d'avance pour préparer son établissement de campagne; c'est une dame très-belle et très-bonne. » Alors, Madame, il m'est venu en tête l'idée d'entrer chez vous et de vous intéresser à mon désir, afin que vous m'accordiez votre protection toute-puissante auprès de votre mari, et qu'il veuille bien accéder à la demande de mes parents, lorsqu'ils la lui adresseront. Puis-je vous demander aussi, Madame, de vouloir bien garder mon petit secret, et de prier M. Lélio de le garder également? car ma famille me blâmerait beaucoup de cette démarche, qui n'a pourtant rien que de très-innocent comme vous le voyez. »

Elle avait débité ce discours avec une volubilité si britannique; en saccadant ses mots, en traînant sur les syllabes brèves et en étranglant les longues, elle faisait de si plaisants anglicismes, que je ne songeai plus à voir Alezia dans cette jeune lady, à la fois prude et téméraire. La Checchina, de son côté, ne songea plus qu'à se divertir de son étrangeté. Moi, qui n'étais guère en train de prendre plaisir à ce jeu, je me serais volontiers retiré; mais le moindre bruit eût trahi ma présence et jeté l'épouvante dans le cœur ingénu de miss Barbara.

« En vérité, miss, répondit la Checchina en cachant une forte envie de rire derrière un flacon d'essence de rose, votre demande est fort embarrassante, et je ne sais comment y répondre. Je vous avouerai que je n'ai pas sur M. Lélio l'empire que vous voulez bien m'attribuer...

— Ne seriez-vous pas sa femme? dit la jeune Anglaise avec candeur.

— Oh! miss, s'écria la Checchina en prenant un air de prude du plus mauvais ton, une jeune personne avoir de telles idées! Fi donc! Est-ce qu'en Angleterre l'usage permet aux demoiselles de faire de pareilles suppositions? »

La pauvre Barbara fut tout à fait troublée.

« Je ne sais pas si ma question était offensante, dit-elle d'un ton ému mais plein de résolution; il est certain que ce n'était pas mon intention. Vous pourriez n'être pas la femme de M. Lélio et vivre avec lui sans crime. Vous pourriez être sa sœur... Voilà tout ce que j'ai voulu dire, Madame.

— Et ne pourrais-je pas aussi bien, dit Checca, n'être ni sa femme, ni sa sœur, ni sa maîtresse, mais demeurer ici chez moi? Ne puis-je pas aussi bien être la comtesse Nasi?

— Oh! Madame, répliqua ingénument Barbara, je sais bien que M. Nasi n'est pas marié.

— Il peut l'être en secret, miss.

— Ce serait donc bien récemment; car il m'a demandée en mariage il n'y a pas plus de quinze jours.

—Ah! c'est vous, Mademoiselle? » s'écria la Checchina avec un geste tragique qui fit tomber son éventail. Il y eut un moment de silence. Puis la jeune miss, voulant absolument le rompre, sembla faire un grand effort sur elle-même, quitta sa chaise et ramassa l'éventail de la prima donna. Elle le lui présenta avec une grâce charmante, et lui dit d'un ton caressant, que rendait plus naïf encore son accent étranger:

« Vous aurez la bonté, n'est-ce pas, Madame, de parler de moi à monsieur votre frère?

— Vous voulez dire mon mari? » répondit Checchina en recevant son éventail d'un air moqueur et en toisant la jeune Anglaise avec une curiosité malveillante. L'Anglaise retomba sur sa chaise comme si elle eût été frappée à mort; et la Checchina, qui détestait les femmes du monde et prenait une joie féroce à les écraser quand elle se trouvait en rivalité avec elles, ajouta en se pavanant d'un air distrait dans la glace placée au-dessus de l'ottomane:

« Écoutez, chère miss Barbara. Je vous veux du bien; car vous me paraissez charmante. Mais il faut que vous me disiez toute la vérité: je crains que ce ne soit pas l'amour de l'art qui vous amène ici, mais bien une sorte d'inclination pour Lélio. Il a inspiré tant de volage beaucoup de passions romanesques dans sa vie, et je connais plus de dix pensionnaires qui en sont folles.

— Rassurez-vous, Madame, répondit l'Anglaise avec un accent italien qui me fit tressaillir, je ne saurais avoir la moindre inclination pour un homme marié; et quand je suis entrée dans cette maison, je savais que vous étiez la femme de M. Lélio. »

La Checchina fut un peu déconcertée du ton ferme et dédaigneux de cette réponse; mais, résolue de la pousser à bout et de redoublant d'impertinence, elle se remit bientôt et lui dit avec un accent très-étudié:

« Chère Barbara, vous me rassurez, et je vous crois l'âme trop noble pour vouloir m'enlever le cœur de Lélio; mais je ne puis vous cacher que j'ai une misérable faiblesse. Je suis d'une jalousie effrénée, tout me porte ombrage. Vous êtes peut-être plus belle que moi, et je le crains si j'en juge par le joli pied que j'aperçois et par les grands yeux que je devine. Vous serez inoffensive pour Lélio, puisqu'il m'appartient; vous êtes fière et généreuse, mais Lélio peut devenir amoureux de vous; vous ne seriez pas la première qui lui aurait tourné la tête. C'est un volage; il s'enflamme pour toutes les belles femmes qu'il rencontre. Chère signora Barbara, ayez donc la complaisance de relever votre voile, afin que je voie ce que j'ai à craindre, et, pour parler à la française, si je puis exposer Lélio au feu de vos batteries. »

L'Anglaise fit un geste de dégoût, puis sembla hésiter; et, se levant enfin de toute sa hauteur, elle répondit en commençant à détacher son voile:

« Regardez-moi, Madame, et rappelez-vous bien mes

traits, afin d'en faire la description au seigneur Lélio ; et, si en vous écoutant il paraît ému, gardez-vous de l'envoyer vers moi ; car, s'il venait à vous être infidèle, je déclare que ce serait un malheur pour lui et qu'il n'obtiendrait que mon mépris. »

En parlant ainsi, elle avait découvert sa figure. Elle me tournait le dos, et j'essayais vainement de surprendre ses traits dans la glace. Mais avais-je besoin du témoignage de mes yeux, et celui de mes oreilles ne suffisait-il pas? Elle avait oublié tout à fait son accent anglais et parlait le plus pur italien avec cette voix sonore et vibrante qui m'avait si souvent ému jusqu'au fond de l'âme.

« Pardon, miss, dit la Checchina sans se déconcerter, vous êtes si belle, que toutes mes craintes se réveillent. Je ne puis croire que Lélio ne vous ait pas déjà vue et qu'il ne soit pas d'accord avec vous pour me tromper.

—S'il vous demande mon nom, dit Alezia en arrachant avec violence une des grandes épingles d'acier bruni qui retenaient sur sa tête le pli de son voile, remettez-lui ceci de ma part, et dites-lui que mon blason porte une épingle avec cette devise : « Au cœur qui n'a pas de sang ! »

En ce moment, ne pouvant rester sous le coup d'un tel mépris, je sortis brusquement de ma cachette et m'élançai vers Alezia avec assurance. « Non, signora, lui dis-je, ne croyez pas aux plaisanteries de mon amie Francesca. Tout ceci est une comédie qu'il lui a plu de jouer, vous prenant pour ce que vous vouliez paraître et ne sachant pas l'importance de ses mensonges ; c'est une comédie que j'ai laissé jouer, vous reconnaissant à peine, tant vous avez imité avec talent l'accent et les manières d'une Anglaise. »

Alezia ne parut ni surprise ni émue de mon apparition. Elle avait le calme et la dignité que les femmes de condition possèdent entre toutes les autres lorsqu'elles sont dans leur droit. A voir son impassibilité, éclairée peu à peu d'un charmant sourire d'ironie, on eût pu croire que son âme n'avait jamais connu la passion, et qu'elle était incapable de la connaître.

« Vous trouvez que j'ai bien joué mon rôle, Monsieur? répliqua-t-elle ; cela vous prouve que j'avais peut-être quelque disposition pour cette profession que vous ennoblissez par vos talents et vos vertus. Je vous remercie profondément de m'avoir ménagé l'occasion de vous donner la comédie, et je rends grâces à madame, qui a bien voulu me donner la réplique. Mais je suis déjà dégoûtée de cet art sublime. Il faut y porter une expérience qui me coûterait trop à acquérir et une force d'esprit dont vous seul au monde êtes capable.

— Non, signora ; vous êtes dans l'erreur, repris-je avec fermeté. Je n'ai point l'expérience du mal, et je n'ai de force que pour repousser des soupçons déshonorants. Je ne suis ni l'époux ni l'amant de Francesca. Elle est mon amie, ma sœur d'adoption, la confidente discrète et dévouée de tous mes sentiments ; et pourtant elle ignore qui vous êtes, bien qu'elle vous soit aussi dévouée qu'à moi-même.

— Je déclare, signora, dit Francesca en s'asseyant d'une manière plus convenable, que je comprends fort peu ce qui se passe ici, et comment Lélio vous a laissé concevoir de pareils soupçons, lorsqu'il lui était si facile de les détruire. Ce qu'il vous dit en ce moment est la vérité, et vous n'imaginez pas, j'espère, que je voulusse me prêter à vous tromper, si j'étais autre chose pour lui qu'une amie bien calme et bien désintéressée. »

Alezia commença à trembler de tous ses membres, comme saisie de fièvre ; et elle se rassit pâle et recueillie. Elle doutait encore.

« Tu as été méchante, ma cousine, dis-je tout bas à la Checchina. Tu as pris plaisir à faire souffrir un cœur pur pour venger ton sot amour-propre. Ne devrais-tu pas remercier ta rivale, puisqu'elle a refusé Nasi? »

La bonne Checca s'approcha d'elle, lui prit les mains familièrement et s'accroupit sur un coussin à ses pieds. « Mon bel ange, lui dit-elle, ne doutez pas de nous ; vous ne connaissez pas la douce et honnête liberté des bohémiens. Dans votre monde on nous calomnie et on

nous fait un crime de nos meilleures actions. Puisque vous avez permis à Lélio de vous aimer, c'est que vous ne partagez pas ces préventions injustes. Croyez donc bien que, à moins d'être la plus vile des créatures, je ne puis m'entendre avec Lélio pour vous tromper. Je comprends à peine quel plaisir ou quel profit j'en pourrais tirer. Ainsi calmez-vous, ma jolie signora. Pardonnez-moi de vous avoir arraché votre secret par mes folles plaisanteries. Vous devez avouer que, si la signora marchesina se fût jouée des comédiens, ce n'eût pas été dans l'ordre. Mais, au reste, tout ceci est fort heureux, et vous avez eu là une idée bonne et courageuse. Vous auriez conservé des soupçons et souffert longtemps, tandis que vous voilà rassurée, n'est-il pas vrai, marchesina mia? Et vous croyez bien que j'ai un trop grand cœur pour vous trahir en aucune façon? Allons, mon cher ange, il faut retourner auprès de vos parents, et Lélio ira vous voir aussitôt que vous le voudrez. Soyez tranquille, je vous l'enverrai, moi, et j'empêcherai bien qu'il ne vous donne d'autres sujets de chagrin. Ah! poverina, les hommes sont au monde pour désoler les femmes, et le meilleur d'entre eux ne vaut pas la dernière d'entre nous. Vous êtes une pauvre enfant qui ne connaît pas encore la souffrance. Cela ne viendra que trop tôt si vous livrez votre pauvre cœur au tourment d'amour, oimè! »

Francesca ajouta bien d'autres choses toutes pleines de bonté et de sens. En même temps qu'Alezia était un peu blessée de cette familiarité naïve, elle était touchée de tant de bienveillance et vaincue par tant de franchise. Elle ne répondait pas encore aux caresses de Checca ; mais de grosses larmes coulaient lentement sur ses joues livides. Enfin son cœur se brisa, et elle se jeta en sanglotant sur le sein de sa nouvelle amie.

« O Lélio! me dit-elle, me pardonnerez-vous l'outrage d'un pareil soupçon? N'accusez que l'état maladif où je suis, depuis quelques jours, de corps et d'esprit. C'est Lila qui, croyant me guérir et voulant m'empêcher de faire ce qu'elle appelle un coup de tête, m'a confié cette nuit que vous viviez ici avec une très-belle personne qui n'était pas votre sœur, ainsi qu'elle l'avait cru d'abord, mais votre femme ou votre maîtresse. Vous pensez bien que je n'ai pas pu fermer l'œil ; j'ai roulé dans ma tête les projets les plus tragiques et les plus extravagants. Enfin, je me suis arrêtée à l'idée que Lila avait pu se tromper, j'ai voulu savoir la vérité par moi-même. Au point du jour, tandis que Lila, vaincue par la fatigue, cette pauvre fille dormait dans ma chambre sur le tapis, je suis sortie sur la pointe du pied ; j'ai appelé le plus soumis et le plus stupide des domestiques de ma tante, je lui ai fait seller le cheval de mon cousin Hector, qui est très-fougueux, et qui a failli dix fois me renverser. Mais que m'importait la vie? Je me disais : « Hélas ! n'est pas tué qui veut ! » et j'ai pris la route de Cafaggiolo, sans savoir ce que j'allais y faire. Chemin faisant, j'ai trouvé le conte que je me suis permis de faire à madame. Oh! qu'elle me le pardonne! Je voulais savoir si elle vous aimait, Lélio ; si elle était aimée de vous, si elle avait des droits sur vous, si vous me trompiez. Pardonnez-moi tous deux ; vous êtes si bons ! vous me pardonnerez, et vous m'aimerez aussi, n'est-ce pas, Madame?

— Chère madonetta ! je t'aime déjà de toute mon âme, » répondit la Checchina en lui passant ses grands bras nus autour du cou et en l'embrassant à l'étouffer.

Je désirais terminer cette scène et renvoyer Alezia chez sa tante. Je la suppliai de ne pas s'exposer davantage, et je me levai pour faire avancer son cheval ; mais elle me retint en me disant avec force : « A quoi songez-vous, Lélio? Renvoyez chevaux et domestique chez ma tante ; demandez la poste, et partons sur-le-champ. Votre amie sera assez bonne pour nous accompagner. Nous irons trouver ma mère, et je me jetterai à ses pieds en lui disant : « Je suis compromise, je suis perdue aux yeux du monde ; je me suis enfuie de chez ma tante en plein jour, avec éclat. Je l'ai fait trop tard pour réparer le tort que je me suis fait volontairement et délibérément. J'aime Lélio, et il m'aime ; je lui ai donné ma vie. Il ne me reste sur la terre que lui et vous. Voulez-vous me maudire? »

Cette résolution me jetait dans une affreuse perplexité. Je la combattis en vain. Alezia s'irrita de mes scrupules, m'accusa de ne pas l'aimer, et invoqua le jugement de Francesca. Celle-ci voulait monter en voiture avec Alezia, et la conduire à sa mère sans moi. Moi, je voulais décider la signora à retourner chez sa tante, à écrire de là à sa mère, et à attendre sa réponse pour prendre un parti. Je m'engageais à ne plus avoir aucun scrupule de conscience, si la mère consentait; mais je ne voulais pas compromettre la fille : c'était une action odieuse que je suppliais Alezia de m'épargner. Elle me répondait que, si elle écrivait, sa mère montrerait sa lettre au prince Grimani, et que celui-ci la ferait enfermer dans un couvent.

Au milieu de ce débat, Lila, que Cattina s'efforçait en vain d'arrêter dans l'escalier, se précipita impétueusement au milieu de nous, rouge, essoufflée, près de s'évanouir. Quelques instants se passèrent avant qu'elle pût parler. Enfin elle nous dit, en mots entrecoupés, qu'elle avait devancé à la course le seigneur Hector Grimani, dont le cheval était heureusement boiteux, et ne pouvait passer par les prairies fermées de haies vives; mais qu'il était derrière elle, qu'il s'était informé tout le long du chemin de la route qu'Alezia avait suivie, et qu'il allait arriver dans un instant. Toute la maison Grimani savait, grâce à lui, la fuite de la signora. En vain la tante avait voulu faire des recherches avec prudence et imposer silence aux déclamations extravagantes d'Hector. Il faisait si grand bruit, que tout le pays serait informé dans la journée de sa position ridicule et de la démarche hasardée de la signora, si elle n'y mettait ordre elle-même en allant à sa rencontre, en lui fermant la bouche, et en retournant avec lui à la villa Grimani. Je fus de l'avis de Lila. Alezia pliait son cousin à toutes ses volontés. Rien n'était encore désespéré, si elle voulait sauter sur son cheval et retourner chez sa tante; elle pouvait prendre un autre chemin que celui par lequel venait Hector, tandis que j'enverrais au-devant de lui des gens pour le dépister et l'empêcher d'arriver jusqu'à Cafaggiolo. Tout fut inutile. Alezia resta inébranlable. « Qu'il vienne, disait-elle, laissez-le entrer dans la maison, et nous le jetterons par la fenêtre s'il ose pénétrer jusqu'ici. » La Checchina riait comme une folle de cette idée, et, sur la description railleuse qu'Alezia faisait de son cousin, elle promettait, à elle seule, d'en débarrasser la compagnie. Toutes ces bravades et cette gaieté insensée, dans un moment décisif, me causaient un chagrin extrême.

Tout à coup une chaise de poste parut au bout de la longue avenue de figuiers qui conduisaient de la grande route à la villa Nasi. « C'est Nasi! s'écria Checchina. — Si c'était Bianca! pensai-je. — Oh! s'écria Lila, voici madame votre tante elle-même qui vient vous chercher.

— Je résisterai à ma tante aussi bien qu'à mon cousin, répondit Alezia; car ils agissent indignement à mon égard. Ils veulent publier ma honte, m'abreuver de chagrins et d'humiliations, afin de me subjuguer. Lélio, cachez-moi, ou protégez-moi. — Ne craignez rien, lui dis-je; si c'est ainsi qu'on veut agir envers vous, nul n'entrera ici. Je vais recevoir madame votre tante au seuil de la maison, et puisqu'il est trop tard pour en faire sortir, je jure que personne n'y pénétrera. »

Je descendis précipitamment; je trouvai Cattina qui écoutait aux portes. Je la menaçai de la tuer si elle disait un mot; puis, songeant qu'aucune crainte n'était assez forte pour l'empêcher de céder au pouvoir de l'argent, je me ravisai, et, retournant sur mes pas, je la pris par le bras, la poussai dans une sorte d'office qui n'avait qu'une lucarne où elle ne pouvait s'enfuir, je fermai la porte sur elle à double tour malgré sa colère, je mis la clef dans ma poche, et je courus au-devant de la chaise de poste.

Mais de toutes nos appréhensions, la plus embarrassante se réalisa. Nasi sortit de la voiture et se jeta à mon cou. Comment l'empêcher d'entrer chez lui, comment lui cacher ce qui se passait? Il était facile de l'empêcher de violer l'incognito d'Alezia, en lui disant qu'une femme était venue pour moi dans sa maison, et que je le priais de ne point chercher à la voir. Mais la journée ne se passerait pas sans que la fuite d'Alezia et le désordre de la maison Grimani ne vinssent à ses oreilles. Une semaine suffirait pour l'apprendre à toute la contrée. Je ne savais vraiment que faire. Nasi, ne comprenant rien à mon air troublé, commençait à s'inquiéter et à craindre que la Checchina n'eût fait, par colère ou désespoir, quelque coup de tête. Il montait l'escalier avec précipitation; déjà il tenait le bouton de la porte de l'appartement de Checca, lorsque je l'arrêtai par le bras en lui disant d'un air très-sérieux que je le priais de ne pas entrer.

« Qu'est-ce à dire, Lélio? me dit-il d'une voix tremblante et en pâlissant; Francesca est ici et ne vient point à ma rencontre; vous me recevez d'un air glacé, vous voulez m'empêcher d'entrer chez elle? C'est pourtant vous qui m'avez écrit de revenir près d'elle, et vous sembliez vouloir nous réconcilier; que se passe-t-il donc entre vous? »

J'allais répondre, lorsque la porte s'ouvrit, et Alezia parut, couverte de son voile. En voyant Nasi, elle tressaillit et s'arrêta.

« Je comprends maintenant, je comprends, dit Nasi en souriant; mille pardons, mon cher Lélio! dis-moi dans quelle pièce je dois me retirer. — Ici, Monsieur! dit Alezia d'une voix ferme en lui prenant le bras et en l'entraînant dans le boudoir d'où elle venait de sortir et où se trouvaient toujours Francesca et Lila. » Je la suivis. Alezia, en voyant paraître le comte, prit son air le plus farouche, précisément celui qu'elle avait dans le rôle d'Arsace, lorsqu'elle faisait la partie de soprano dans la *Sémiramis* de Bianchi. Lila se mit devant la porte pour empêcher de nouvelles visites, et Alezia, écartant son voile, dit au comte stupéfait :

« Monsieur le comte, vous m'avez demandé en mariage, il y a quinze jours. Le peu de temps pendant lequel j'ai eu le plaisir de vous voir à Naples a suffi pour me donner de vous une plus haute idée que de tous mes autres prétendants. Ma mère m'a écrit pour me conjurer, pour m'ordonner presque d'agréer vos recherches. Le prince Grimani ajoutait en post-scriptum que, si définitivement j'avais de l'éloignement pour mon cousin Hector, il me permettait de revenir auprès de ma mère, à condition que je vous accepterais sur-le-champ pour mari. D'après ma réponse on devait ou venir me chercher pour me conduire à Venise et vous y donner rendez-vous, ou me laisser indéfiniment chez ma tante avec mon cousin. Eh bien! malgré l'aversion que mon cousin m'inspire, malgré les tracasseries dont ma tante m'abreuve, malgré l'ardent désir que j'éprouve de revoir ma bonne mère et ma chère Venise; enfin, malgré la grande estime que j'ai pour vous, monsieur le comte, j'ai refusé. Vous avez dû croire que j'accordais la préférence à mon cousin... Tenez! dit-elle en s'interrompant et en calmant ses regards vers la croisée, le voilà qui entre à cheval jusque dans votre jardin. Arrêtez! monsieur Lélio, ajouta-t-elle en me saisissant le bras, comme je m'élançais pour sortir; vous m'accorderez bien qu'en cet instant il n'y a ici d'autre volonté à écouter que la mienne. Placez-vous avec Lila devant cette porte jusqu'à ce que j'aie fini de parler. »

Je dérangeai Lila, et je tins la porte à sa place. Alezia continua :

« J'ai refusé, monsieur le comte, parce que je ne pouvais loyalement accepter vos honorables propositions. J'ai répondu à l'aimable lettre que vous aviez jointe à celle de ma mère.

— Oui, signora, dit le comte, vous m'avez répondu avec une bonté dont j'ai été fort touché, mais avec une franchise qui ne me laissait aucun espoir; et si je reviens dans le pays que vous habitez, ce n'est point avec l'intention de vous importuner de nouveau, mais avec celle d'être votre serviteur soumis et votre ami dévoué, si vous daignez jamais faire appel à mes respectueux sentiments.

— Je le sais, et je compte sur vous, répondit Alezia en lui tendant sa main d'un air noblement affectueux. Le moment est venu, plus vite que vous ne l'auriez imaginé, de mettre ces généreux sentiments à l'épreuve. Si j'ai refusé votre main, c'est que j'aime Lélio; si je suis

Elle prit l'attitude la plus grecque qu'elle put imaginer. (Page 44.)

ici, c'est que je suis résolue à n'épouser jamais que lui. »

Le comte fut si bouleversé de cette confidence, qu'il resta quelques instants sans pouvoir répondre. A Dieu ne plaise que je blasphème l'amitié du brave Nasi; mais, en ce moment, je vis bien que chez les nobles il n'est pas d'amitié personnelle, de dévouement ni d'estime qui puissent extirper entièrement les préjugés. J'avais les yeux attachés sur lui avec une grande attention, je lus clairement sur son visage cette pensée : « J'ai pu, moi comte Nasi, aimer et demander en mariage une femme qui est amoureuse d'un comédien et qui veut l'épouser ! »

Mais ce fut l'affaire d'un instant. Le bon Nasi reprit sur-le-champ ses manières chevaleresques. « Quoi que vous ayez résolu, signora, dit-il, quoi que vous ayez à m'ordonner en vertu de vos résolutions, je suis prêt.

— Eh bien! monsieur le comte, reprit Alezia, je suis chez vous, et voici mon cousin qui vient, sinon me réclamer, du moins constater ici ma présence. Froissé par mes refus, il ne manquera pas de me décrier, parce qu'il est sans esprit, sans cœur et sans éducation. Ma tante feindra de blâmer l'emportement de son fils, et racontera ce qu'il lui plaira d'appeler ma honte à toutes les dévotes de sa connaissance qui le rediront à toute l'Italie. Je ne veux point, par de vaines précautions, ni par de lâches dénégations, essayer d'arrêter le scandale. J'ai appelé l'orage sur ma tête, qu'il éclate à la face du monde! Je n'en souffrirai pas si, comme je l'espère, le cœur de ma mère me reste, et si, avec un époux content de mes sacrifices, je trouve encore un ami assez courageux pour avouer hautement la protection fraternelle qu'il m'accorde. A ce titre, voulez-vous empêcher qu'il n'y ait des explications inconvenantes, *impossibles* entre Lélio et mon cousin? Voulez-vous aller recevoir Hector, et lui déclarer de ma part que je ne sortirai de cette maison que pour aller trouver ma mère, et appuyée sur votre bras? »

Le comte regarda Alezia d'un air sérieux et triste, qui semblait dire : « Vous êtes la seule ici qui compreniez à quel point mon rôle, dans le monde, va paraître étrange, coupable et ridicule, » mit gracieusement un genou en terre, et baisa la main d'Alezia qu'il tenait toujours dans la sienne, en lui disant : « Madame, je suis votre chevalier à la vie et à la mort. » Puis il vint à moi et m'embrassa cordialement sans me rien dire. Il oublia de parler à la Checchina, qui du reste, appuyée sur le rebord de la

Et vous voulez m'empêcher d'entrer. (Page 47.)

fenêtre, les bras croisés sur sa poitrine, contemplait cette scène avec une attention philosophique.

Nasi se préparait à sortir. Moi, je ne pouvais souffrir l'idée qu'il allait s'établir, à ses risques et périls, le champion de la femme que j'étais censé compromettre. Je voulais du moins le suivre et prendre sur moi la moitié de la responsabilité. Il me donna, pour m'en empêcher, des raisons excellentes tirées du code du grand monde. Je n'y comprenais rien, et me sentais dominé en cet instant par la colère que me causaient l'insolence d'Hector et ses indignes intentions. Alezia essaya de me calmer en me disant: « Vous n'avez encore de droits que ceux qu'il me plaira de vous accorder. » J'obtins du moins d'accompagner Nasi, et de faire acte de présence devant Hector Grimani, à la condition de ne pas dire un mot sans la permission de Nasi.

Nous trouvâmes le cousin qui descendait de cheval, tout haletant et couvert de sueur. Il donna un grand coup de fouet, en jurant d'une manière ignoble, au pauvre animal, parce que, s'étant déferré et blessé en chemin, il n'était pas venu assez vite au gré de son impatience. Il me sembla voir dans ce début et dans toute la contenance d'Hector qu'il ne savait comment se tirer de la position où il s'était jeté à l'étourdie. Il fallait se montrer héroïque à force d'amour et de folle jalousie, ou absurde à force de lâche insolence. Ce qui mettait le comble à son embarras, c'est qu'il avait recruté en chemin deux jeunes gens de ses amis qui se rendaient à la chasse et avaient voulu l'accompagner dans son expédition, moins sans doute pour l'assister que pour se divertir à ses dépens.

Nous nous avançâmes jusqu'à lui sans le saluer, et Nasi le regarda de près au milieu du visage, d'un air glacé, sans lui dire un mot. Il parut ne pas me voir ou ne pas me reconnaître. « Ah! c'est vous, Nasi? » s'écria-t-il incertain s'il le saluerait ou s'il lui tendrait la main; car il voyait bien que Nasi n'était pas disposé à lui rendre aucune espèce de révérence.

—Vous n'avez pas sujet de vous étonner, je pense, de me trouver chez moi, répondit Nasi.

—Pardonnez-moi, pardonnez-moi, reprit Hector en feignant d'être accroché par son éperon à un magnifique rosier qui se trouvait là, et qu'il écrasait de tout son poids. Je ne m'attendais pas du tout à vous retrouver ici; je vous croyais à Naples.

— Que vous l'ayez cru ou non, peu importe. Vous voici, et me voici. De quoi s'agit-il?

— Pardieu, mon cher, il s'agit de m'aider à retrouver ma cousine Alezia Aldini, qui se permet de courir seule à cheval sans la permission de sa mère, et qui, m'a-t-on dit, est par ici.

— Qu'entendez-vous par ce mot : *par ici?* Si vous pensez que la personne dont vous parlez soit dans les environs, suivez la rue, cherchez.

— Mais que diable, mon cher, elle est ici! dit Hector forcé par le ton de Nasi et par la présence de ses témoins de se prononcer un peu plus nettement. Elle est dans votre maison ou dans votre jardin; car l'on l'a vue entrer dans votre avenue, et, sang de Dieu! voilà son cheval là-bas ! c'est-à-dire mon cheval ; car il lui a plu de le prendre pour courir les champs, et de me laisser sa haquenée. » Et il essayait par un gros rire forcé d'égayer un entretien que Nasi ne semblait pas disposé à traiter si gaiement.

« Monsieur, répondit-il, je n'ai pas l'honneur de vous connaître assez pour que vous m'appeliez *mon cher;* je vous prie donc de me traiter comme je vous traite. Ensuite, je vous ferai observer que ma maison n'est point une auberge, ni mon jardin une promenade publique, pour que les passants se permettent de l'explorer.

— Ma foi, Monsieur, si vous n'êtes pas content, dit Hector, j'en suis fâché. Je croyais vous connaître assez pour me permettre d'entrer chez vous, et je ne savais pas que votre maison de campagne fût un château-fort.

— Telle qu'elle est, monsieur, palais, ou chaumière, j'en suis le maître, et je vous prie de vous tenir pour averti que personne n'y entre sans ma permission.

— Par Bacchus! monsieur le comte, vous avez bien peur que je vous demande la permission d'entrer chez vous; car vous me la refusez d'avance avec une aigreur qui me donne beaucoup à penser. Si, comme je le crois, Alezia Aldini est dans cette maison, je commence à espérer pour elle qu'elle est venue pour vous; donnez-m'en l'assurance, et je me retire satisfait.

— Je ne reconnais à personne, Monsieur, répondit Nasi, le droit de m'adresser aucune espèce de questions; et à vous, moins qu'à tout autre, celui de m'interroger sur le compte d'une femme que votre conduite outrage en cet instant.

— Eh! mordieu, je suis son cousin! Elle est confiée à ma mère; que voulez-vous que ma mère réponde à mon oncle, le prince Grimani, lorsqu'il lui demandera sa belle-fille? Et comment voulez-vous que ma mère, qui est âgée et infirme, coure après une jeune écervelée qui monte à cheval comme un dragon?

— Je suis certain, Monsieur, dit Nasi, que madame votre mère ne vous a pas chargé de chercher sa nièce d'une manière aussi bruyante, et de la demander à tout venant d'une manière aussi déplacée; en tous cas, sa sollicitude serait un outrage plus qu'une protection, et mettre l'objet d'une telle protection à l'abri de votre zèle serait un devoir pour moi.

— Allons, dit Hector, je vois que vous ne voulez pas nous rendre notre fugitive. Vous êtes un chevalier des anciens temps, monsieur le comte! Souvenez-vous que désormais ma mère est déchargée de toute responsabilité envers la mère de mademoiselle Aldini. Vous arrangerez cette affaire désagréable comme vous l'entendrez pour votre propre compte. Quant à moi, je m'en lave les mains, j'ai fait ce que je devais et ce que je pouvais. Je vous prierai seulement de dire à Alezia Aldini qu'elle est bien libre d'épouser qui bon lui semblera, et que pour ma part je n'y mettrai pas d'obstacle. Je vous cède mes droits, mon cher comte; puissiez-vous n'avoir jamais à chercher votre femme dans la maison d'autrui, car vous voyez par mon exemple combien on y fait sotte figure.

— Beaucoup de gens pensent, monsieur le comte, répondit Nasi, qu'il y a toujours moyen d'ennoblir la position la plus fâcheuse et de faire respecter la plus ridicule. Il n'y a de sottes figures que là où il y a de sottes démarches. »

A cette réponse sévère, un murmure significatif des deux amis fit sentir à Hector qu'il ne pouvait plus reculer.

« Monsieur le comte, dit-il à Nasi, vous parlez de sottes démarches. Qu'appelez-vous sottes démarches, je vous prie?

— Vous donnerez à mes paroles l'explication que vous voudrez, Monsieur.

— Vous m'insultez, Monsieur!

— C'est vous qui en êtes juge, monsieur. Pour moi, cela ne me regarde pas.

— Vous me rendrez raison, je présume?

— Fort bien, Monsieur.

— Votre heure?

— Celle que vous voudrez.

— Demain matin à huit heures, dans la pairie de Maso, si vous le voulez bien, Monsieur. Mes témoins seront ces messieurs.

— Très-bien, Monsieur; mon ami que voici sera le mien. »

Hector me regarda avec un sourire de dédain, et, emmenant à l'écart Nasi avec ses deux compagnons, il lui dit :

« Ah çà, mon cher comte, permettez-moi de vous dire que c'est pousser la plaisanterie trop loin. Maintenant qu'il s'agit de se battre, il faudrait, ce me semble, un jeu de sérieux. Mes témoins sont gens de qualité : monsieur est le marquis de Mazzorbo, et voici monsieur de Monteverbasco. Je ne pense pas que vous puissiez leur associer comme témoin ce monsieur à qui j'ai fait donner vingt francs l'autre jour pour avoir accordé un piano chez ma mère. Vraiment, je n'y conçois rien. Hier on découvre que ce monsieur a une intrigue avec ma cousine, et aujourd'hui vous nous dites que c'est votre ami intime. Veuillez nous dire au moins son nom.

— Vous vous trompez positivement, monsieur le comte. Ce *monsieur*, comme vous dites, n'accorde point de pianos, et n'a jamais mis le pied chez votre cousine. C'est le signor Léüo, l'un de nos plus grands artistes, et l'un des hommes les plus braves et les plus loyaux que je connaisse. »

J'avais entendu confusément le commencement de cette conversation, et, voyant qu'il s'agissait de moi, je m'étais rapproché assez rapidement. Quand j'entendis le comte Hector parler tout haut d'une *intrigue* à propos d'Alezia, la mauvaise humeur où m'avait mis le combat engagé sans moi se changea en colère, et je résolus de faire payer à quelqu'un de nos adversaires la fausseté de ma position. Je ne pouvais m'en prendre au comte Hector, déjà provoqué par Nasi; ce fut sur M. de Monteverbasco que tomba l'orage. Le digne gentilhomme, en apprenant mon nom, s'était contenté de dire d'un air étonné :

« Tiens! »

Je m'approchai de lui, et le regardant en face d'un air menaçant :

« Que voulez-vous dire, Monsieur ?

— Moi, Monsieur, je n'ai rien dit.

— Pardonnez-moi, Monsieur, vous avez dit : *C'est encore pire.*

— Non, Monsieur, je ne l'ai pas dit.

— Si, Monsieur, vous l'avez dit.

— Si vous y tenez absolument, Monsieur, mettons que je l'ai dit.

— Ah! vous en convenez enfin. Eh bien! Monsieur, si vous ne me trouvez pas bon pour témoin, je saurai bien vous forcer à me trouver bon pour adversaire.

— Est-ce une provocation, Monsieur?

— Monsieur, ce sera tout ce qu'il vous plaira. Mais je vous avertis que votre nom ne me revient pas, et que votre figure me déplaît.

— C'est bien, monsieur; nous prendrons donc, si cela vous convient, le rendez-vous de ces messieurs.

— Parfaitement. Messieurs, j'ai l'honneur de vous saluer. »

Après quoi nous rentrâmes, Nasi et moi, dans la maison, non sans avoir recommandé le silence aux domestiques.

La conduite d'Hector Grimani en cette occurrence me

fit connaître un type d'homme du monde que je n'avais pas encore observé. Si j'avais songé à porter un jugement sur Hector, les premières fois que je l'avais vu à la villa Grimani, alors qu'il se renfermait dans sa cravate et dans sa nullité pour paraître supportable à sa cousine, j'aurais prononcé que c'était un homme faible, inoffensif, froid et bon. Cet homme si grêle pouvait-il nourrir un sentiment d'hostilité? Ces manières si méthodiquement élégantes pouvaient-elles cacher un instinct de domination brutale et de lâche ressentiment? Je ne l'aurais point cru; je ne m'attendais pas à le voir demander raison à Nasi de sa dure réception; car je le croyais plus poli et moins brave, et je fus étonné qu'ayant été assez sot pour s'attirer de telles leçons, il fût assez assez résolu pour s'en venger. Le fait est qu'Hector n'était pas un de ces hommes sans conséquence qui ne font jamais ni mal ni bien. Il était maussade, présomptueux; mais, sentant malgré lui sa médiocrité intellectuelle, il se laissait toujours dominer dans les discussions; puis, bientôt poussé par la haine et la vengeance, il demandait à se battre. Il se battait souvent et toujours mal à propos, de sorte que sa bravoure tardive et entêtée lui faisait plus de tort que de bien.

Avant de laisser Nasi retourner auprès d'Alezia, je le pris à l'écart et lui dis que tout ce qui venait de se passer était arrivé bien malgré moi, que mon intention n'avait jamais été de séduire, d'enlever, ni d'épouser mademoiselle Aldini, que ma ferme résolution était de m'éloigner d'elle sur-le-champ et pour toujours, à moins que je me fusse forcé par l'honneur à l'épouser en réparation du tort qu'elle venait de se faire à cause de moi. Je voulais que Nasi en fût juge. « Mais avant de vous raconter toute cette histoire, lui dis-je, il faut songer au plus pressé, et nous arranger de manière à compromettre le moins possible notre jeune hôtesse. Je dois vous confier un fait qui gâte tout, c'est que sa mère sera ici demain soir. Je vais établir un homme de planton au prochain relais, afin qu'au lieu d'aller chercher sa fille à la villa Grimani, elle vienne ici directement la prendre. Dès que j'aurai remis la signora Alezia entre les mains de sa mère, j'espère que tout s'arrangera; mais, jusque-là, quelle explication vais-je lui donner de l'extrême réserve dans laquelle je veux me renfermer envers elle?

— Le mieux, dit Nasi, serait de la décider à sortir d'ici, et à retourner chez sa tante, ou du moins à se retirer dans un couvent pendant vingt-quatre heures. Je vais essayer de lui faire comprendre que sa postion ici n'est pas tenable. »

Il alla trouver Alezia. Mais toutes ses bonnes raisons furent inutiles. Checca, fidèle à ses habitudes de jactance, avait dit à Alezia qu'elle était la maîtresse de Nasi, que le comte s'était détaché d'elle après une querelle, et qu'alors il avait pu demander Alezia en mariage; mais que, guéri par son refus, et ramené par un invincible amour aux pieds de sa maîtresse, il était prêt à l'épouser. Alezia se croyait donc très-convenablement chez Nasi, elle était charmée de le voir prendre, comme elle, le parti de se livrer au penchant de son cœur et de rompre avec l'opinion. Elle se promettait de trouver dans ce couple heureux une société pour toute sa vie et une amitié à toute épreuve. En quittant la maison de Nasi, elle craignait mes scrupules, et les efforts de sa famille pour la réconcilier avec le monde. Elle voulait donc obstinément se perdre, et elle finit par déclarer à Nasi qu'elle ne sortirait de chez lui que contrainte par la force.

« En ce cas, signora, lui dit le comte, vous me permettrez d'agir de mon côté comme l'honneur me l'ordonne. Je suis votre frère, vous l'avez voulu. J'ai accepté ce rôle avec reconnaissance et soumission, et j'ai déjà fait acte de protection fraternelle en éloignant de vous les insolentes réclamations du comte Hector. Je continuerai d'agir d'après les conseils de mon respect et de mon dévouement; mais si les droits d'un frère ne s'étendent pas jusqu'à commander à sa sœur, du moins ils l'autorisent à écarter d'elle tout ce qui pourrait nuire à sa réputation. Vous permettrez donc que j'empêche Lélio de rentrer dans cette maison tant que votre mère n'y sera pas, et je viens de lui envoyer un exprès, afin que demain soir vous puissiez l'embrasser.

— Demain soir? s'écria Alezia, c'est trop tôt. Non, je ne le veux pas. Quelque bonheur que j'aie à revoir ma mère bien-aimée, je veux avoir le temps d'être compromise aux yeux du monde, et perdue sans retour pour lui. Je veux partir avec Lélio, et courir au-devant de ma mère. Quand on saura que j'ai voyagé avec Lélio, personne ne m'excusera, personne ne pourra me pardonner, excepté ma mère.

— Lélio n'obéira pas à votre volonté, ma chère sœur, répondit Nasi; il n'obéira qu'à la mienne; car son âme n'est que délicatesse et loyauté, et il m'a pris pour arbitre suprême.

— Eh bien! dit Alezia en riant, allez lui ordonner de ma part de venir ici.

— Je vais le trouver, répondit Nasi; car je vois que vous n'êtes disposée à écouter aucune parole sage. Et je vais avec lui faire préparer deux chambres pour lui et pour moi dans l'auberge du village que vous voyez d'ici au bout de l'avenue. Si vous étiez encore exposée à quelque offense de la part de M. Hector Grimani, vous n'auriez qu'à faire signe de votre fenêtre et à faire sonner la cloche du jardin, nous serions sous les armes à l'instant même. Mais soyez tranquille, il ne reviendra pas. Vous allez donc vous emparer de l'appartement de Lélio, qui est plus convenable pour vous que celui-ci. Votre femme de chambre restera ici pour vous servir et pour m'apporter vos ordres, s'il vous plaît de m'en donner. »

Nasi étant venu me rejoindre et m'ayant rapporté cet entretien, je lui ouvris mon cœur et lui confiai à peu près tout ce que j'éprouvais, sans toutefois lui parler de Bianca. Je lui expliquai comment je m'étais étourdiment engagé dans une aventure dont l'héroïne m'avait d'abord semblé coquette jusqu'à l'effronterie, et comment, en découvrant de jour en jour la pureté de son âme et l'élévation de son caractère, je m'étais trouvé amené malgré moi à jouer le rôle d'un homme prêt à tout accepter et à tout entreprendre. « Vous n'aimez donc pas la signora Aldini? » dit le comte avec un étonnement où je crus voir percer un peu de mépris pour moi. Je n'en fus pas blessé; car je savais ne pas mériter ce mépris, et il me rendit son estime quand il sut quelles luttes j'avais soutenues pour rester vertueux, quoique dévoré d'amour et de désirs. Mais quand il fallut expliquer au comte comment il se faisait que je fusse si positivement décidé à ne pas épouser Alezia, quelque indulgence qu'elle trouvât dans le cœur de sa mère, je fus embarrassé. Je lui fis alors une question : je lui demandai si Alezia serait tellement compromise par l'action qu'elle venait de faire, qu'il fût de mon devoir de l'épouser pour réhabiliter son honneur. Le comte sourit et, me prenant la main avec affection : « Mon bon Lélio, me dit-il, vous ne savez pas encore à quel point le monde où Alezia est née renferme de sottise, et combien sa sévérité cache de corruption. Sachez, afin je rire et de mépriser de semblables idées autant que je les méprise, sachez qu'Alezia séduite par vous dans la maison de sa tante, après avoir été votre maîtresse pendant un an, pourvu que la chose se fût passée sans bruit et sans scandale, pourrait encore faire ce qu'on appelle un bon mariage, et aucune grande maison ne lui serait fermée. Elle entendrait chuchoter autour d'elle, et quelques femmes austères défendraient à sa fille, nouvellement mariées, de se lier avec elle; mais elle n'en serait que plus à la mode et entourée de plus d'hommages. Mais si vous épousiez Alezia, fût-il prouvé qu'elle est restée pure comme un ange jusqu'au jour de son mariage, on ne lui pardonnerait jamais d'être la femme d'un comédien. Vous êtes un de ces hommes sur lesquels aucune calomnie n'a de prise. Beaucoup de gens sensés penseraient peut-être qu'Alezia a fait une noble choix et une bonne action en vous épousant; bien peu l'oseraient dire tout haut, et si elle devient veuve, les portes fermées sur elle ne se rouvriraient jamais; car elle ne trouverait jamais un homme du monde qui voulût l'épouser après vous; sa famille la considérerait comme morte, et il ne serait même plus permis à sa mère de prononcer son nom. Voilà le sort qui attend Alezia si vous l'épousez. Réfléchissez, et si vous n'êtes pas sûr de l'aimer toujours, craignez un mariage malheureux ; car il ne vous sera plus possible de la rendre à sa famille et à ses amis quand elle aura porté votre nom. Si, au contraire, vous vous sentez la force de l'aimer toujours, épousez-la ; car son dévouement pour vous est sublime, et nul homme au monde n'en est plus digne que vous. »

Je restai rêveur, et le comte craignit de m'avoir blessé par sa franchise, malgré les réflexions obligeantes par lesquelles il avait essayé d'en adoucir l'amertume. Je le rassurai.

« Ce n'est point à cela que je songe, lui dis-je ; je songe à la signora Bianca, je veux dire à la princesse Grimani, et aux chagrins dont sa vie serait abreuvée si j'épousais sa fille.

— Ils seraient grands en effet, répliqua le comte ; et si vous connaissiez cette aimable et charmante femme, vous y regarderiez à deux fois avant de l'exposer à la colère de ces insolents et implacables Grimani.

— Je ne l'y exposerai point, répondis-je avec force et comme me parlant à moi-même.

— Cette résolution ne part peut-être point d'un cœur fortement épris, dit le comte ; mais, ce qui vaut mieux, elle part d'un cœur généreux et noble. Quoi que vous fassiez, je reste votre ami, et je soutiens votre détermination envers et contre tous. »

Je l'embrassai, et nous passâmes le reste de la journée en tête-à-tête, à l'auberge voisine. Il me fit raconter encore toute mon aventure ; et l'intérêt avec lequel il m'interrogeait sur les plus petits détails, l'air d'anxiété secrète dont il écoutait le récit des circonstances périlleuses où ma vertu s'était trouvée à l'épreuve, me firent bien voir que ce noble cœur était fortement épris d'Alezia Aldini. En même temps qu'il souffrait d'entendre ces récits, il était évident pour moi que chaque preuve de courage et de dévouement que m'avait donnée Alezia enflammait son enthousiasme, et malgré lui ranimait son amour. A chaque instant, il m'interrompait pour me dire : « C'est beau, cela, Lélio ! c'est beau ! c'est grand ! A votre place je n'aurais pas tant de courage ! Je ferais mille folies pour cette femme. » Cependant, quand je lui donnais mes raisons (et je les lui donnais toutes, sauf toutefois lui parler de l'amour que j'avais eu autrefois pour Bianca), il approuvait ma sagesse et ma fermeté ; et lorsque malgré moi je redevenais triste, il me disait : « Courage ! allons, courage ! Encore dix-huit ou vingt heures, et Alezia sera sauvée. Je crois que nous traiterons demain les Grimani de manière à leur ôter l'envie d'ébruiter l'affaire. La princesse emmènera sa fille, et un jour Alezia vous bénira de n'avoir été plus sage qu'elle ; car l'amour ne vit qu'un jour, et les préjugés ont des racines indestructibles. »

Nous passâmes quelques heures de la nuit à mettre ordre à nos affaires ; à tout événement, Nasi légua sa villa à la Checchina. La conduite de cette bonne fille envers Alezia avait rempli d'estime et de reconnaissance l'âme généreuse du comte.

Quand nous eûmes fini, nous prîmes quelques heures de sommeil, et, au point du jour, je m'éveillai. Quelqu'un entrait dans ma chambre : c'était Checca.

« Tu te trompes, lui dis-je ; la chambre de Nasi est ici proche.

— Ce n'est pas lui, mais toi que je cherche, dit-elle. Écoute : il ne faut pas que tu épouses cette marchesina.

— Pourquoi, ma chère Francesca ?

— Je vais te le dire : les obstacles et les dangers exaltent son amour pour toi ; mais elle n'est ni si forte d'esprit ni si libre de préjugés qu'elle le prétend. Elle est bonne, aimable, charmante ; et, je le pense, elle t'aime de tout mon cœur ; mais elle m'a dit sans s'en apercevoir, en causant avec moi, plus de cent choses qui me prouvent qu'elle croit faire pour toi un sacrifice immense, et qu'elle le regrettera un jour où tu n'en seras pas le prix aussi bien qu'elle. Et, dis-moi, pouvons-nous apprécier ces sacrifices, nous autres qui sommes pleins de justes préventions contre le monde, et qui le méprisons autant qu'il nous méprise ? Non, non ; un jour viendrait, Lélio, je te le prédis, où, même sans regretter le monde, elle t'accuserait d'ingratitude au premier grief qu'elle aurait contre toi, et c'est un triste rôle pour un homme que d'être l'obligé insolvable de sa femme. »

En trois mots je fis savoir à la Checca quelles étaient mes intentions à l'égard d'Alezia. Quand elle vit que j'abondais dans son sens : « Mon bon Lélio, dit-elle, il m'est venu une idée. Il n'est pas question ici de penser à soi seul, ou du moins il faut penser à soi noblement, et assurer l'orgueil de la conscience pour l'avenir. Nasi aime Alezia. Elle n'a point été ta maîtresse ; il peut l'épouser : il faut qu'il l'épouse. » Je ne savais trop si Checca n'avait pas ainsi pour me faire parler à mon tour ; mais elle ajouta, sans me donner le temps de répondre :

« Sois sûr de ce que je te dis, Lélio ; Nasi est fou d'elle. Il est triste à mourir. Il la regarde avec des yeux qui semblent dire *Que ne suis-je Lélio !* et, quand il me témoigne de l'affection, je vois bien que c'est par reconnaissance de ce que je fais pour elle.

— En vérité, le crois-tu, ma bonne Checca ? lui dis-je, frappé de sa pénétration et du grand sens qu'elle déployait dans les grandes occasions, elle si absurde dans les petites.

— Je te dis que j'en suis sûre. Il faut donc qu'ils se marient. Laissons-les ensemble. Partons sur-le-champ.

— Partons la nuit prochaine. Je le veux bien, répondis-je ; jusque-là c'est impossible. Je t'en dirai la raison dans quelques heures. Retourne auprès d'Alezia avant qu'elle s'éveille.

— Oh ! elle ne dort pas, répondit Checca ; elle n'a fait que se promener en long et en large toute la nuit avec agitation. Sa soubrette Lila, qui a voulu coucher dans sa chambre, cause avec elle de temps en temps, et l'irrite beaucoup par ses remontrances ; car elle n'approuve pas l'amour de sa maîtresse pour toi, je t'en avertis. Mais, quand elle se met à soupirer et à dire : *Povera signora Bianca ! povera principessa madre !* la belle Alezia fond en larmes et se jette sur son lit en sanglotant. Alors la soubrette la supplie de ne pas faire mourir sa mère de chagrin. J'entends tout cela de ma chambre. Adieu, j'y retourne. Si tu es bien décidé à repousser ce mariage, songe à mon projet, et prépare-toi à servir l'amour de notre pauvre comte. »

A huit heures du matin, nous nous rendîmes sur le terrain. Le comte Hector tirait l'épée comme Saint-Georges ; et bien lui prenait de s'être beaucoup exercé à ce détestable argument, car c'était le seul qu'il eût à son service. Nasi fut blessé peu gravement ; par bonheur, Hector se conduisit assez bien ; sans faire d'excuses pour sa conduite à l'égard de Nasi, il convint qu'il avait mal parlé de sa cousine dans un premier mouvement de colère, et il pria Nasi de lui en demander pardon de sa part. Il termina en demandant à ses deux amis leur parole d'honneur de garder le secret sur toute cette aventure, et ils la donnèrent. Comme nous étions témoins l'un de l'autre, Nasi ne voulut point quitter le terrain avant que je me fusse battu. Son domestique pansa sa blessure sur le lieu même, et le combat commença entre M. de Monteverbasco et moi. Je le blessai assez grièvement, mais non à mort, et, son médecin l'ayant transporté dans sa voiture, nous rentrâmes, Nasi et moi, à la villa. Comme il ne voulait point faire savoir à l'auberge qu'il était blessé, il se fit transporter dans le kiosque de son jardin. La Checchina, prévenue en secret de ce qui venait de se passer, vint nous joindre, et l'entoura des soins que son état réclamait. Quand il fut en force à se montrer, il pria la Checchina de dire à Alezia qu'il avait fait une chute de cheval, et il se présenta pour lui souhaiter le bonjour. Mais la vieille Cattina, qu'on avait délivrée, et qui, malgré la leçon, ne pouvait s'empêcher de s'enquérir de tout, afin de le redire à tous, savait déjà que nous nous étions battus, et déjà elle avait été le dire à Alezia, qui courut se jeter dans les bras du comte dès qu'il entra au salon. Quand elle l'eut remercié avec effusion, elle lui demanda où j'étais. Ce fut en vain que le comte répondit que j'étais aux arrêts par son ordre dans le kiosque : elle s'obstina à croire que j'étais dangereusement blessé, et qu'on voulait le lui cacher. Elle menaçait de descendre au jardin pour s'en assurer par elle-même. Le comte tenait beaucoup à ce qu'elle ne fît pas d'imprudence devant les domestiques. Il aima mieux venir me chercher et m'amener devant elle. Alors Alezia, sans s'inquiéter de la présence de Nasi et de Checchina, me fit de grands reproches sur ce qu'elle appelait mes scrupules exagérés. « Vous ne m'aimez guère, me disait-elle, puisque, quand je veux absolument me compromettre pour vous, vous ne voulez pas m'aider. » Elle me dit les choses les plus folles et les plus tendres, sans manquer à l'instinct d'exquise pudeur que possèdent les jeunes filles quand elles ont de l'esprit. Checchina, qui écoutait ce dialogue au point de vue de l'art, était émerveillée, comme elle me dit par la suite, *della parte della marchesina*. Quant à Nasi, je rencontrai dix fois son regard mélancolique attaché sur Alezia et sur moi avec une émotion indicible.

Alezia devenait embarrassante par sa véhémence. Elle me trouvait froid, contraint ; elle prétendait que mon regard manquait de joie, c'est-à-dire de franchise. Elle s'alarmait de mes dispositions, elle s'indignait de mon peu de courage. Elle avait la fièvre, elle était belle comme la sibylle du Dominiquin. J'étais fort malheureux en cet instant, car mon amour se réveillait, et je sentais tout le prix du sacrifice qu'il fallait faire.

Une voiture entra dans le jardin, et nous ne l'entendîmes pas, tant l'entretien était animé. Tout à coup la porte s'ouvrit, et la princesse Grimani parut.

Alezia poussa un cri perçant et s'élança dans les bras de sa mère, qui la tint longtemps embrassée sans dire une seule parole ; puis elle tomba suffoquée sur une chaise. Sa fille et Lila, à ses pieds, la couvraient de caresses. Je ne sais ce que lui dit Nasi, je ne sais ce qu'elle lui répondit en lui serrant les mains. J'étais cloué à ma place ; je revoyais Bianca après dix ans d'absence. Combien elle était changée ! mais qu'elle me paraissait touchante, malgré la perte de sa beauté première ! Que ses grands yeux bleus, enfoncés dans leurs orbites creusées par les larmes, me parurent plus tendres encore et plus doux que je ne me les rappelais. Combien sa pâleur m'émut, et comme sa taille, amincie et un peu brisée, me parut mieux convenir à cette âme aimante et fatiguée. Elle ne me reconnaissait pas ; et, lorsque Nasi me nomma, elle parut surprise ; car ce nom de Lélio ne lui apprenait rien. Enfin je me décidai à lui parler ; mais à peine eut-elle entendu le premier mot, que, me reconnaissant au son de ma voix, elle se leva et me tendit les bras en s'écriant :

« O mon cher Nello !

— Nello ! s'écria Alezia en se relevant avec précipitation ; Nello le gondolier ?

— Ne le savais-tu pas, lui dit sa mère, et ne le reconnais-tu pas en cet instant ?

— Ah ! je comprends, dit Alezia d'une voix étouffée, je comprends pourquoi il ne peut pas m'aimer. » Et elle tomba évanouie de tout son long sur le parquet.

Je passai le reste du jour dans le salon avec Nasi et Checca. Alezia était au lit, en proie à des attaques de nerfs et à un violent délire. Sa mère était enfermée seule avec elle. Nous soupâmes fort tristement tous les trois. Enfin, vers dix heures, Bianca vint nous dire que sa fille était calmée et que bientôt elle reviendrait causer avec moi. Vers minuit elle revint, et nous passâmes deux heures ensemble, tandis que Nasi et Checchina étaient allés tenir compagnie à Alezia, qui se trouvait beaucoup mieux et avait demandé à les voir. Bianca fut bonne comme un ange avec moi. En toute autre circonstance, peut-être son titre de princesse et sa nouvelle position l'eussent gênée ; mais la tendresse maternelle étouffait en elle tout autre sentiment. Elle ne songeait qu'à me témoigner sa reconnaissance : elle l'exprima dans les termes les plus flatteurs et de la manière la plus affectueuse. Elle ne sembla pas un seul instant avoir conçu l'idée que je pusse hésiter à lui rendre sa fille et à repousser la pensée de l'épouser. Je le lui en sus gré. Ce fut la seule manière dont elle m'exprima que le passé était vivant dans sa mémoire. J'eus la délicatesse de n'y faire aucune allusion ; cependant j'eusse été heureux qu'elle ne craignît pas de m'en parler avec abandon : c'eût été une marque d'estime plus grande que toutes les autres.

Sans doute Alezia lui avait tout raconté ; sans doute elle lui avait fait une confession générale de toutes les pensées de sa vie, depuis la nuit où elle avait surpris ses amours avec le gondolier jusqu'à celle où elle avait confié ce secret au comédien Lélio. Sans doute les souffrances mutuelles d'un tel épanchement avaient été purifiées par le feu de l'amour maternel et filial. Bianca me dit que sa fille était calme, résignée, qu'elle désirait me voir *un jour* et me témoigner son amitié inaltérable, sa haute estime, sa vive reconnaissance... En un mot, le sacrifice était consommé.

Je ne quittai pas la princesse sans lui témoigner le désir que j'avais de voir un jour Alezia agréer l'amour de Nasi, et je l'engageai à cultiver les dispositions de ce brave et excellent jeune homme.

Je retournai à mon auberge à quatre heures du matin. J'y trouvai Nasi, qui, selon mes instructions, avait tout fait préparer pour mon départ. Lorsqu'il me vit arriver en voiture au lever du soleil, il crut qu'elle venait me reconduire et me dire adieu. Quelle fut sa surprise lorsqu'elle l'embrassa en lui disant d'un ton vraiment impérial :

« Nasi, soyez libre ! faites-vous aimer d'Alezia ; je vous rends vos promesses et vous conserve mon amitié.

— Lélio, s'écria-t-il, m'enlevez-vous donc aussi celle-là ?

— Croyez-vous à mon honneur ? lui dis-je. Ne vous en ai-je pas donné assez de preuves depuis hier ? Et doutez-vous de la grandeur d'âme de Francesca ? »

Il se jeta dans nos bras en pleurant. Nous montâmes en voiture au lever du soleil. Au moment où nous passâmes devant la villa Nasi, une persienne s'ouvrit avec précaution, et une femme se pencha pour nous voir. Elle avait une main sur son cœur, l'autre tendue vers moi en signe d'adieu, et elle levait les yeux au ciel en signe de remerciement : c'était Bianca.

Trois mois après, Checca et moi nous arrivâmes à Venise par une belle soirée d'automne. Nous avions un engagement à la Fenice, et nous allâmes loger sur le grand canal, dans le meilleur hôtel de la ville. Nous passâmes les premières heures de notre arrivée à déballer nos malles et à mettre en ordre toute notre garde-robe de théâtre. Nous ne dînâmes qu'ensuite. Il était déjà assez tard. Au dessert on m'apporta plusieurs paquets de lettres, parmi lesquels un seul fixa mon attention. Après l'avoir parcouru, j'allai ouvrir la fenêtre du balcon, j'y fis monter avec moi Checca, et lui dis de regarder vis-à-vis. Parmi les nombreux palais qui projetaient leurs ombres sur les eaux du canal, il y en avait un, placé en face même de notre appartement, qui se distinguait par sa grandeur et son antiquité. Il venait d'être magnifiquement restauré. Tout avait un air de fête. A travers les fenêtres on apercevait, à la lueur de mille bougies, de riches bouquets de fleurs et de somptueux rideaux, et l'on entendait les sons harmonieux d'un puissant orchestre. Des gondoles illuminées, glissant silencieusement sur le grand canal, venaient déposer à la porte du palais des femmes parées de fleurs ou de pierreries étincelantes avec leurs cavaliers en habit de cérémonie.

« Sais-tu, dis-je à Checca, quel est ce palais qui est devant nous et pourquoi se donne cette fête ?

— Non, et je ne m'en inquiète guère.

— C'est le palais Aldini, où l'on célèbre le mariage d'Alezia Aldini avec le comte Nasi.

— Bah ! » me dit-elle avec un air demi-étonné, demi-indifférent.

Je lui montrai le paquet que j'avais reçu. Il était de Nasi. Il contenait deux lettres de faire part, deux autres lettres autographes, l'une de Nasi pour elle, l'autre d'Alezia pour moi, charmantes toutes deux.

« Tu vois, repris-je lorsque Checca eut fini de lire, nous n'avons pas à nous plaindre de leurs procédé paquet nous a cherchés à Florence et à Milan, et s'il ne nous est parvenu qu'ici, c'est la faute de nos voyages. Ces lettres sont, du reste, aussi bienveillantes et aussi agréables que possible. On reconnaît aisément qu'elles ont été écrites par de nobles cœurs. Tout grands seigneurs qu'ils sont, ils ne craignent pas de nous parler, l'un de son amitié, l'autre de sa reconnaissance.

— Oui, mais en attendant ils ne nous invitent pas à leurs noces.

— D'abord, ils ne nous savent pas ici ; et puis ensuite, ma pauvre sœur, les nobles et les riches n'invitent les chanteurs à leurs réunions que pour les faire chanter ; et ceux qui ne veulent pas chanter pour amuser les amphitryons, on ne les invite pas du tout. C'est là la justice du monde ; et, tout bons et tout raisonnables que sont nos deux jeunes amis, vivant dans ce monde, ils sont obligés de se soumettre à ses lois.

— Ma foi ! tant pis pour eux, mon brave Lélio ! Qu'ils s'arrangent. Ils nous laissent nous amuser sans eux ; laissons-les s'ennuyer sans nous. Narguons l'orgueil des grands, rions de leurs sottises, dépensons gaiement la richesse quand nous l'avons, recevons sans souci la pauvreté si elle vient ; sauvons avant tout notre liberté, jouissons de la vie quand même, et vive la Bohême ! »

Là finit le récit de Lélio. Quand il eut cessé de parler, nous gardâmes un silence mélancolique. Notre ami paraissait plus triste encore que tous les autres. Tout à coup il releva sa tête, qu'il avait appuyée sur sa main, et nous dit :

« Le dernier soir dont je vous parle, il y avait beaucoup de Français invités à la fête ; et comme ils étaient alors très-engoués de la musique allemande, ils avaient fait jouer pendant toute la nuit les valses de Weber et de Beethoven. C'est pour cela que ces valses me sont si chères ; elles me rappellent une époque de ma vie que je regretterai toujours malgré les souffrances dont elle fut remplie. Il faut avouer, mes amis, que le destin s'est montré cruel envers moi, en me faisant trouver deux amours si ardents, si sincères, si dévoués, sans me permettre de jouir d'aucun. Hélas ! mon temps est fini maintenant, et je ne retrouverai plus de ces nobles passions dont il faut avoir épuisé au moins une pour pouvoir dire qu'on a connu la vie.

— Ne te plains pas, lui répondit Beppa, qu'avait réveillée le chagrin de son camarade ; tu as derrière toi une vie irréprochable, autour de toi une belle gloire et de bonnes amitiés, dans l'avenir et toujours l'indépendance ; et je te dis que, quand tu voudras, l'amour ne te fera pas défaut. Remplis donc encore une fois ton verre de ce vin généreux, trinque joyeusement avec nous, et fais-nous répéter en chœur le refrain sacré. »

Lélio hésita un instant, remplit son verre, fit un profond soupir ; puis un éclair de jeunesse et de gaieté jaillissant de ses beaux yeux noirs, humides de larmes, il chanta d'une voix tonnante, à laquelle nous répondîmes en chœur : Vive la Bohême !

FIN DE LA DERNIÈRE ALDINI.

LE POËME DE MYRZA

Durant les quatre ou cinq siècles au milieu desquels est jeté le grand événement de la vie du Christ, l'intelligence humaine fut en proie aux douleurs et aux déchirements de l'enfantement. Les hommes supérieurs de la civilisation, sentant la nécessité d'un renouvellement total dans les idées et dans la conduite des nations, furent éclairés de ces lueurs divines dont Jésus fut le centre et le foyer. Les sectes se formèrent autour de sa courte et sublime apparition, comme des rayons plus ou moins chauds de son astre. Il y eut des caraïtes, des saducéens et des esséniens, des manichéens et des gnostiques, des épicuriens, des stoïciens et des cyniques, des philosophes et des prophètes, des devins et des astrologues, des solitaires et des martyrs : les uns partant du spiritualisme de Jésus, comme Origène et Manès; les autres essayant d'y aller, sur les pas de Platon et de Pythagore; tous escortant l'Évangile, soit devant, soit derrière, et travaillant par leur dévouement ou leur résistance à consolider son triomphe.

Dans cette confusion de croyances, dans ce conflit de rêves, de travaux fiévreux de la pensée, de divinations maladives et de vertiges sublimes, une nouvelle forme fut donnée à certains esprits, une forme agréable, élastique, qui seule convenait aux esprits éclairés et aux caractères faciles : cette disposition de l'esprit humain qui domine dans tous les temps de dépravation, et chez toutes les nations trop-civilisées, nous l'appellerons, pour nous servir d'une expression moderne, *éclectisme*, quoique cette dénomination n'ait pas eu dans tout temps le même sens; nous nous en tenons à celui qu'elle implique aujourd'hui, pour qualifier la situation morale des hommes qui n'appartenaient à aucune religion au temps dont il est question ici.

Parmi ces éclectiques, on vit des hommes d'un caractère et d'un esprit tout opposés, des hommes graves et des hommes frivoles, des savants et des femmes; car cette doctrine, qui consistait dans l'absence de toute règle, accueillit toute sorte de pédantisme et toute sorte de poésie. Les rhéteurs s'y remplissaient l'estomac d'arguments, et les poëtes s'y gonflaient le cerveau de métaphores. L'Inde et la Chaldée, Homère et Moïse, tout était bon à ces esprits avides et curieux de nouveautés, indifférents en face des solutions : heureux caractères qui, Dieu merci, fleurirent toujours ici-bas au milieu de nos lourdes polémiques. Grands diseurs de sentences, sincères admirateurs de la vertu et de la foi, le tout par amour du beau et par estime de la sagesse, vrais épicuriens dans la pratique de la vie, prophètes élégants et joyeux, bardes demi-bibliques et demi-païens, intelligences saisissantes, fines, éclairées, pleines de crédulités poétiques et de scepticisme modeste; en un mot, ce que sont aujourd'hui nos véritables artistes.

Le petit poëme qu'on va lire fut récité, en vers hébraïques, par un portique de Césarée, par une femme nommée Myrza, laquelle était une des prophétesses de ce temps-là, espèce mixte entre la bohémienne et la sibylle, poëte en jupons comme il en existe encore, mais d'un caractère hardi et tranché qui s'est perdu dans le monde, aventurière sans patrie, sans famille et sans dieux, grande liseuse de romans et de psaumes, initiée successivement par ses amants et ses confesseurs aux diverses religions qui s'arrachaient lambeau par lambeau l'empire de l'esprit humain. Cette femme était belle, quoique n'appartenant plus à la première jeunesse; elle jouait habilement le luth et la cithare, et, changeant de rhythme, de croyance et de langage selon les pays qu'elle parcourait, elle traversait les querelles philosophiques et religieuses de son siècle, semant partout quelques fleurs de poésie, et laissant sur ses traces un étrange et vague parfum d'amour, de sainteté et de folie; bonne personne du reste, que les princes faisaient asseoir par curiosité à leur table, et que le peuple écoutait avec admiration sur la place publique. Voici son poëme tel que, de traduction en traduction, il a pu arriver jusqu'à nous. Nous osons parfaitement le livrer aux savants, aux poëtes et aux chrétiens de ce temps-ci, sachant le bon marché que notre siècle panthéiste fait de toutes choses, et la complaisance que son ennui lui inspire pour toutes sortes de rêves.

I.

En ce temps-là, longtemps avant le commencement des jours que les hommes ont essayé de compter, Dieu appela devant lui quatre Esprits, qui parcouraient d'un vol capricieux les plaines de l'espace : Allez, leur dit-il, prenez-vous par la main, marchez ensemble, et travaillez de concert.

Ils obéirent, et, ne se quittant plus, présidèrent chacun à une des œuvres de Dieu; et un nouvel astre parut dans l'éther : cet astre est la terre que nous habitons aujourd'hui, et ces quatre Esprits sont les éléments qui la composent.

Mais deux de ces Esprits, se sentant plus puissants, firent la guerre aux deux autres.

L'eau et le feu ravagèrent la terre, et l'air fut tantôt infecté des vapeurs humides des marais, et tantôt embrasé des feux d'un soleil dévorant.

Et pendant un nombre de siècles que l'homme ne sait pas, mais qui sont dans l'éternité de Dieu moins qu'une heure dans la vie de l'homme, notre globe bondit dans l'immensité, comme une cavale sauvage, sans guide et sans frein; sa course ne fut réglée que par le caprice des Esprits à qui Dieu l'avait abandonné; tantôt, emporté d'un essor fougueux, il s'approcha du soleil jusqu'à s'y brûler; tantôt il s'endormit languissant et morne, loin des rayons vivifiants que chaque printemps nous ramène. Il y eut des jours d'une année et des nuits d'un siècle. Le globe n'ayant pas encore arrêté sa forme, les froides régions qu'habitent le Calédonien et le Scandinave furent calcinées par des étés brûlants. Les contrées où la chaleur bronze les hommes se couvrirent de

Que le peuple écoutait sur la place publique. (Page 55.)

glaciers incommensurables. L'Esprit du feu descendit dans le sein de la terre; on eût dit qu'un démon enfonçait ses ongles et ses dents dans les entrailles du globe : des rugissements sourds s'échappaient des rochers ébranlés, et la terre s'agitait comme une femme dans les convulsions de l'enfantement. Quelquefois le monstre, en se retournant dans le ventre de sa mère, sapait les fondements d'une montagne, et creusait sous les vallées des voûtes sans appui. La montagne et la vallée disparaissaient ensemble, et des lacs de bitume s'étendaient en bouillonnant sur les débris amoncelés; une fumée âcre et fétide empoisonnait l'atmosphère; les plantes se desséchaient, et l'eau, appelée par le feu, ravageait à son tour le flanc déchiré de sa sœur.

Enfin le feu s'ouvrit un passage à travers le roc et l'argile, et se répandit au dehors comme un fleuve débordé. La mer, brisant ses digues de la veille, fit chaque jour de nouvelles invasions, et chaque jour déserta ses nouveaux rivages comme un lit trop étroit. On voyait, dans l'espace d'une nuit, s'élever des montagnes de fange ou de cendre, que le soleil et le vent façonnaient à leur gré; des ravins se creusaient tels que la vie d'un homme voyageant le jour et la nuit n'eût pas suffi pour en trouver le fond; des météores gigantesques erraient sur les eaux comme des soleils détachés de la voûte céleste, et les vagues de l'océan roulaient sur les sommets que les nuages enveloppent aujourd'hui bien loin au-dessus de la demeure des hommes.

Dans cette lutte, la terre et l'eau, jalouses l'une de l'autre, se mirent à créer des plantes et des animaux qui à leur tour se firent la guerre entre eux; des lianes immenses essayèrent d'arrêter le cours des fleuves, mais les fleuves enfantèrent des polypes monstrueux, qui saisirent les lianes dans leurs bras vivants, et leur étreinte fut telle, que des myriades de races d'animaux s'y arrêtèrent et y périrent; et de tous ces débris se forma le sol que nous foulons aujourd'hui, et sous lequel a disparu l'ancien monde.

Cependant à toutes ces existences d'un jour succédaient d'autres existences; les races se perdaient et se renouvelaient; la matière inépuisable se reproduisait sous mille formes. Du sein des mers sortaient les baleines semblables à des îles, et les léviathans hideux rampant sur le sable avec des crocodiles de vingt bras,

L'ange du sommeil l'appela. (Page 61.)

ses. Nul ne sait le nombre et la forme des espèces tombées en poussière; l'imagination de l'homme ne saurait les reconstruire; si elle le pouvait, l'homme mourrait d'épouvante à la seule idée de les voir. L'abeille fut peut-être la sœur de l'éléphant; peut-être une race d'insectes, aujourd'hui perdue, détruisit celle du mammouth, que l'homme appelle le colosse de la création. Dans ces marécages qui couvraient des continents entiers, il dut naître des serpents qui, en se déroulant, faisaient le tour du globe, et les aigles de ces montagnes, infranchissables pour nos gazelles abâtardies, enlevaient dans leurs serres des rhinocéros de cent coudées. En même temps que les dragons ailés arrivaient des nuages de l'orient, les licornes indomptables descendaient de l'occident, et quand une troisième race de monstres, poussée par le vent du sud, avait dévoré les deux autres, elle périssait gorgée de nourriture, et l'odeur de la corruption appelait l'hyène du nord, des vautours plus grands que l'hyène, et des fourmis plus grandes que les vautours; et sur ces montagnes de cadavres, parmi ces lacs de sang livide, au milieu de ces bêtes immondes, dévorées et dévorantes, des arbres sans nom élevaient jusqu'aux nues la profusion de leurs rameaux splendides, et des roses plus belles et plus grandes que les filles des hommes ne le furent jamais, exhalaient des parfums dont s'enivraient les esprits de la terre, couverts de robes diaprées, aujourd'hui réduits à la taille du papillon, et aux trois grains d'or de l'étamine de nos fleurs.

Ces volcans, ces déluges, ces cataclysmes, cet ouvrage informe du temps et de la matière, les saintes Écritures l'appellent l'âge du chaos. Or, tandis que les quatre Esprits se livraient à la guerre, il arriva qu'ils passèrent près du char de Dieu, et, frappés de terreur, ils s'arrêtèrent. Dieu les appela et leur dit : Qu'avez-vous fait? Pourquoi ce monde que je vous ai confié marche-t-il comme s'il était ivre? Avez-vous bu la coupe de l'orgueil? Prétendez-vous faire les œuvres de l'Éternel? Un esprit plus puissant que vous va se lever à ma voix; il vous enchaînera, et vous forcera de vivre en paix.

L'Éternel passa; et quand les quatre Esprits virent s'effacer dans l'espace le cercle de feu que traçaient les roues de son char, ils reprirent courage, et, se regardant, ils se dirent: Pourquoi ne résisterions-nous pas à l'Éternel? Ne sommes-nous pas éternels, nous aussi? Il nous a créés, mais il ne peut nous détruire, car il nous a dit : Vous n'aurez pas de fin. L'Éternel ne peut reprendre sa parole. Il nous a donné ce monde. Mais c'est nous qui l'avons couvert de plantes et d'animaux. Nous aussi, nous sommes créateurs. Unissons-nous, armons nos volcans en guerre. Que l'océan gronde, que la lave bouillonne, que la foudre sillonne les airs, et vienne l'Éternel pour nous donner des lois!

En parlant ainsi, ils cessèrent de se haïr; et, abaissant leur vol sur les montagnes les plus élevées de la terre : Nous allons, dirent-ils, entasser ces monts les uns sur les autres, et nous atteindrons ainsi à la demeure de Dieu. Nous le renverserons, et nous régnerons sur tous les mondes.

Mais comme ils commençaient leur travail insensé, un ange envoyé par le Seigneur versa sur eux la coupe du mépris, et, saisis de torpeur, ils s'endormirent comme des hommes pris de vin.

Et quand ils se réveillèrent, ils virent sur la mousse un être inconnu, plus beau qu'eux, quoique délicat et frêle. Sa tête n'était pas flamboyante, et son corps n'était pas couvert d'une armure d'écailles de serpent; le ver à soie semblait avoir filé l'or de sa chevelure, et sa peau était lisse et blanche comme le tissu des lis.

Les Esprits étonnés l'entourèrent pour le contempler, s'émerveillant de sa beauté, et se demandant l'un à l'autre si c'était là un esprit ou un corps. Cependant cette créature dormait paisiblement sur la mousse, et les fleurs se penchaient sur elle comme pour l'admirer; les oiseaux et les insectes voltigeaient autour d'elle, n'osant becqueter ses lèvres de pourpre, et formant un rideau d'ailes doucement agitées entre son visage et le soleil du matin, qui semblait jaloux aussi de la regarder. Alors l'Esprit des eaux : — Quel est celui-ci? et qui de nous l'a produit à l'insu des autres? Si c'est de la terre qu'il est sorti, d'où vient que les vapeurs de mes rives n'en savent rien? et où est le feu qui l'a fécondé? Est-ce une plante, pour qu'il soit sans plumes, et sans fourrure, et san sécaille? Et si c'est une plante, d'où vient que je n'ai point arrosé son germe, d'où vient que l'air n'a pas aidé sa tige à s'élever et son calice à se colorer? Si c'est une créature, où est son créateur? Si c'est un esprit, de quel droit vient-il s'établir dans notre empire, et comment souffrons-nous qu'il s'y repose? Enchaînons-le, et que la bouche des volcans se referme derrière lui, car il faut qu'il aille au fond de la terre et qu'il n'en sorte plus.

L'Esprit de la terre répondit : Ceci est un corps, car le sommeil l'engourdit et le gouverne comme les animaux; ce n'est pas une plante, car il respire et semble destiné au mouvement comme l'oiseau ou le quadrupède : cependant il n'a point d'ailes, et ne saurait voler; il n'a pas les défenses du sanglier, ni les ongles du tigre pour combattre, ni même l'écaille de la tortue pour s'abriter. C'est un animal faible, que le moindre de nos animaux pourrait empêcher de se reproduire et d'exister. Et puisque aucun de nous ne l'a créé, il faut que ce soit l'Éternel qui, par dérision, l'ait fait éclore, afin de nous surprendre et de nous effrayer; mais il suffira du froid pour lui donner la mort.

— Ne nous en inquiétons point, dirent les autres, il est en notre pouvoir, éveillons-le, et voyons comme il marche et comme il se nourrit. Puisqu'il n'a ni ailes, ni nageoires, ni arme d'aucune espèce, pour s'ouvrir un chemin et se construire une demeure, il ne saurait vivre dans aucun élément.

Et les quatre Esprits de révolte se mirent à railler et à mépriser l'œuvre du Dieu tout-puissant.

Alors cet être nouveau s'éveilla, et, à leur grande surprise, il ne se mit ni à fuir, ni à ramper comme les serpents, ni à marcher comme les quadrupèdes; il se dressa sur ses pieds, et sa tête se trouvant tournée vers le ciel, il éleva son regard, et les Esprits de révolte virent, dans sa prunelle, étinceler un feu divin. Quel est, dirent-ils, celui-ci, qui ne rampe, ni ne vole, et qui a un rayon du soleil dans les yeux? Va-t-il monter vers le ciel comme une fumée? et d'où vient qu'avec un corps si chétif il est plus beau que le plus beau des anges du ciel? — Alors ils furent saisis de crainte, et l'interrogèrent en tremblant.

Mais cette créature ne les entendit pas; on eût dit que ses yeux ne pouvaient distinguer leur forme, car elle ne leur donna aucun signe d'attention, et ne répondit rien à leurs questions.

Ils se réjouirent donc de nouveau, en disant : Cette bête n'a ni le sens de l'ouïe, ni le sens de la vue; elle ne saurait faire entendre aucun cri, elle est plus stupide que les autres bêtes. Celles-ci ne nous comprennent pas et ne nous voient pas non plus; mais l'instinct les avertit de notre présence; et un tressaillement secret s'empare du plus petit oiseau, lorsque le volcan gronde, ou lorsque l'orage s'approche; l'ours et le chien s'enfuient en hurlant, le dauphin s'éloigne des rivages, et le dragon se réfugie sur les arbres les plus élevés des forêts; mais cette bête n'a pas de sens, et les polypes seuls suffiront pour la dévorer.

Alors la créature inconnue éleva la voix, une voix plus douce que cel e des oiseaux les plus mélodieux, et elle chanta un cantique d'actions de grâces au Seigneur, dans une langue que les Esprits de révolte ne comprirent pas.

Et leur colère fut grande, car ils se crurent insultés par cette langue mystérieuse; et ces accents d'amour et de ferveur remplirent leur sein de haine et de rage. Ils voulurent saisir leur ennemi; mais l'ennemi, ne daignant pas les voir, se prosterna devant l'Éternel, puis se releva avec un front rempli d'allégresse, et se mit à descendre vers la vallée, sans cesser d'être debout, et posant ses pieds sur le bord des abîmes avec autant d'adresse et de tranquillité que l'antilope ou le renard. Comme les pierres et les épines offensaient sa peau, il cueillit des herbes et des feuilles, et se fit une chaussure avec tant de promptitude et d'industrie, que les Esprits de révolte prirent plaisir à le regarder.

Cependant, à mesure que la créature de Dieu marchait, la terre semblait devenir plus riante, et la nature se parait de mille grâces nouvelles. Les plantes exhalaient de plus doux parfums, et la créature, comme saisie d'un amour universel, se courbait, respirait les fleurs, se penchait sur les cailloux transparents, souriait aux oiseaux, aux arbres, aux vents du matin. Le vent caressait mollement sa poitrine; les oiseaux le suivaient avec des chants de joie; les papillons venaient se poser sur les fleurs qu'elle leur présentait; les arbres se courbaient vers elle et lui offraient leurs fruits à l'envi l'un de l'autre. Elle mangeait les fruits, et, loin de dévorer avidement comme les bêtes, semblait savourer avec délices les sucs parfumés de l'orange et de la grenade. Une biche, suivie de son faon, vint à elle, et lui offrit son lait qu'elle recueillit dans une conque de nacre, qu'elle porta joyeusement à ses lèvres en caressant la biche; puis elle présenta la coquille au faon, qui but après elle, et qui la suivit, ainsi que sa mère.

Les Esprits suivaient en silence, et ne concevaient rien à ce qu'ils voyaient; enfin ils se réveillèrent de leur stupeur et dirent : C'est assez nous laisser insulter par une œuvre de ténèbres et d'ignorance; ce vain fantôme d'ange a un corps et se repaît comme les bêtes; il doit être, comme elles, sujet à la mort et à la pourriture. Si la biche et son faon, si l'oiseau et l'insecte, si l'arbre et son fruit, si l'herbe et la brise se soumettent à lui, voici venir le léopard et la panthère qui vont le déchirer.

Mais le léopard passa sans toucher à la créature de Dieu, et la panthère, l'ayant regardée un instant avec méfiance, vint offrir son dos souple et doux à la main caressante de son nouveau maître.

— Voici le serpent qui va le couvrir de morsures empoisonnées, dirent les Esprits de haine. Le serpent dormait sur le sable. La créature divine l'appela dans cette langue inconnue qu'elle avait parlée à l'Éternel, et le serpent, déroulant ses anneaux, vint mettre sa tête humiliée sous le pied du maître, qui se détourna sans lui faire ni mal ni injure. L'éléphant s'approchant, les Esprits espérèrent qu'il les débarrasserait de l'étranger, mais l'éléphant, ayant pris des fruits dans sa main, le suivit, obéissant à sa parole, et cueillant à son tour les fruits et les fleurs sur les branches les plus élevées pour les lui offrir avec sa trompe. Le chameau arriva, et, pliant les genoux, offrit son dos à l'étranger, et le porta dans la vallée. Alors les Esprits, transportés de colère, s'assemblèrent sur une cime élevée; ils réunirent leurs efforts pour créer un monstre qui surpassât en laideur, en force et en cruauté les monstres les plus hideux qu'eût produits la terre. Mais comme le Seigneur, qui jusqu'alors avait habité avec eux, s'était retiré, ils ne purent rien créer d'abord. Enfin, après beaucoup de conjurations adressées aux éléments qu'ils croyaient gouverner, ils firent sortir de terre un dragon redoutable, et le forcèrent avec des menaces de marcher contre la créature de Dieu. Mais celle-ci, le voyant venir, monta sur le cheval, appela l'hippopotame, le taureau, et tous les animaux forts de la terre et de la mer, et les oiseaux forts du ciel, et tous se rangèrent autour d'elle comme une armée. Le cheval bondit d'orgueil sous son maître, et le porta comme un roi à la rencontre de l'ennemi. Alors le dragon épouvanté revint vers ceux qui l'avaient envoyé, et leur dit : — Vous voyez ce qui arrive; toutes les créatures se rangent sous sa loi, celui-ci est le roi de la terre, et l'esprit de Dieu est en lui. — Et le dragon étendant ses ailes, l'Esprit de ténèbres qui était en lui s'envola, et sa dépouille restant par terre, l'étranger la ramassa, la regarda, et s'en fit un vêtement pour traverser les régions froides.

Car elle continua sa course vers le nord, et parcourut le monde entier, se construisant partout des chariots avec les arbres des forêts et les métaux de la terre ; mangeant de tous les fruits ; se faisant aimer et servir par toutes les créatures ; traversant les fleuves à la nage, ou sur des nacelles que son adresse improvisait ; s'habituant à tous les climats ; prenant son sommeil à l'ombre des forêts, à l'abri dans les grottes, ou dans des tentes de feuillage qu'elle dressait au coucher du soleil ; sachant tirer le feu d'un caillou ou d'une branche sèche, et partout louant l'Éternel, chantant ses bienfaits, et implorant son appui.

Quand cet être singulier eut fait le tour de la terre et s'y fut installé comme dans son domaine, les Esprits de révolte, enchaînés jusque-là par la curiosité, résolurent de détruire ce qu'ils croyaient être leur ouvrage, et de bouleverser le globe, afin d'anéantir leur ennemi avec lui. — Ouvre une crevasse sous ses pieds, dirent-ils à la terre, et dévore-le dans la gueule béante de tes abîmes. — Mais la terre refusa d'obéir, et répondit : Celui-ci est l'envoyé de Dieu, le roi de la création. Ils dirent au volcan de l'envelopper d'un lac de feu et de faire pleuvoir sur lui des pierres embrasées ; mais le volcan refusa, et répondit comme la terre. La mer refusa d'inonder, et l'air de laisser passer la foudre. Alors les Esprits virent qu'ils n'avaient point de pouvoir, et, feignant de se soumettre à l'envoyé de Dieu, ils s'offrirent au Seigneur pour être les ministres de son favori. Mais Dieu, connaissant leur dessein, répondit : La mer ne sortira plus de ses bornes, la terre ne quittera plus la voie que je lui ai tracée dans l'espace, le soleil ne s'éteindra plus, l'air ne sera plus infecté de miasmes fétides ; vous serez enchaînés à jamais, et vous obéirez en esclaves, non pas à mon envoyé, mais à l'ordre que je vous assigne, et qui est ma parole, la loi éternelle de l'univers. Quant à celui-ci, vous ne connaissez pas, c'est mon œuvre, et je l'ai faite en souriant pour vous railler et vous montrer que par vous-mêmes vous ne pouvez rien. Je lui ai donné les besoins des animaux, un corps frêle, sans défense et sans vêtement ; je l'ai mise nue sur la terre. Et vous voyez qu'en un jour elle a eu des chaussures, des vêtements, des esclaves, de quoi pourvoir à tous ses besoins, et régner sur la force sans posséder la force. Vous n'avez pas compris où était sa puissance, et voyant qu'elle n'avait les avantages naturels d'aucun animal, vous vous êtes demandé comment elle savait gouverner l'instinct de tous les animaux et leur commander. C'est que j'ai mis en elle une étincelle de mon esprit, et qu'elle est à la fois corps et intelligence, matière et lumière. Allez, et que le monde soit son héritage. Elle ne vous commandera pas, car elle pourrait, comme vous, s'enivrer d'orgueil et succomber à son tour. Allez, et sachez le nom du plus beau de mes anges, c'est l'homme.

II.

La terre devint donc l'apanage de l'homme : il n'avait ni ailes d'or, ni auréole de lumière ; il ne pouvait contempler les splendeurs du tabernacle de Jéhovah ; mais la part d'intelligence qu'il avait reçue était si grande, qu'il savait toutes les merveilles de l'univers sans les avoir jamais vues, et qu'il aimait Dieu et le servait mieux que les Séraphins brûlants qui environnent son trône. Son âme voyait ce que les yeux de son corps ne pouvaient apercevoir. Il devinait par la réflexion les plus profonds mystères de la nature, et sa pensée était plus rapide que l'éclair.

Ce voyant, les Esprits jaloux se disaient entre eux : Dieu a fait pour celui-ci plus que pour nous tous. Le plus petit insecte, il est vrai, s'élève plus haut que lui dans l'air qu'il respire ; mais le plus puissant des Archanges ne saurait monter aussi hardiment et aussi vite dans l'éther de l'immensité que l'esprit de l'homme par sa volonté.

Et Dieu, se complaisant dans son ouvrage, créa beaucoup d'autres hommes semblables au premier, et en couvrit la face de la terre, en leur disant : La terre est à vous, cultivez-la, et vivez de ses fruits. Gouvernez les animaux, les espèces ne périront plus, la terre ne sera plus ravagée, les plantes et les animaux se reproduiront toujours, et vous, vous ne mourrez point.

Les hommes vivaient ensemble, et ils étaient heureux ; ils ne connaissaient pas le mal, et ils étaient purs, sans avoir la vanité de savoir qu'ils l'étaient ; car ils l'étaient tous également, et ils ne s'imaginaient point que la source de leur grandeur fût en eux-mêmes. Ils adoraient le Seigneur, et se servaient de ses dons avec frugalité. Ils respectaient la vie des animaux, et n'employaient leur dépouille à leur usage que lorsque les animaux mouraient selon les lois de la nature. Ils considéraient les bêtes comme des productions choisies de la matière, qui, étant douées de sensibilité et d'une sorte de volonté, avaient des droits sacrés à leur protection. Les bêtes ne s'enfuyaient pas à leur approche, et comme le chien obéit encore aujourd'hui à son maître et comprend ses ordres, le lion, le castor et tous les autres animaux comprenaient le geste, le regard et l'autorité de l'homme ; ils l'aidaient à bâtir des maisons, des temples, à exécuter des migrations sur les continents, à cultiver la terre, à travailler les métaux et à les façonner, non en vile monnaie ou en armes cruelles, mais en instruments de travail et en ornements pour les temples.

Or, tout était commun parmi les hommes, le travail et les fruits de la terre. Ils se regardaient tous comme vivant sous la volonté de Dieu, chargés de veiller à l'équilibre de cette nature dont ils étaient rois ; ils s'occupaient sans cesse à réparer les ravages des précédents cataclysmes, à dessécher les marais fétides qui corrompaient l'air et engendraient trop de reptiles et d'insectes, à ouvrir des canaux pour l'écoulement des lacs et des étangs, à rassembler en troupeaux les animaux trop nombreux sur certains points du globe, et à les conduire vers d'autres régions désertes, à distribuer de même la végétation selon les climats qui lui convenaient ; car, avant l'homme, la matière, livrée à sa vorace faculté de produire, s'épuisait sans cesse, et, renaissant de ses propres débris, offrait partout des ruines auprès des créations nouvelles. Cet homme, que les Esprits des terribles éléments avaient pris d'abord pour un souffle débile dans le corps d'une bête avortée, devint donc, sans autre magie et sans autre prestige que sa patience et son industrie, plus puissant que les éléments eux-mêmes. La terre fut bientôt un jardin si beau et si fécond, que les anges du ciel venaient s'y promener, et ne pouvant converser directement avec les hommes, parce que Dieu l'avait défendu, ils chantaient doucement dans les brises et dans les flots, et les hommes les voyaient alors en songe avec les yeux de l'âme.

Mais il arriva que, la terre étant pacifiée et embellie, et l'ordre des saisons réglé, le travail devint moins actif. Les hommes eurent plus de temps à donner à la prière et à la méditation : leur nombre n'augmentait pas et ne diminuait pas ; il avait été calculé par l'Eternel, pour opérer les grands travaux, qui se terminaient maintenant, et l'esprit humain commençait à souffrir de sa propre force, et à désirer quelque chose au delà de ce qu'il possédait. Les hommes voulaient, pour faire cesser leur inquiétude, que Dieu leur accordât un don ; mais ils ne savaient lequel, car ils ne souffraient que parce qu'ils ne manquaient plus de rien.

Leur sommeil devint moins paisible ; durant les belles nuits d'été, ils s'asseyaient par groupes sur les hauteurs, et au lieu de contempler avec bonheur, comme autrefois, le cours des astres et la beauté de la voûte céleste, ils soupiraient tristement, et dans leurs cantiques éplorés ils demandaient à Dieu de faire cesser leur ennui.

Alors il y en eut qui dirent : — Les bêtes souffrent les maladies du corps, et elles meurent ; les hommes ne sont pas soumis aux maux de la chair, et ne meurent pas. Bénissons Dieu. Mais l'esprit de l'homme souffre une douleur dont il ne sait pas le remède. Demandons à Dieu qu'il nous ôte la réflexion, et nous laisse seulement l'intelligence nécessaire pour commander aux animaux.

Mais cet avis fut combattu par quelques-uns, qui considéraient la richesse de leur intelligence comme ce qu'ils avaient de plus précieux au monde.

Il y en eut alors d'autres qui s'avisèrent d'un désir plus noble, et dirent : — Nous avons comparé le sommeil paisible des bêtes aux aspirations de nos veilles brûlantes, et nous avons découvert les causes de nos ennuis ; dépêchons les oiseaux en messagers aux hommes de tous les pays. Et quand la foule, accourue de toutes parts, se fut réunie autour de ces sages, debout sous le portique des temples, ils parlèrent ainsi :

— Le malheur de l'homme ne vient pas d'une cause accidentelle ; cette cause est son organisation défectueuse et le triste destin qu'il accomplit dans l'univers. C'est un être borné dans ses jouissances, quoique infini dans ses désirs. Il souffre, et ne sait comment se guérir : cela est injuste, car les animaux connaissent la plante qui doit leur rendre l'appétit lorsqu'ils l'ont perdu, et l'âme de l'homme ne peut embrasser le but de ses vagues désirs. Mais ce n'est pas le seul avantage que les bêtes aient sur nous. Elles sont divisées en sexes différents ; c'est pourquoi elles se cherchent, se rapprochent et s'unissent dans une extase qui les élève au-dessus d'elles-mêmes, et qui nous est inconnue. Le charme qui les attire est si puissant, qu'il n'est aucune caresse, aucune menace de l'homme, aucun attrait de la gourmandise, aucune injonction de la faim qui les empêche de courir au fond des bois et des vallées à la voix les unes des autres. Le tigre ou le lion enfermé loin de sa compagne se couche en rugissant, et semble renoncer à la vie, car il refuse toute nourriture. Le cheval séparé de la cavale, le taureau de la génisse, au temps de leurs amours, deviennent indociles, et brisent les chariots. Tous deviment l'approche de leur compagne ; le loup sent venir la louve du fond des forêts ténébreuses ; le chien hurle et tressaille à l'arrivée de la lice sans la voir ni l'entendre; l'oiseau sait se frayer une route au travers des plaines immenses de l'air pour aller rejoindre sa compagne : il n'a vu qu'un point noir vers l'horizon, et pourtant il ne se trompe pas ; l'ibis ne court point après la grue, ni le chardonneret après la mésange. Qui donc leur enseigne ces merveilleux instincts qui ne sont pas donnés à l'homme? C'est l'amour qu'ils ont pour un sexe différent du leur.

Quant à nous, nous ne connaissons pas ces sublimes extases, ces transports de joie et ces caresses enivrantes :

nous aimons à converser ensemble, à partager nos repas ; mais cette amitié n'est pas assez puissante pour que la séparation soit désespérée, ni pour que le battement du cœur nous annonce l'approche de l'ami absent. Nous n'avons que des peines légères et des joies tièdes. Dieu seul, Dieu notre immortel principe, nous ravit d'une joie inaccoutumée ; mais pouvons-nous toujours penser à lui? Sa grandeur, que nous adorons, nous défend-elle de comparer notre destinée à celle des autres créatures, et de leur envier les biens que nous n'avons pas?

D'autres hommes se levèrent à leur tour, et dirent :
— Les bêtes ont encore un avantage que nous n'avons pas. Elles se reproduisent d'elles-mêmes, elles donnent la vie à des créatures de leur espèce, qui sont leur chair et leur sang. Il y a plusieurs siècles, avant que la terre fût tranquille et féconde, la reproduction nous semblait une tâche pénible, un sceau de misère imprimé à la matière. Nous avions compassion de la jument obligée de porter son fruit dans son flanc durant le cours de plusieurs lunes, de la perdrix forcée de couver patiemment ses œufs et de les féconder par la chaleur de son sein. Nous pensions que l'homme avait assez de cultiver la terre et de protéger les animaux ; que Dieu, dans sa sagesse, l'avait dispensé du rude travail de la génération, et lui avait donné l'immortalité, la jeunesse et la santé éternelle, pour marquer sa royauté sur la terre. Mais aujourd'hui nos grands travaux sont accomplis. Les animaux, libres et paisibles sous notre domination, s'aiment avec plus de bonheur encore, et nous voyons en eux des joies et des forces que nous n'avons pas. Nous admirons le soin avec lequel l'hirondelle nourrit sa compagne accroupie sur ses œufs, nous admirons surtout la mère qui décrit de grands cercles dans les cieux pour attraper une pauvre mouche, dont elle se prive afin de l'apporter à ses enfants, car les oiseaux à cette époque sont maigres et malades ; mais le gazouillement de leurs oisillons semble les réjouir plus que toutes les graines d'un champ, et plus encore peut-être que les caresses de l'amour. Les plus faibles créatures acquièrent alors une folle audace pour la défense de ce qu'elles ont de plus cher : la brebis défend son agneau contre le loup, et la poule, cachant ses poussins sous son aile, glousse avec colère quand le renard approche ; c'est elle qui meurt la première, et l'ennemi est forcé de passer sur son cadavre pour s'emparer de la famille abandonnée.

Tout cela n'est-il pas digne d'admiration? et s'il y a des fatigues et des douleurs attachées à ces devoirs, n'y a-t-il pas des ravissements et des émotions qui les rachètent? Quand ce ne serait que pour chasser l'ennui que nous éprouvons, ne devrions-nous pas le demander à Dieu?

Quand ceux-là eurent dit, il y en eut d'autres qui répondirent : — Avez-vous songé à ce que vous proposez? Si l'homme se reproduisait sans cesser d'être immortel, la terre ne pourrait bientôt lui suffire. Voulez-vous accepter la maladie, la vieillesse et la mort en échange des biens et des maux dont vous parlez? Lequel de nous peut concevoir l'idée de mourir? N'est-ce pas demander à Dieu qu'il fasse de nous la dernière créature du monde? Lequel de nous voudra renoncer à être ange?

— Nous ne sommes pas des anges, reprirent les premiers. Les anges que nous voyons dans nos rêves ont des ailes pour parcourir l'immensité, et quoiqu'ils se révèlent à nous sous une forme à peu près semblable à la nôtre, cette forme n'est pas saisissable ; nous ne pouvons les retenir au matin, lorsqu'ils s'éloignent ; nous embrassons le vide, ils nous échappent comme notre ombre au soleil. Ils n'ont de commun avec nous que l'esprit, lequel n'est que la moitié de nous-mêmes. Nous appartenons à la terre où notre corps est à jamais fixé. Si nous sommes condamnés à la misère d'exister corporellement, pouvons-nous sans injustice être privés des avantages accordés aux autres animaux? Pourquoi serions-nous imparfaits et déshérités du bonheur qui leur est échu?

Ces différents avis excitèrent dans l'esprit des hommes une douloureuse inquiétude. Les uns pensaient qu'en effet la partie physique était incomplète chez eux; les autres répondaient que l'immortalité, l'absence de maladie et de caducité, étaient des compensations suffisantes à cette absence de sexe.

Et, en effet, rien n'était plus suave et plus paisible en ce temps-là que le sort de l'homme. N'éprouvant que des besoins immédiatement satisfaits par la fécondité de la terre et la liberté commune, la faim, la soif et le sommeil étaient pour lui une source de jouissance douce et jamais de douleur. La privation était inconnue; aucun despotisme social n'imposait les corvées et la fatigue; il n'y avait ni larmes, ni jalousies, ni injustices, ni violences. Rien n'était un sujet de rivalité ou de contestation. L'abondance régnait avec l'amitié et la bienveillance.

Mais cette secrète inquiétude, qui est la cause de toutes les grandeurs et de toutes les misères de l'esprit, tourmentait presque également ceux qui désiraient un changement dans leur sort et ceux qui le redoutaient.

Alors les hommes firent de grandes prières dans les temples, et ils invoquèrent Dieu afin qu'il daignât se manifester.

Mais l'Eternel garda le silence; car il veut que les hommes et les anges soient librement placés entre l'erreur et la vérité. Autrement l'ange et l'homme seraient Dieu.

III.

Mais comme le cœur de l'homme était humble et doux en ce temps-là, la sagesse éternelle fut touchée; car les hommes ne disaient pas : — Il nous faut cela, fais-le; mais ils disaient : — Tu sais ce qui nous convient, sois béni; — et ils souffraient sans blasphémer.

La Sagesse, la Miséricorde et la Nécessité, les trois essences infinies du Dieu vivant, tinrent conseil dans le sein de l'Eternel; et comme il fallait que l'homme connût l'amour ou la mort, la matière ne pouvant s'augmenter indéfiniment, l'Esprit saint dit par la bouche de la Sagesse :

« Livrons l'homme aux chances de sa destinée; que sa vie sur la terre soit éphémère et douloureuse, qu'il connaisse le bien et le mal, et qu'entre les deux il soit libre de choisir. »

Alors le Verbe de miséricorde ajouta : « Que dans la douleur il ait pour remède l'espérance, et dans le bonheur pour loi la charité. »

Jehovah envoya donc ses anges sur la terre en leur disant : « Qu'il soit fait à chaque homme selon son désir. »

Et l'ange étant entré la nuit dans la demeure des hommes, et au nom de l'Eternel ayant interrogé leurs pensées, il n'en trouva qu'un seul qui désirât l'amour au point d'accepter la mort sans crainte. C'était un de ceux qui n'avaient jamais rien demandé au Seigneur. Il vivait retiré sur une montagne, occupé le soir à contempler les étoiles, et le jour à nourrir les chevrettes et les chamois. C'était une âme forte et un des plus beaux parmi les anges terrestres.

L'ange du sommeil l'appela, et lui dit comme aux autres hommes : — Fils de Dieu, demandes-tu la fille de Dieu? Et cet homme, au lieu de répondre en frissonnant comme les autres : Que la volonté de Dieu soit faite, s'écria, en se soulevant sur sa couche : — Où est la fille de Dieu? L'ange lui répondit : — Sors de ta demeure, tu la trouveras au bord de la source, elle vient vers toi, elle vient du sein de Dieu.

Alors l'ange disparut, et l'homme, s'étant levé plein de surprise, se sentit accablé d'une grande tristesse; car il pensa que c'était un vain songe, et que la fille de Dieu n'était pas au bord de la source.

Cependant il se leva et sortit de sa demeure, et il trouva la fille de Dieu qui marchait vers lui, mais qui, le voyant venir, s'arrêta tremblante au bord de la source.

Et comme la source était sombre, et qu'il distinguait à peine une forme vague, il lui dit : — Etes-vous la fille de Dieu? — Oui, répondit-elle, et je cherche le fils de Dieu.

— Je suis le fils de Dieu, reprit l'homme, vous êtes ma sœur et mon amour. Que venez-vous m'annoncer de la part de Dieu?

— Rien, répondit la femme, car Dieu ne m'a rien enseigné, et je ne sais pourquoi il m'envoie. Il y a un instant que j'existe; j'ai entendu une voix qui m'a dit : « Fille de Dieu, va sur la terre, et tu trouveras le fils de Dieu qui t'attend. » J'ai reconnu que c'était la voix de l'Eternel, et je suis venue.

L'homme lui dit : — Suis-moi, car tu es le don de Dieu, et tout ce qui m'appartient t'appartient.

Il marcha devant elle, et elle le suivit jusqu'à la porte de sa demeure, qui était faite de bois de cèdre et recouverte d'écorce de palmier. Il y avait un lit de mousse fraîche; l'homme cueillit les fleurs d'un rosier qui tapissait le seuil, et, les effeuillant sur sa couche, il y fit asseoir la femme en lui disant : — L'Eternel soit béni.

Et, allumant une torche de mélèze, il la regarda, et la trouva si belle qu'il pleura, et il ne sut quelle rosée tombait de ses yeux, car jusque-là l'homme n'avait jamais pleuré.

Et l'homme connut la femme dans les pleurs et dans la joie.

Quand l'étoile du matin vint à pâlir sur la mer, l'homme s'éveilla, il ne faisait pas encore jour dans sa demeure. Se souvenant de ce qui lui était arrivé, il n'osait point tâter sa couche, car il craignait d'avoir fait un rêve, et il attendit le jour, désirant et redoutant ce qu'il attendait.

Mais la femme, qui s'était éveillée, lui parla, et sa voix fut plus douce à l'homme que celle de l'alouette qui venait chanter sur sa fenêtre au lever de l'aube.

Mais aussitôt il se mit à verser des pleurs d'amertume et de désolation.

Ce que voyant, elle pleura aussi, et lui dit : — Pourquoi pleures-tu?

— C'est, dit l'homme, que je t'ai, et que bientôt je ne t'aurai plus, car il faut que je meure; c'est à ce prix que je t'ai reçue de l'Eternel. Avant de te voir, je ne m'inquiétais pas de mourir; la faiblesse et la peur sont entrées en moi avec l'amour. Car tu vaux mieux que la vie, et pourtant je te perdrai avec elle.

La femme cessa de pleurer, et, avec un sourire qui fit passer dans le cœur de l'homme une espérance inconnue, elle lui dit : — Si tu dois mourir, je mourrai aussi, et j'aime mieux un seul jour avec toi que l'éternité sans toi.

Cette parole de la femme endormit la douleur de l'homme. Il courut chercher des fruits et du lait pour la nourrir, et des fleurs pour la parer. Et, dans le jour, quand il se remit au travail, il planta de nouveaux arbres fruitiers, en songeant au surcroît de besoins que la présence d'un nouvel être apportait dans sa retraite, sans songer qu'un arbre serait moins prompt à grandir que lui et la femme à mourir.

Cependant le souci avait pénétré chez lui avec la femme. La pensée de la mort empoisonnait toutes ses joies. Il priait Dieu avec plus de crainte que d'amour; les moindres bruits de la nuit l'effrayaient, et, au lieu d'écouter avec une religieuse admiration les murmures des grandes mers, il tressaillait sur son lit, comme si la voix des éléments eût pleuré à son oreille, comme si les oiseaux de la tempête lui eussent apporté des nouvelles funèbres. La femme était plus courageuse ou plus imprévoyante. Ses faibles membres se fatiguaient vite, et, quand son époux trouvait dans le travail une excitation douloureuse, elle s'étendait nonchalante sur les fleurs de la montagne, et s'endormait dans une sainte langueur en murmurant des paroles de bénédiction pour son époux et pour son Dieu.

Elle ne savait rien des choses de la terre où elle venait d'être jetée; elle trouvait partout de la joie, et ne s'effrayait de rien. La brièveté de la vie, si terrible pour l'homme, lui semblait un bienfait de la Providence. L'homme la contemplait chaque jour avec une surprise et une admiration nouvelles. Il la regardait comme supérieure à lui, malgré sa faiblesse, et souvent il lui disait : — Tu n'es pas ma sœur, tu n'es pas ma femme, tu es un ange que Dieu m'a envoyé pour me consoler, et qu'il me reprendra peut-être dans quelques jours, car il est impossible que tu meures. Une si belle création ne peut pas être anéantie. Promets-moi que, si tu me vois mourir, tu retourneras aux cieux pour n'appartenir à personne après moi.

Et elle promettait en souriant tout ce qu'il voulait, car elle ne savait pas si elle était immortelle, elle ne s'en inquiétait pas, pourvu que son époux lui répétât sans cesse qu'il l'aimait plus que sa vie.

Or, ils vivaient sur une montagne élevée, loin des lieux habités par les autres hommes; car l'époux de la femme, tourmenté de crainte, avait transporté sa demeure et ses troupeaux dans le désert, afin de mieux cacher le trésor qui faisait son bonheur et ses angoisses. — Je ne comprends pas, lui disait-il, le sentiment que vous m'avez inspiré pour mes frères. Je les chérissais avant de vous connaître, et, malgré mon goût pour la solitude, j'aurais tout partagé volontiers avec eux. Quand je descendais dans la vallée aux jours de fête, leur vue réjouissait mon âme, et je priais avec plus de ferveur prosterné au milieu d'eux dans le temple. Aujourd'hui leur approche m'est odieuse, et quand je les vois de loin je me cache, de peur qu'ils ne m'abordent et ne cherchent à pénétrer aux lieux où vous êtes. A la seule idée qu'un de mes frères pourrait vous apercevoir, je frissonne comme si l'heure de ma mort était venue. L'autre jour j'ai vu près d'ici la trace d'un pied humain sur le sable, et j'aurais voulu être un rocher pour attendre au bord du sentier l'audacieux qui pouvait revenir, et l'écraser à son passage. Mais, hélas! ajoutait-il, les autres hommes sont immortels, et seul je puis craindre la chute d'un rocher. Si je tombais dans un précipice, vous descendriez dans la vallée pour être nourrie et protégée par un autre homme, et vous m'auriez bientôt oublié; car il n'est pas un de ces immortels qui ne fît le sacrifice de son immortalité pour vous posséder. C'est pourquoi, malgré mon amour pour vous, je ne puis m'empêcher de désirer que la mort vous atteigne aussi tôt que moi.

Et la femme lui répondait : — Si tu tombais dans un ravin, je m'y jetterais après toi ; et si Dieu me refusait la mort, je mutilerais mon corps et je détruirais ma beauté pour ne pas plaire à un autre.

Lorsque la femme mit au monde son premier-né, il lui sembla que sa mort était proche, car elle sentait de grandes douleurs; et comme son époux criait avec angoisses vers le Seigneur, elle lui dit : — Ne pleurez point et réjouissez-vous, car mon corps se brise, et mon âme est heureuse de ce qui m'arrive; je sens que je ne suis pas immortelle, et que je ne resterai pas sans vous sur la terre.

L'époux de la femme fut rencontré dans les montagnes par quelques-uns de ses frères, et ceux-ci virent qu'il était pâle et maigri, et qu'une singulière inquiétude était répandue sur sa figure. Ils racontèrent ce qu'ils avaient vu ; et comme jusque-là les fatigues et l'ennui n'avaient point été assez rudes à l'esprit de l'homme pour que son corps indestructible pût en recevoir une telle altération, chacun s'étonna de ce qu'il entendait de la bouche de ces témoins, comme s'ils eussent annoncé l'apparition d'une nouvelle race dans le monde, ou une perturbation dans l'ordre de la nature.

Plusieurs, entraînés par la curiosité, s'enfoncèrent dans les montagnes pour chercher leur frère; mais il avait si bien caché sa demeure derrière les lianes des forêts et les pics des rochers, qu'il se passa plusieurs années avant qu'on la découvrît. Enfin il fut rencontré, et ceux qui le virent s'écrièrent : — Homme, quel mal as-tu fait pour être ainsi vieilli et malade comme les animaux périssables? Il répondit : — Je ne ressemble pas à mes frères, mais je n'ai fait aucun mal, et Dieu m'a visité et révélé plusieurs secrets que je vous enseignerai. Il parlait ainsi pour donner le change à leur curiosité, et pendant la nuit il essaya de transporter sa famille dans un lieu encore plus inaccessible. Mais le jour le surprit avant qu'il fût parvenu à sa nouvelle retraite, et il fut rencontré avec sa femme montée sur un âne sauvage, et ses enfants, dont le plus jeune était dans ses bras.

A cette vue, les voyageurs se prosternèrent; la femme leur parut si belle qu'ils la prirent pour un ange ; et, malgré la résistance de l'époux, ils l'entraînèrent dans la vallée, la firent entrer dans le temple, et, lui élevant un autel, ils l'adorèrent. Ce fut la première idolâtrie.

L'époux espérait que le respect les empêcherait de convoiter cette femme ; mais elle, craignant d'offenser le Seigneur, brisa les liens de fleurs dont on l'avait enlacée, et tomba dans les bras de son époux en s'écriant : — Je ne suis point une divinité, mais une esclave de Dieu, une créature périssable et faible, la femme et la sœur de cet homme. Je lui appartiens, parce que Dieu m'a envoyée vers lui ; si vous essayez de m'en séparer, je me briserai la tête contre cet autel, et vous me verrez mourir, car je suis mortelle, et mon époux l'est aussi.

A ces mots, les voyageurs éprouvèrent une émotion inconnue, et furent saisis d'une sympathie étrange pour ces deux infortunés ; comme ils étaient bons et justes, ils respectèrent la fidélité de la femme. Ils la contemplèrent avec admiration, prirent ses enfants dans leurs bras, et, ravis de leur beauté délicate et de leurs naïves paroles, ils se mirent à les aimer.

Alors le peuple immortel, tombant à genoux, s'écria : — O Dieu, ôte-nous l'immortalité, et donne à chacun de nous une femme comme celle-ci; nous aimerons ses enfants, et nous travaillerons pour notre famille jusqu'à l'heure où tu nous enverras la mort; nous te bénirons tous les jours si tu exauces notre vœu.

La voûte du temple fut enlevée par une main invisible, un escalier ardent, dont chaque marche était une nuance de l'arc-en-ciel, parut se dérouler jusqu'à la terre. Du sommet invisible de cet escalier, on vit descendre des formes vagues et lumineuses, qui peu à peu se dessinèrent en se rapprochant ; des chœurs de femmes plus belles que toutes les fleurs de la terre et toutes les étoiles des cieux remplirent le sanctuaire en chantant; un ange était venu s'abattre sur le dernier degré, et à chaque femme qui le franchissait, il appelait un homme qu'il choisissait selon les desseins de Dieu, et mettait la main de l'époux dans la sienne.

Quelques hommes, cependant, voulurent conserver leur immortalité. Mais l'amour de la femme était si enivrant et si précieux, qu'ils ne purent résister au désir de le goûter, et qu'ils essayèrent de séduire les femmes de leurs frères. Mais ils moururent de mort violente; Dieu les châtia, afin que le premier crime commis sur la terre n'eût point d'imitateurs.

Pendant longtemps, malgré les souffrances de cette race éphémère, l'âge d'or régna parmi les hommes, et la fidélité fut observée entre les époux.

Mais peu à peu le principe divin et immortel qui avait animé les premiers hommes s'affaiblissant de génération en génération, l'adultère, la haine, la jalousie, la violence, le meurtre et tous les maux de la race présente se répandirent dans l'humanité ; Dieu fut obligé de voiler sa face et de rappeler à lui ses anges. La Providence devint de plus en plus mystérieuse et muette, la terre moins féconde, l'homme plus débile, et sa conscience plus voilée et plus incertaine. Les sociétés inventèrent, pour se maintenir, des lois qui hâtèrent leur chute; la vertu devint difficile et se réfugia dans quelques âmes choisies. Mais Dieu infligea pour châtiment éternel à cette race perverse le besoin d'aimer. A mesure que les lois plus absurdes ou plus cruelles multipliaient l'adultère, l'instinct de mutuelle fidélité devenait de jour en jour plus impérieux : aujourd'hui encore il fait le tourment et le regret des cœurs les plus corrompus. Les courtisanes se retirent au désert pour pleurer l'amour qu'elles n'ont plus droit d'attendre de l'homme, et le demandent à Dieu. Les libertins se désolent dans la débauche et appellent avec des sanglots furieux une femme chaste et fidèle qu'ils ne peuvent trouver. L'homme a oublié son immortalité; il s'est consolé de ne plus être l'égal des anges, mais il ne se consolera jamais d'avoir perdu l'amour, l'amour qui avait amené la mort par la main, et si beau qu'il avait obtenu grâce pour la laideur de cette sœur terrible : il ne sera guéri qu'en la retrouvant. Car, écoutez les Juifs : ils disent que la femme a apporté en dot le péché et la mort, mais ils disent aussi qu'au dernier jour elle écrasera la tête du serpent, qui est le génie du mal....

Comme Myrza achevait les derniers versets de son poëme, des prophètes austères, qui l'avaient entendue, dirent au peuple assemblé autour d'elle : — Lapidez cette femme impie; elle insulte à la vraie religion et à toutes les religions, en confondant sous la forme allégorique les dogmes et les principes de toutes les genèses. Elle joue sur les cordes de son luth avec les choses les plus saintes, et la poésie qu'elle chante est un poison subtil qui égare les hommes. Ramassez des pierres et lapidez cette femme de mauvaise vie, qui ose venir ici prêcher les vertus qu'elle a foulées aux pieds; lapidez-la, car ses lèvres souillées profanent les noms de divinité et de chasteté.

Mais le peuple refusa de lapider Myrza. — La vertu, répondit un vieux prêtre d'Esculape, est comme la science : elle est toujours belle, utile et sainte, quelle que soit la bouche qui l'annonce, et nous tirons des plantes les plus humbles que chaque jour le passant foule sur les chemins un baume précieux pour les blessures. Laissez partir cette sibylle; elle vient souvent ici, nous la connaissons et nous l'aimons. Ses fictions nous plaisent, à nous, vieux adorateurs des puissants dieux de l'Olympe, et les jeunes partisans des religions nouvelles y trouvent un fonds de saine morale et de douce philosophie. Nous l'écoutons en souriant, et nos femmes lui font d'innocents présents de jeunes agneaux et de robes de laine sans tache. Qu'elle parte et qu'elle revienne, nous ne la maudissons point; et si ses voies sont mauvaises, que Minerve les redresse et l'accompagne.

— Mais nous parlons au nom de la vertu, reprirent les prophètes; nous avons fait serment de ne jamais connaître un embrassement féminin.....

— Hier, interrompit une femme, d'autres prophètes nous engageaient, au nom de je sais quel nouveau dieu, à nous abandonner à notre appétit; et la veille, d'autres nous disaient d'être esclaves d'un seul maître : les uns fixent la chasteté d'une femme au nombre de sept maris, les autres veulent qu'elle n'en ait point, nous ne savons plus à qui entendre. Mais ce que dit cette Myrza nous plaît : elle nous amuse et ne nous enseigne point. Que ses fautes soient oubliées, et qu'elle soit vêtue d'une robe de pourpre, pour être conduite au temple du Destin, qui est le dieu des dieux.

Et comme les disciples des prophètes furieux s'acharnaient à la maudire, et ramassaient de la boue et des pierres, le peuple prit parti pour elle, et voulut la porter en triomphe. Mais elle se dégagea, et, montant sur le dromadaire qui l'avait amenée, elle dit à ce peuple en le quittant : — Laissez-moi partir, et si ces hommes vous disent quelque chose de bon; écoutez-le, et recueillez-le de quelque part qu'il vienne. Pour moi, je vous ai dit ma foi, c'est l'amour. Et voyez pourtant que je suis seule, que j'arrive seule, et que je pars seule.... Alors Myrza répandit beaucoup de larmes, puis elle ajouta :

— Comprenez-vous mes pleurs, et savez-vous où je vais?

Et elle s'en alla par la route qui mène au désert de Thébaïde.

GEORGE SAND.

HAMLET.

O Hamlet, dis-nous le secret de ta douleur immense, et pourquoi nous nous sentons vibrer autour de toi, comme autant d'échos de ta plainte mystérieuse? Est-ce seulement qu'on a assassiné ton père, et que tu ne te sens pas la force de le venger? C'est là une destinée tragique, mais exceptionnelle et bizarre, qui se peint seulement à notre imagination et qui ne remuerait guère nos cœurs, s'il n'y avait pas en toi autre chose qu'un souvenir, une vision et un serment. Hamlet le nanois [1], que nous importe à nous, hommes d'aujourd'hui, le crime d'une reine, le meurtre d'un roi, et la colère d'un prince dépossédé? Nous avons là bien d'autres drames de sang que ce drame imaginaire où ton prestige nous entraîne. Quel mystère de poignante sympathie le poëte qui t'a donné l'être, a-t-il donc enfermé dans ton sein et comme attaché à ton nom?

Création sublime, n'est-ce donc pas que tu résumes en toi toutes les souffrances d'une âme pure jetée au milieu de la corruption et condamnée à lutter contre le mal qui l'étreint et la brise? Il n'y a pas d'autre fatalité dans ta vie, Hamlet, et ton délire n'a pas d'autre cause. Jeune, tendre et confiant, l'âme ouverte à l'amour et à l'amitié, la découverte du crime commis dans ta maison vient bouleverser toutes tes affections, toutes tes croyances. Tu pleurais un mort chéri, et tu t'étonnais de le pleurer seul. Un vague soupçon planait à peine sur ton esprit : tout à coup ce soupçon devient certitude; une vision déchirante, un songe peut-être, t'a éclairé, et dès lors, frappé de vertige, tu sens ta raison ébranlée, et ta vie n'est plus qu'un accès de délire amer et sombre.

Car tu es fou, Hamlet, et tu ne mens pas quand tu dis :

His madness is poor Hamlet's enemy.

On ne se joue pas impunément avec la folie, et, d'ailleurs, le choix de ton rôle de fou atteste que tu es dominé par la préoccupation, l'angoisse et la terreur de la démence. Tu ne feins pas à la manière de Brutus, car tu n'es pas l'austère Brutus. Amoureux et poëte, rêveur tendre et studieux écolier, tu n'as rien de cette nature implacable et patiente du conspirateur. Pauvre Hamlet, ton âme est trop fière et trop aimante pour supporter la douleur et couver la vengeance. Te voilà forcé de haïr les hommes, toi qui naquis pour les aimer, et dès ce premier choc te voilà brisé sans retour. C'est l'horreur du crime, le mépris du mensonge et l'effroi du mal, qui mettent tous les éléments de ton être en guerre les uns contre les autres. Oh! qui ne te plaindrait d'être ainsi détourné de tes voies et lancé sur une pente fatale!

L'harmonie de tes facultés est bien amèrement troublée, ô victime de l'iniquité! Aux heures où tu philosophes sur la vie et sur la mort, sur le mystère de la tombe et la peur de l'inconnu, tu sembles avoir retrouvé toutes les lumières de ton intelligence : mais c'est à ces heures-là même que nous devinons le mieux ton désastre, ce désastre moral dont tu ne peux plus mesurer l'étendue, et qui se voile en vain sous de brillantes et solennelles pa-

[1] This is. I. Hamlet the dane!...

roles. Plus que jamais divisé contre toi-même, peut-on dire que, dans ces moments de rêverie où ton âme quitte la terre, tu t'appartiennes réellement? Non, car alors le souvenir de tes maux et de tes excès est comme effacé de ta mémoire affaiblie, et la moitié de ton âme est paralysée. Lorsque tu te demandes ce que c'est qu'*être ou n'être pas, mourir ou dormir... ou rêver!...* tu ne vois pas Ophélia agenouillée près de toi; et lorsque tu songes au destin d'Alexandre et au néant de la gloire, en soulevant le crâne d'Yorick, tu ne te souviens pas du meurtre que tu as commis, et de ton amante que tu as rendue folle. Tu n'as même pas songé à t'enquérir de son sort; tu ne te doutes pas que c'est sa fosse que tu regardes creuser. Il est donc des heures où ton pauvre cœur est mort, et alors ton intelligence se perd dans des abstractions où tu n'as pas la notion distincte de ton propre malheur. Est-ce un état de raison que celui où le cerveau fonctionne dans l'oubli absolu des déchirements du cœur? L'homme n'est-il pas décomplété quand il ne peut plus penser et sentir que séparément et tour à tour?

Qu'on ne nous dise donc plus que tu n'es pas fou, car tu serais odieux, et nous sentons si bien au contraire que tu ne t'appartiens plus, que ta violence et ta cruauté nous font plus souffrir que toi-même.

Le noble Hamlet brise la frêle Ophélia en brisant l'amour dans son propre sein, et il ne comprend pas qu'il la tue. Il ne la reconnaît que dans son linceul, et ses regrets disent sa surprise et son repentir. Le noble Hamlet brise l'orgueil impuni de sa mère, et, son propre cœur se brise de remords et de pitié en accomplissant ce devoir effroyable. Le noble Hamlet raille et insulte Laërte, et bientôt il s'accuse et se repent devant lui, mais sans paraître se rendre compte du mal qu'il lui a fait, et en lui disant : « Le ciel m'est témoin que je vous ai toujours aimé. » Partout Hamlet est noble et bon, mais aussi partout Hamlet est hors de lui et gouverné par la démence, démence rêveuse et accablante quand il est seul ou avec Horatio, démence furieuse et méprisante quand il est en contact avec les sots et les méchants de ce monde.

La folie est toujours ou si repoussante, ou si navrante, que nous en détournons les yeux avec effroi. La pauvre Ophélia elle-même, si pure, si douce et si belle, n'a le don de nous intéresser qu'un instant, après que sa raison l'a abandonnée. Son délire est trop complet, bien qu'inoffensif. Ce n'est là qu'une douleur toute personnelle. D'où vient donc, ô triste Hamlet, que ta folie, à toi, nous attache et nous passionne du commencement à la fin? C'est à cause que ta douleur est la nôtre à tous, et c'est cela qui la fait si humaine et si vraie. C'est ce dessèchement qui se fait en toi de toutes les sources de la vie, l'amour, la confiance, la franchise et la bonté. C'est ce déplorable adieu que tu es forcé de dire à la paix de ta conscience et aux instincts de ta tendresse. C'est cette nécessité de devenir ombrageux, hautain, violent, ironique, vindicatif et cruel. C'est cette fatalité qui arme contre ton semblable ta main loyale et brave. C'est cet amour même du vrai et du juste qui te condamne à devenir stupide ou méchant; et, ne pouvant être ni l'un ni l'autre, tu te sens devenir fou :

> *They fool me to the top of my bent*
> *They compell me to play the fool till i can endure to do it no longer*

Hélas! cette amertume de ta vie, ce désespoir tour à tour furieux et morne se résument en un cri intérieur dont le retentissement se fait en nous tous, et qui peut se traduire ainsi : Mon Dieu, pourquoi des méchants parmi nous? Mon Dieu, mon Dieu, pourquoi le mal dans ton œuvre?

Oui, te voilà tout entier, Hamlet, dans ce cri de l'humanité révoltée contre elle-même. Voilà le secret de tes larmes, de tes fureurs et de tes épouvantes. Voilà le secret de notre pitié, de notre tendresse et de notre effroi pour ton mal. Lequel de nous oserait dire, quand il contemple l'étendue de ce mal auquel la terre est livrée, qu'il sera plus fort, plus juste et plus patient que toi? Lequel de nous, quand il s'égare aux abstractions de la métaphysique, ou, quand il s'abandonne aux entraînements de la réalité, aux jouissances de l'esprit, aux amusements de la jeunesse, aux espérances de l'amour, oserait s'assurer qu'il n'est pas un fou, un esprit débile et troublé en qui le souvenir de l'inévitable fatalité s'efface trop aisément, en qui le moi égoïste ou frivole étouffe le sentiment de la vérité et le culte de la sagesse? Soit que nous cherchions dans les livres la cause du malheur et de l'impuissance de l'homme, soit que nous demandions ce secret fatal à la rêverie, soit que nous tâchions de nous y soustraire par l'étourdissement du plaisir, nous sommes toujours des infirmes de corps et d'esprit, dominés par d'insondables mystères, épouvantés avec excès, oublieux avec ivresse, poltrons ou fanfarons, prompts à épuiser la coupe de nos joies, prompts à nous lasser de la recherche du vrai, et tristes surtout, toujours tristes!

Pleure, Hamlet, pleure! Il n'y a vraiment que des sujets de larmes ici-bas! Tremble aussi; car il n'est rien de si effrayant que notre destinée en ce monde. Tue et meurs, détruis et disparais : c'est le sort de l'homme. Depuis le berceau jusqu'à la tombe, depuis Adam jusqu'à toi, Hamlet, depuis tes jours jusqu'aux nôtres, la voix de la terre est un éternel sanglot qui se perd dans l'éternel silence des cieux.

GEORGE SAND.

EN VE[NTE]
[CH]EZ MICHEL LÉVY FRÈRES, L[IBRAIRES]
Rue Vivienne, 2 bis, et boulevard des [Italiens]
A LA LIBRAIRIE NOUVELLE

PUBLICATIONS IN-4°, A 10 CENTIMES LA LIVRAISON
MUSÉE LITTÉRAIRE DU SIÈCLE ET MUSÉE CONTEMPORAIN

ROGER DE BEAUVOIR fr. c.
- [L]e Chev. de St-Georges. »90
- [L]e Chevalier de Charny. »90

CH. DE BERNARD
- [U]n Acte de vertu. . . . »50
- [L']Anneau d'argent . . . »50
- [U]ne Avent. de Magistrat. »30
- [L]a Cinquantaine. . . . »50
- [M]es Maîtresses du roi. . »30
- [L]e Gendre. . . . . . . »50
- [L']Innocence du Forçat »30
- [L]a Peine du talion . . . »30
- [L]a Femme de 40 ans. . »50

CHAMPFLEURY
- [G]rands hom. du ruisseau »60

COMTESSE DASH
- [L]es Galanteries de la cour de Louis XV. . 3
- [L]a Régence . . . . . »90
- [L]a Jeunesse de Louis XV »90
- [L]es Bals masqués du roi. »90
- [L]e Parc aux Cerfs . . . »90

ALEXANDRE DUMAS
- [A]cté . . . . »90
- [A]maury 1 80
- [A]nge Pitou. 1
- [A]scanio 1
- [A]ventures de John Davis 1 80
- [L]es Baleiniers 1
- [L]e Bâtard de Mauléon. 2
- [B]lack . . . . »90
- [L]a Boule de neige . . . 1
- [B]ric-à-Brac. 1 20
- [L]e Capitaine Paul. . . . »70
- [L]e Capitaine Richard. . 1
- [C]atherine Blum . . . . »70
- [C]auseries. — Les 3 Dames. 1
- [C]écile . . . . »90
- [C]harles le Téméraire. . 1 30
- [L]e Château d'Eppstein. 1 50
- [L]e Chevalier d'Harmental. 1 50
- [C]hev. de Maison-Rouge. 1
- [L]e Collier de la Reine. 2 50
- [L]a Colombe. — Murat. »70
- [L]es Compagnons de Jéhu. 1 80
- [C]omte de Monte-Cristo. 4
- [L]a Comtesse de Charny 4 50
- [L]a Comtesse de Salisbury 1
- [L]es Confes. de la Marq. 1 70
- [C]onscience l'Innocent. . 1 30

ALEX. DUMAS (suite) fr. c.
- La Dame de Monsoreau. 2 50
- La Dame de Volupté. . 1 30
- Les Deux Diane . . . 2 20
- Les deux Reines . . . 1 50
- Dieu dispose 1 80
- Les Drames de la Mer. »90
- Fem. au coll. de velours »70
- Fernande . . . . »90
- Une Fille du Régent. . »90
- Les Frères corses . . . »60
- Gabriel Lambert . . . »90
- Gaule et France . . . »90
- Georges . . . . »90
- Un Gil Blas en Californie »70
- La Guerre des Femmes. 1 65
- Hist. d'un Casse-Noisette »90
- L'Horoscope . . . . . »90

Impressions de voyage :
- Une Année à Florence »90
- L'Arabie heureuse . . 2 10
- Les Bords du Rhin . . 1
- Le Capitaine Aréna. . »90
- Le Corricolo 1 65
- De Paris à Cadix. . . 1 65
- En Suisse 2 20
- Le Midi de la France. 1 30
- Quinze Jours au Sinaï. »90
- Le Spéronare 1 30
- Le Véloce 1 65
- La Vie au Désert. . . 1 30
- La Villa Palmieri. . . »90
- Ingénue 1 80
- Isabel de Bavière . . . 1 30
- Italiens et Flamands . »70
- Ivanhoë 1 70
- Jehanne la pucelle. . »70
- Les Louves de Machecoul 2 50
- Madame de Chamblay. »50
- La Maison de glace. . 1 50
- Le Maître d'armes. . . »70
- Mariages du père Olifus. »70
- Les Médicis . . . . . »70
- Mémoires d'une Aveugle. 1
- Mém. de Garibaldi(Comp.) 1 50
- 1re série (Séparément). »70
- 2e série (—). »70
- Mém. d'un Méd. (Balsamo) 4
- Le Meneur de Loups . »90
- Les Mille et un Fantômes 1
- Les Mohicans de Paris. 3 60

ALEX. DUMAS (suite) fr. c.
- Les Morts vont vite. . 4 50
- Une Nuit à Florence. . »70
- Nouvelles. . . . . . . »50
- Olympe de Clèves . . 2 60
- Pascal Bruno. . . . . »50
- Le Page du duc de Sav. 1 70
- Pauline . . . . »50
- La Pêche aux filets. . »50
- Le Père Gigogne. . . 1 50
- Le Père la Ruine. . . »50
- La Princesse Flora . . »70
- La Reine Margot . . . 1 65
- La Route de Varennes. »70
- El Salteador. . . . . »70
- Salvator. 4
- Souvenirs d'Antony. . »90
- Sylvandire. . . . . . »90
- Le Test. de M. Chauvelin »75
- Les Trois Mousquetaires. 1 65
- Le Trou de l'Enfer. . »90
- La Vie de Bragelonne. 4 70
- Une Vie d'Artiste. . . »75
- Vingt Ans après . . . 2 20

ALEX. DUMAS FILS.
- Césarine . . . . . . »50
- Le Prix de Pigeons. . »50
- La Dame aux Camélias. »90
- Un paquet de lettres. . »50

XAVIER EYMA
- Fem. du nouv. monde . »90

PAUL FÉVAL
- Les Amours de Paris. 1 30
- Le Bossu ou le petit Parisien 2 50
- Le Fils du Diable . . 3
- Le Tueur de Tigres. . »70

LÉON GOZLAN
- Nuits du Père-Lachaise. »90

CHARLES HUGO
- La Bohème dorée . . 1 50

CH. JOBEY
- L'Amour d'un Nègre . . »90

ALPHONSE KARR
- Fort en thème. . . . »70
- La Pénélope normande. »70
- Sous les Tilleuls. . . »50

A. DE LAMARTINE fr. c.
- Les Confidences . . . »90
- L'Enfance . . . . . . »50
- Geneviève . . . . . . »50
- Graziella. . . . . . . »60
- La Jeunesse . . . . . »50
- Régina. . . . . »50

FÉLIX MÉNARD
- L'insurrection de l'Inde »70

MÉRY
- Un Acte de désespoir. »50
- Bonheur d'un Million. »50
- Château des trois Tours. »70
- Le Château d'Udolphe. »50
- Conspiration au Louvre »50
- Histoire de ce qui n'est pas arrivé . . . . »50
- Diam. aux mille facettes. »60
- Les Nuits anglaises. . »50
- Les Nuits italiennes. . »50
- Simple histoire . . . »70

EUGÈNE DE MIRECOURT
- Confessions de Ninon de Lenclos 3 70

HENRY MURGER
- Les Amours d'Olivier. »30
- Le Bonhomme Jadis. . »50
- Madame Olympe . . . »50
- Maîtresse aux mains roug. »50
- Scèn. de la vie de Bohème »90
- Le Manchon de France »50
- Le Souper des Funérailles »50

JULES SANDEAU
- Sacs et Parchemins. . »90

EUGÈNE SCRIBE
- Carlo Broschi . . . . »50

FRÉDÉRIC SOULIÉ
- Au jour le jour . . . »70
- Avent. de Saturnin Fichet 1 30
- Le Bananier . . . . . »50
- La Comtesse de Monrion »70
- Confession générale. . 1 80
- Les Deux Cadavres. . 2 50
- Les Drames inconnus. 2 50
- La Maison n° 3 de la rue de Provence. . . . »70
- Aventures d'un Cadet. . »70
- Amours de Vict. Bonsenne »70

FRÉDÉRIC SOULIÉ (suite) fr. c.
- Olivier Duhamel . . »30
- Eulalie Pontois. . . . »30
- Les Forgerons . . . . »50
- Huit Jours au château. »70
- Le Lion amoureux. . . »50
- La Lionne. . . . . . »50
- Le Maître d'École . . »30
- Marguerite. . . . . . »50
- Les Mémoires du Diable. »50
- Les Quatre Napolitaines. 1 30
- Le Port de Créteil . . »70
- Les Quatre Sœurs. . . »50
- Si Jeunesse savait, si Vieillesse pouvait 4 50

ÉMILE SOUVESTRE
- Deux Misères. . . . . »90
- L'Homme et l'Argent. »50
- Jean Plébéau. . . . . »50
- Le Mendiant de St-Roch. »70
- Pierre Landais. . . . »50
- Les Réprouvés et les Élus. 1 50
- Souven. d'un Bas-Breton 1 50

EUGÈNE SUE
- Les Sept Péchés capitaux 5
- L'Orgueil. 1 50
- L'Envie . . . . »90
- La Colère. . . . . . »50
- La Luxure. . . . . . »70
- La Paresse. . . . . . »50
- L'Avarice . . . . . . »50
- La Gourmandise . . . »50
- La Bonne Aventure . 1 50
- Gilbert et Gilberte . . 2 70
- Le Diable médecin . . 2
- La Femme séparée de corps et de biens, . »90
- La Grande Dame . . »50
- La Lorette . . . . . »50
- La Femme de lettres. »50
- La Belle-Fille . . . . »50
- Les Mémoires d'un Mari. 4 50
- Mariage de convenance. 1
- Un Mariage d'argent. . »50
- Mariage d'inclination, »50
- Les Fils de famille . . 2 70

VALOIS DE FORVILLE
- Le Conscrit de l'an VIII »90

DERNIÈRES PUBLICATIONS

Collection Michel Lévy
A 1 FRANC LE VOLUME.

A. DE LAMARTINE vol.
- Conseiller du Peuple . . 4

GŒTHE
- Werther 1

ÉMILE SOUVESTRE
- La Maison Rouge . . . 1

Bibliothèque nouvelle
A 2 FRANCS LE VOLUME

ALEX. DUMAS
- San Felice, t. I, II et III. 3
- Souvenirs d'une Favorite. Tomes I à III 3

ARSÈNE HOUSSAYE
- Repentir de Marion. . 1

JOACHIM DUFLOT
- Les Secrets des Coulisses des théâtres de Paris. 1

Théâtre contemporain
fr. c.
- La Gitane . . . . . . »50
- Le Mousquetaire du Roi. »50
- Le Cabaret de la Grappe dorée . . . . . . »50
- Les Mohicans de Paris. »50
- Les Cabotins. . . . . »50
- Les Vendanges du Clos-Tavannes. . . . . »50
- Séries Nos 139, 140. . .

Bibliothèque contemp.
A 3 FR. LE VOLUME.

GEORGE SAND vol.
- Les Maîtres sonneurs. . 1

PRÉVOST-PARADOL vol.
- Essais de polit. et de litt. 1

ALEX. DUMAS
- Théâtre, t. XIII et XIV. . 2

DAVESIÈS DE PONTÈS
- Études sur l'hist. de Paris. 1
  ***
- Le Péché de Madeleine . 1

EDGARD POE
- Hist. grotesq. et sérieuses. 1

A. DE PONTMARTIN
- Nouveaux Samedis . . . 1

CUVILLIER-FLEURY
- Études et Portraits. . . 1

CHARLES CLÉMENT
- Études sur les Beaux-Arts. 1

EDMOND SCHERER
- Mélanges d'hist. religieuse. 1

LE COMTE DE GASPARIN
- La Famille. 1

ÉDOUARD OURLIAC
- Marquise de Montmirail . 1

JULES NORIAC
- Mademoiselle Poucet . . 1

COMTESSE DELLA ROCCA
- Correspondance de la duchesse de Bourgogne et de la reine d'Espagne. 1

HENRI RIVIÈRE
- Les Méprises du cœur. . 1

ED. SCHERER vol.
- Nouvelles Études sur la littérature contemp . . . 1

CH. HUGO
- Le Cochon de saint Antoine 1

C. A. SAINTE-BEUVE
- Nouveaux Lundis, t. IV. 1

ÉMILE DESCHANEL
- Christophe Colomb et Vasco de Gama. 1

THÉOPHILE GAUTIER
- Quand on voyage. . . . 1

A. DE LATOUR
- Saynètes de Ramon de la Cruz 1

SAINT-GERMAIN LEDUC
- Un mari. 1

A. CALMON
- William Pitt. 1

ERNEST DAUDET
- Les Duperies de l'amour. 1

ALPHONSE ROYER
- Théâtre flabesque de Carlo Gozzi 1

Volumes in-8°

A. DE LAMARTINE fr. c.
- Vie de César 5

MAURICE SAND
- Raoul de la Chastre. 1 v. 6

A. DE TOCQUEVILLE
- Mélanges, fragments. 1 v. 6

CHARLES LAMBERT
- L'Immortalité selon le Christ. 4 vol. 7 50

LE COMTE DE PONTÉCOULANT
- Souvenirs, t. IV. 4 vol. . 6

A. DUMAS FILS fr. c.
- Hist. du supplice d'une femme 3

LORD MACAULAY
- Essais politiques 6

J.-J. Rousseau, ses Amis et ses Ennemis. 2 v. 15

DUVERGIER DE HAURANNE
- Histoire du gouvernem. parlement., t. VII. 4 v. 7 50
  ***
- Les trois Filles de la Bible. 4 vol. . . . 5

LE PRINCE CZARTORISKY
- Alexandre Ier et le prince Czartorisky. 4 vol. . 7 50

LOUIS DE VIEL-CASTEL
- Histoire de la Restauration, t. VIII. 4 vol. 6

BOURGOING
- Histoire diplomatique de l'Europe. 4 vol. . . 7 50

VICT. LE CLERC ET ERNEST RENAN
- Hist. litt. de la France au XIVe siècle. 2 vol. . 16

BARON DE KERVO
- Les Finances françaises sous la Restaur., t. I. 7 50

SAINT-RENÉ TAILLANDIER
- Maurice de Saxe. 4 vol. 7 50

Pièces de Théâtre.
- La Belle au Bois dorm. 1
- Madame Aubert . . . 2
- Le Suppl. d'une Femme 2

- La Voleuse d'enfants. . 2
- Monsieur de St-Bertrand 1
- La Flûte enchantée. . 1
- Les vieux Glaçons . . 1
- Lantara. 1
- Une Verge. de Pierrot. 1
- La Comédie de salon. . 1
- Avant la noce. 1
- Macbeth. 1
- Le Saphir. 1
- Bon Appt. 1
- L'Œillet blanc 1
- M. et Mme Crusoé. . . 1
- Un Drame en l'air. . . 1
- C'est pour ce soir . . 1
- Le Mariage de don Lope 1
- Les Enfants de la Louve 1
- Le Clos-Pommier . . . 1

MUSÉE littéraire contemp.
- Les Confes. de Ninon de Lenclos 3 70

Publications hebdom.
- Univers ill. Nos 442 à 445, à 15
- Bons Romans. Séries 59 à 62, ... 50
- Grandes Usines. Livraisons 89 à 96, à . . . 60
- Diction. des Noms propres. Liv. 9 à 13, à . 50

CLICHY. — Impr. de Maurice LOIGNON et Cie, rue du Bac-d'Asnières, 12.

www.ingramcontent.com/pod-product-compliance
Lightning Source LLC
LaVergne TN
LVHW051457090426
835512LV00010B/2192